Friedrich Pukall
Der Zivilprozeß in der
gerichtlichen Praxis

Der Zivilprozeß in der gerichtlichen Praxis

Ein Leitfaden

---

von

Friedrich Pukall

Richter am Landgericht,
Bad Kreuznach

1975

J. Schweitzer Verlag · Berlin

ISBN 3 8059 0423 1

 Satz: IBM-Composer, Walter de Gruyter & Co., Berlin. – Druck: Mercedes-Druck, Berlin. – Bindearbeiten: Wübben & Co., Berlin. Printed in Germany.

Inhaltsübersicht

Vorbemerkungen

Die Verkürzung der Referendarausbildung auf zwei Jahre erfordert eine stärkere Verschulung des Vorbereitungsdienstes, um die Ausbildung zu effektivieren. Dabei will der vorliegende Leitfaden behilflich sein. Anhand eines Beispiels stellt er – soweit ersichtlich in dieser Form erstmals – umfassend den praktischen Ablauf eines typischen Zivilprozesses vom Erlaß des Zahlungsbefehls bis zur Kostenfestsetzung nach Prozeßbeendigung dar. Dabei macht er den jungen Juristen nicht nur mit den wichtigsten Formen gerichtlicher Entscheidungen bekannt, sondern auch mit dem Aktenvortrag, der Verfügungstechnik und den gebräuchlichen Formulierungen und Formularen. Außerdem nennt er die dem Richter in den jeweiligen Prozeßabschnitten gebotenen Handlungen, demonstriert die der Geschäftsstelle und der Kanzlei obliegenden Aufgaben und macht auch mit den im Rahmen der Zivilgerichtsbarkeit sonst tätigen gerichtlichen Organen und deren Aufgabenbereich bekannt. Der Leitfaden ist deshalb auch für die Anwärter des mittleren und gehobenen Justizdienstes von Interesse. Dem wird durch den Umfang des Sachregisters Rechnung getragen.

Darüber hinaus ist der vorliegende Leitfaden auch für den jungen Richter von Wert, weil er unter anderem

einige der häufigsten Verfügungen und Beschlüsse beispielhaft bringt,

auf typische Anfängerfehler hinweist (die zum Teil auch im Aktenfall enthalten sind),

mit den wichtigsten Bestimmungen der Aktenordnung und sonstigen Verwaltungsvorschriften (Aufbewahrungs-, Mitteilungspflichten etc.) bekannt macht,

schließlich dem Richter das zeigt, was auf Grund seiner Verfügung in die Hand der Parteien bzw. der Zeugen gelangt.

Zum besseren Verständnis des Aktenfalles schien es geboten, einen kurzen allgemeinen Überblick über den Ablauf eines Zivilprozesses vom Eingang der Sache bis zur Zwangsvollstreckung zu geben und auch über die Zwangsvollstreckung selbst. Dieser Überblick ist keineswegs vollständig. Der Leitfaden ersetzt nicht die Benutzung eingehender Lehr- und Anleitungsbücher oder gar von Kommentaren. Auf die Darstellung der dem Referendar ohnehin schon von der Universität her geläufigen Probleme, beispielsweise der Streitgegenstandslehre, ist ganz verzichtet worden.

Die Erläuterungen und Hinweise sind in der Regel so knapp gehalten, daß zur Vertiefung die im Leitfaden genannten (Gesetzes-)Fundstellen gelesen werden müssen. Literaturangaben beschränken sich aus Gründen der Vereinfachung auf einige der wesentlichsten, in der Praxis gebräuchlichen Lehrbücher und Kommentare, nämlich

Baumbach-Lauterbach, ZPO, 31. Aufl. 1973,
Berg, Gutachten und Urteil, 34. Tsd., 1971,
Bull, Prozeßhilfen, 3. Aufl. 1974,
Lauterbach-Hartmann, Kostengesetze, 17. Aufl. 1973,

Schumacher, Technik der Rechtsfindung, 4. Aufl. 1974,
Thomas-Putzo, ZPO, 7. Aufl. 1974,
Zöller, ZPO, 11. Aufl. 1974.

Der Leitfaden möge insbesondere dazu beitragen, dem Rechtsreferendar – und zuweilen auch dem jungen Richter – die Hilflosigkeit zu nehmen, mit der er in der Regel zu Beginn seiner Ausbildung bzw. seiner praktischen Tätigkeit dem Zivilprozeß gegenübersteht.

Bad Kreuznach, im September 1974 Friedrich Pukall

I. Teil: ALLGEMEINER ÜBERBLICK

1. Kapitel: Der Geschäftsbetrieb der Zivilgerichte vom Eingang einer Sache bis zur Aktenvorlage an den Richter und die Organe der Rechtspflege im Bereich der Zivilgerichtsbarkeit

A. Eingänge und deren Präsentat

1. Die Justizwachtmeistereien und die Briefannahmestelle

1 Klagen, Klageerwiderungen, Zahlungsbefehlsanträge und sonstige Eingänge, die in die (Nacht-)Briefkästen der Gerichte eingeworfen oder den Gerichten mit der Post übersandt werden, gelangen zunächst in die Hand der **Justizwachtmeister**, bei größeren Gerichten zur **Briefannahmestelle**, die auch für mehrere unter einem Dach befindliche Justizbehörden eingerichtet sein kann (z. B. Amtsgericht, Landgericht und Staatsanwaltschaft). Auch die Briefannahmestelle ist zumindest teilweise mit Justizwachtmeistern (Beamten des einfachen Justizdienstes, Besoldungsgruppe A 2 bis A 5), unter Umständen auch mit Justiz(aus)helfern (Arbeitern im einfachen Justizdienst, Lohngruppe V des Manteltarifvertrages der Länder, MTL) besetzt.

Leiter der Justizwachtmeistereien sind Justizhauptwachtmeister oder Erste Justizhauptwachtmeister.

a) Der Aufgabenbereich der Justizwachtmeister

2 Mit den Eingängen werden die Justizwachtmeister deshalb befaßt, weil nach den Dienstordnungen der Länder für die Beamten des einfachen Justizdienstes (abgedruckt in den Justizverwaltungsvorschriften der Länder, JVV) zu den Aufgaben dieser Beamten das Leeren der Briefkästen, die Mitwirkung bei der Annahme und Verteilung der Eingänge und die Besorgung der hinausgehenden Post gehört.

Den Beamten des einfachen Justizdienstes obliegt ferner der Sitzungs-, Vorführungs-, Sicherheits- und Ordnungsdienst,

innerhalb des Innendienstes außer der Besorgung der Eingänge und der Post beispielsweise die Vermittlung des gesamten Aktenumlaufes, auch der Transport von Schreibmaschinen und Büromöbeln (z. B. Stühlen) zu den mündlichen Verhandlungen,

im Rahmen des Außendienstes beispielsweise die Aushändigung und Zustellung von Schriftstücken (vgl. dazu unten Randz. 39).

3 Meist bei den Justizwachtmeistereien befinden sich **Abholfächer** für ortsansässige Rechtsanwälte, Notare und Gerichtsvollzieher, in die die für diese Adressaten bestimmte Gerichtspost aus Kosten- und Zeitersparnisgründen niedergelegt wird.

b) Die Entgegennahme von Schriftstücken

4 Während die Briefannahmestellen dazu bestimmt sind, Schriftstücke für sämtliche, der Briefannahmestelle angeschlossenen Behörden entgegenzunehmen, trifft bei Gerichten

ohne eine derartige Einrichtung der Behördenleiter Anordnungen über die Entgegennahme und das Öffnen eingehender Sendungen.

Die Geschäftsordnungen der Länder für die Geschäftsstellen der ordentlichen Gerichte und Staatsanwaltschaften schreiben für die Entgegennahme von Schriftstücken im übrigen vor, daß auf diesen

der Tag des Eingangs und
die Zahl der Anlagen unter
Beifügung des Namenszeichens des Annehmenden

anzugeben ist. Regelmäßig geschieht dies unter Verwendung eines **Eingangsstempels.**

Das Eingangsdatum – und damit auch der Eingangsstempel – ist von Bedeutung bei Rechtsmittelschriften oder auch bei Klagen, durch die eine Frist gewahrt oder die Verjährung unterbrochen werden soll, § 209 BGB. Denn die Verjährungsunterbrechung, die regelmäßig an die Klageerhebung (§ 253 Abs. 1 ZPO) geknüpft ist, wird auf den Zeitpunkt der Klageeinreichung vorverlegt, wenn die Zustellung der Klage (oder des Zahlungsbefehls) „**demnächst**" erfolgt, vgl. §§ 261 b Abs. 3, 496 Abs. 3, 693 Abs. 2 ZPO.

Bei Klagen in Zivilprozeßsachen ist der Zeitpunkt des Einganges außer auf der Urschrift auch auf den Abschriften anzugeben.

Besondere Vorschriften bestehen nach der vorgenannten Geschäftsordnung für die Geschäftsstellen beispielsweise bei der Entgegennahme von Grundbuch-Eintragungsersuchen, Konkurseröffnungsersuchen,
Geld, Briefmarken oder sonstigen Wertsachen.

2. Die Geschäftsstelle

5 Durch Vermittlung der Justizwachtmeister gelangen die Eingänge zur **Geschäftsstelle** des Gerichtes oder der Staatsanwaltschaft. Geschäftsstellen, und zwar bei jedem Gericht nur eine, die aber bei Bedarf in mehrere Abteilungen untergliedert werden kann, müssen nach § 153 GVG bei jedem Gericht eingerichtet werden.

Sofern eine Briefannahmestelle eingerichtet ist, gilt auch die insoweit als Geschäftsstelle sämtlicher Abteilungen der angeschlossenen Behörden. (Für die Annahme von Eingängen in Grundbuchsachen gelten jedoch Sonderbestimmungen.)

6 Ein Bedürfnis für die Einrichtung mehrerer Geschäftsstellen-Abteilungen besteht, wenn bei einem Amtsgericht mehrere Richter tätig sind oder bei einem Land- oder Oberlandesgericht mehrere Kammern bzw. Senate gebildet worden sind. Die sachliche Zuständigkeit der Geschäftsstellen-Abteilungen richtet sich regelmäßig nach dem **Geschäftsverteilungsplan** für die richterlichen Geschäfte. So wird beispielsweise der 5. Zivilkammer eines Landgerichtes die Abteilung 5 der Geschäftsstelle zugeordnet.

3. Die Verteilung der richterlichen Geschäfte – Aufgaben des Präsidiums

7 Über die Verteilung der richterlichen Geschäfte auf die Einzelrichter (beim Amtsgericht) oder die Spruchkörper (bei allen übrigen Gerichten) entscheidet im übrigen nach § 21 e GVG das **Präsidium**, und zwar jeweils vor Beginn eines Geschäftsjahres für dessen Dauer.

Ein Präsidium ist nach § 21 a GVG bei jedem Gericht zu bilden. Es hat unter anderem auch über die Besetzung der Spruchkörper (einschließlich der Vorsitzenden Richter) zu entscheiden (vgl. § 21 f GVG), darf den Spruchkörpern jedoch nicht mehr als vier ständige Beisitzer zuweisen (vgl. dazu *Thomas-Putzo*, Anm. 2c zu § 21 e GVG; *Zöller-Gummer*, Anm. I 1 e zu § 21 e GVG; vgl. ferner

§ 29 DRiG). Die Zahl der Spruchkörper bestimmt dagegen die Justizverwaltung, z. B. der Präsident des Landgerichtes (vgl. wegen weiterer Einzelheiten *Zöller-Gummer*, Anm. zu § 60 GVG).

Nicht das Präsidium, sondern der Präsident entscheidet auch, welchem Spruchkörper er sich anschließt, § 21e Abs. 1 GVG. Ebenso entscheidet er, welchen Richter er mit Aufgaben der Justizverwaltung betrauen will („Präsidialrat", § 21e Abs. 6 GVG).

Die vom Präsidium vorzunehmende Verteilung der richterlichen Geschäfte hat – um dem Erfordernis des gesetzlichen Richters (Art. 101 Abs. 1 S. 2 GG) zu genügen – nach sachlichen Gesichtspunkten zu erfolgen, beispielsweise nach dem Anfangsbuchstaben des Beklagten, nach dem Gegenstand des Prozesses (Ehesachen, Verkehrssachen) oder nach räumlichen Bezirken (dem Wohnsitz des Beklagten, § 13 ZPO).

Art. 101 Abs. 1 S. 2 GG „soll der Gefahr vorbeugen, daß die rechtsprechenden Organe durch Manipulierung sachfremden Einflüssen ausgesetzt werden, gleichgültig von welcher Stelle die Manipulierung ausgeht, ob von außerhalb oder innerhalb der Justiz" (BVerfG NJW 1971, 1029). Deshalb muß die Vorausbestimmung des zuständigen Spruchkörpers und der im Einzelfall mitwirkenden Richter im Vornherein möglichst eindeutig feststehen.

Nach § 22d GVG wird die Gültigkeit der Handlung eines Amtsrichters nicht dadurch berührt, daß nach dem Geschäftsverteilungsplan ein anderer Richter zuständig gewesen wäre (vgl. wegen weiterer Probleme im Zusammenhang damit die Anmerkungen zu § 22d bei *Thomas-Putzo* und *Zöller-Gummer*). Wegen der Aufgaben des Präsidiums im übrigen, seiner Größe und Wahl und wegen der Voraussatzungen für eine Änderung des Geschäftsverteilungsplanes im Laufe eines Geschäftsjahres wird auf die §§ 21a, 21b, 21d, 21e und 22a GVG verwiesen.

B. Die Aufgaben der Geschäftsstellen in Zivilsachen

1. Die Behandlung neu eingegangener Klagen

a) Die Eintragung in das Zivilprozeßregister

8 Wann und wie Eingänge als Akten oder Blattsammlungen anzulegen, wie sie zu führen und zu verwalten sind, darüber gibt die im Bundesgebiet weitgehendst einheitlich als Verwaltungsvorschrift geltende „Anweisung für die Verwaltung des Schriftgutes bei den Geschäftsstellen der Gerichte der ordentlichen Gerichtsbarkeit und der Staatsanwaltschaften" (kurz Aktenordnung – **AktO** – genannt) nähere Aufschlüsse. Für die Amtsgerichte, die Land- und Oberlandesgerichte schreibt § 13 bzw. § 38 der Aktenordnung vor, daß – von den Mahnsachen abgesehen – alle neu eingehenden Prozeßangelegenheiten in das von jeder Geschäftsstellen-Abteilung gesondert zu führende **Zivilprozeßregister** einzutragen sind. Das geschieht unter dem Datum des Einganges der ersten Schrift mit der jährlich fortlaufenden Nummer der Angelegenheit. Einzutragen sind ferner die Namen der Parteien und der Gegenstand des geltend gemachten Anspruches. Wegen weiterer Einzelheiten wird auf das Muster des Zivilprozeßregisters der Landgerichte in der Anlage I hingewiesen.

b) Die Bildung des Aktenzeichens

9 Aus der (arabischen) Zahl der Abteilung der Geschäftsstelle, dem Registerzeichen der Angelegenheit (vgl. dazu *Schönfelder*, Deutsche Gesetze, Anlage I), der fortlaufenden Nummer der Angelegenheit nach dem Zivilprozeßregister dieser Abteilung und der Jahreszahl ist nach § 4 AktO auch das **Aktenzeichen** zu bilden.

So führt beispielsweise die einhundertste, bei der Abteilung 4 der Geschäftsstelle eines Landgerichtes im Jahre 1974 eingegangene Ehesache das Aktenzeichen 4 R 100/74, der dreißigste gewöhnliche Zivilprozeß des Jahres 1974 bei einem kleinen Amtsgericht ohne Geschäftsstellen-Abteilungen das Aktenzeichen C 30/74.

Die wichtigsten **Registerzeichen** des Amtsgerichtes im Rahmen des Zivilprozesses sind

C = gewöhnliche (allgemeine) Zivilsachen,
B = Mahnsachen.

Beim Landgericht sind es die Registerzeichen

O = gewöhnliche (allgemeine) Zivilsachen,
R = Ehesachen,
S = Berufungssachen.

Armenrechtsgesuche, die eines der vorgenannten Verfahren betreffen, erhalten bereits das Registerzeichen des angestrebten Verfahrens.

Eingänge, deren Einordnung in eines der Register zweifelhaft ist, oder die ohne eine sachliche Verfügung an eine andere Behörde abzugeben sind, werden nach § 8 AktO in das Allgemeine Register (**AR-Register**) eingetragen.

Die Eintragung in ein Register hat deshalb zu erfolgen, weil die Geschäftsstelle nach § 5 AktO den Verbleib jedes eingegangenen Schriftstückes nachzuweisen hat.

c) Die Eintragung in das Namensverzeichnis

10 Nach der Eintragung eines neu eingegangenen Verfahrens in das Zivilprozeßregister hat nach §§ 13 Abs. 7, 38 Abs. 6 AktO noch die Eintragung der Sache in das alphabetische **Namensverzeichnis** zu erfolgen, das nach dem Namen des Beklagten anzulegen ist (auf die Dauer von 5 bis 10 Jahren) und außerdem den Namen des Klägers und das Aktenzeichen zu vermerken hat.

Das Namensverzeichnis soll es ermöglichen, ein in einem anhängigen Verfahren eingegangenes Schriftstück, das kein Aktenzeichen trägt, dem richtigen Verfahren zuzuordnen.

Der im 2. Teil dieses Leitfadens erörterte Fall Adams ./. Bechthold (2 C 841/73) wäre vom Amtsgericht Bad Kreuznach im Namensverzeichnis wie folgt einzutragen gewesen:

„Bechthold ./. Adams, 2 C 841/73".

Vgl. dazu auch das Formblatt Anlage II.

d) Die Anlage des Aktendeckels

11 Die Geschäftsstelle wird nunmehr zu entscheiden haben, ob sie das neu eingetragene Verfahren entsprechend § 3 Abs. 2 AktO zunächst als Blattsammlung anlegt oder – wie heute allgemein üblich – gleich in einen **Aktendeckel** (feste Akten) nimmt.

Zur Beschriftung des Aktendeckels schreiben die Aktenordnung und zu ihr (teils bundeseinheitlich) ergangene Verwaltungsvorschriften vor, daß z. B.

die Behörde, die Angelegenheit, die Parteien und der Name der Prozeßbevollmächtigten auf dem Aktendeckel anzugeben sind;

zu vermerken ist, welcher der Parteien das Armenrecht bewilligt worden ist;

die in der Sache bestimmten Verhandlungs- und Verkündungstermine auf dem Aktendeckel einzutragen sind;

vom Bearbeiter (Richter oder auch Rechtspfleger) nach Abschluß des Verfahrens (vorgedruckte) Angaben darüber auszufüllen sind, ob sich das Aktenstück für Ausbildungszwecke eignet;

Angaben über die Aufbewahrungsdauer des abgeschlossenen Verfahrens zu machen sind (so sind gewöhnliche C- und O-Sachen beispielsweise 5 Jahre, Ehesachen 10 Jahre und

Kindschaftssachen 30 Jahre aufzubewahren; Urteile und Vergleiche werden jedoch von der Vernichtung ausgenommen);

vom Geschäftsstellenbeamten, spätestens aber vom Sachbearbeiter bei der Anordnung der Weglegung der Akten, der auf dem Aktendeckel aufgedruckte Vermerk auszufüllen ist, ob die Akten an das Staatsarchiv abzuliefern sind. Abzuliefern sind beispielsweise beim Amtsgericht Konkursakten und beim Landgericht Urkunden-, Wechsel- und Scheckprozesse, außerdem Schriftgut, „das für die Rechtspflege oder die wissenschaftliche Forschung in rechtlicher, geschichtlicher oder erbbiologischer Hinsicht von Bedeutung sein kann". Genannt werden beispielsweise: Akten über Namensrechte, über das Verhältnis des Staates und der Bevölkerung zu den Stationierungsstreitkräften.

e) Die Anlage der Zählkarte

12 Auf Grund der bundeseinheitlich erlassenen „Anordnung über die Durchführung der Zählkartenerhebung auf dem Gebiete der Zivilsachen pp." ist von der Geschäftsstelle außerdem nach Eingang einer neuen Sache „unverzüglich" (§ 5 der Anordnung) eine **Zählkarte** anzulegen (vgl. das Muster Anlage III). Nach Abschluß des Verfahrens,

beispielsweise durch Urteil, Vergleich oder auch nur deshalb, weil es mehr als 6 Monate nicht betrieben worden ist und deshalb nach § 7 AktO weggelegt werden kann (wird das Verfahren später nochmals aufgegriffen, erhält es lediglich ein neues Aktenzeichen und eine neue Zählkarte),

ist die Zählkarte mit weiteren Angaben über den Verlauf des Verfahrens zu versehen und an das Statistische Landesamt einzusenden, das dann mit Hilfe der Datenverarbeitung eine Auswertung der Prozesse vornimmt.

Beispielsweise unter dem Gesichtspunkt der Verfahrensdauer oder nach der Art der Verfahrenserledigung, um unter anderem die gesetzgebenden Körperschaften mit statistischem Material zu versorgen (§ 1 der Zählkartenanordnung).

f) Die Führung der Aktenkontrolle

13 Nach der Anlage der Zählkarte und des Aktenumschlages, dem Versehen des Einganges mit fortlaufenden Seitenzahlen (§ 3 Abs. 3 AktO, paginieren oder foliieren genannt) erfolgt nunmehr die Vorlage der Akten an den Sachbearbeiter, beispielsweise an den Kostenbeamten (vgl. dazu unten Randz. 17) oder an den Kammervorsitzenden. Zuvor hat die Geschäftsstelle jedoch noch den Verbleib der Akten gemäß § 5 AktO in einer **Aktenkontrolle** zu vermerken. Diese Aktenkontrolle, für die die Aktenordnung keine näheren Vorschriften enthält, wird von den Geschäftsstellen meist als Kladde geführt, in die – wie beim Zivilprozeßregister – die Neueingänge mit dem Aktenzeichen fortlaufend eingetragen werden. Bei jedem der eingetragenen Verfahren ist – regelmäßig mit Bleistift – vermerkt, wo sich die Akten zur Zeit befinden.

Beispielsweise wird die Abteilung 2 der Geschäftsstelle eines Landgerichtes, wenn die Akten 2 0 300/73 am 1. Februar zur Kanzlei gegeben worden sind, in der Aktenkontrolle für das Jahr 1973 bei dem Verfahren 0 300 notieren „1. 2. Kanzlei".

Liegen die Akten aber auf Frist (vgl. dazu Randz. 48), braucht die Geschäftsstelle beispielsweise nur „1. 4." zu vermerken.

Werden Akten versandt, so ist von der Geschäftsstelle nach § 5 Abs. 2 AktO ein Kontrollblatt („Retent") anzulegen.

2. Die Besetzung der Geschäftsstellen

a) Der Urkundsbeamte der Geschäftsstelle

14 Nach § 153 GVG sind die Geschäftsstellen mit der erforderlichen Zahl von **Urkundsbeamten** zu besetzen. Urkundsbeamter der Geschäftsstelle ist derjenige Beamte, dem die in der Zivilprozeßordnung genannten speziellen Aufgaben des Urkundsbeamten nach der vom Behördenleiter (z. B. dem Präsidenten des Landgerichtes) für die Beamten des mittleren Justizdienstes zu treffenden Geschäftsverteilung zugewiesen worden sind, so z. B.

die Protokollführung (§§ 163, 159 ZPO),
die Beglaubigung von Abschriften nach § 210 ZPO,
die Beurkundung der Urteilsverkündung, § 315 Abs. 3 ZPO.

Soweit das Landesrecht nichts Anderes bestimmt, werden die Aufgaben der Geschäftsstellen einschließlich der des Urkundsbeamten der Geschäftsstelle, die nicht durch Gesetz dem Rechtspfleger übertragen sind, von Beamten und – aushilfsweise – Angestellten des **mittleren Justizdienstes** wahrgenommen (Besoldungsgruppen A 5 bis A 9 bzw. BAT VII oder VIb), von letzteren jedoch nur nach besonderer Vereidigung.

Nach den vorgenannten landesrechtlichen Ausnahmevorschriften obliegen den Beamten des **gehobenen Justizdienstes** (Besoldungsgruppen A 9 bis A 13) beispielsweise die Aufgaben des Geschäftsleiters. Bei den Amtsgerichten ist beispielsweise den Beamten des gehobenen Justizdienstes auch die Aufnahme von Klagen, Anträgen und Rechtsbehelfen (Rechtsantragsstelle, vgl. § 496 Abs. 2 ZPO) vorbehalten. Sie sind insoweit ebenfalls Urkundsbeamte der Geschäftsstelle (Funktionsbezeichnung).

b) Der Rechtspfleger

15 Aus dem gesetzlichen Kreis der Aufgaben der Geschäftsstelle bzw. des Urkundsbeamten der Geschäftsstelle obliegen dem **Rechtspfleger** nach § 26 RPflG z. B.

die Erteilung des Vollstreckungsbefehls (§ 699 ZPO),
das Kostenfestsetzungsverfahren (§§ 104 ff. ZPO).

Der Rechtspfleger ist ebenfalls Beamter des gehobenen Justizdienstes. Ihm sind durch das Rechtspflegergesetz Aufgaben zugewiesen, die ursprünglich dem Richter oblagen,

im Bereich der Zivilgerichtsbarkeit insbesondere das Mahnverfahren (vgl. §§ 3 Z. 3, 20 Z. 1 RPflG), das Zwangsvollstreckungsverfahren (mit einigen Ausnahmen, vgl. §§ 3 Z. 3, 20 Z. 17 RPflG, insbesondere auch § 4 Abs. 2 RPflG),

das oben schon erwähnte Kostenfestsetzungsverfahren, §§ 3 Z. 3, 21 RPflG.

Dem Rechtspfleger können gemäß §§ 3 Z. 3, 20 Z. 4 RPflG auch Aufgaben innerhalb des Armenrechtsprüfungsverfahrens (§ 118a ZPO) übertragen werden, beispielsweise der Abschschluß eines Vergleiches.

Der Rechtspfleger ist ähnlich dem Richter nur dem Gesetz unterworfen und nicht weisungsgebunden (§ 9 RPflG).

Die Ausschließung und Ablehnung des Rechtspflegers richtet sich nach den für den Richter geltenden Vorschriften, § 10 RPflG.

Gegen die Entscheidung des Rechtspflegers ist nach § 11 RPflG die **Erinnerung** gegeben, der er gemäß § 11 Abs. 2 S. 1 RPflG abhelfen kann, sofern es sich nicht um eine befristete Erinnerung handelt. Ausnahmsweise kann der Rechtspfleger nach § 21 Abs. 2 RPflG jedoch auch der befristeten Erinnerung abhelfen, beispielsweise der befristeten Erinnerung gegen einen Kostenfestsetzungsbeschluß, § 104 ZPO. Hilft der Rechtspfleger der Erinnerung nicht ab oder kann er ihr nicht abhelfen, so hat er sie dem Richter vorzulegen. Der Richter hat über die Erinnerung zu entscheiden, wenn er sie für zulässig und begründet hält oder wenn gegen die Entscheidung, sofern er sie erlassen hätte, kein Rechtsmittel gegeben wäre. Letzteres ist beispielsweise in Kostensachen der Fall, wenn der Beschwerdewert unter 50,– DM liegt, vgl. § 567 Abs. 2 ZPO. (Vgl. dazu auch unten, Randz. 105.)

In den übrigen Fällen, in denen der Richter die Erinnerung für unzulässig oder unbegründet hält, hat er sie gemäß § 11 Abs. 2 S. 4 RPflG dem Rechtsmittelgericht zur Entscheidung vorzulegen, und zwar durch Beschluß, der den Parteien formlos mitzuteilen ist (vgl. *OLG Koblenz* in Rpfleger 1974 S. 260/261) und etwa lauten könnte:

> „Der Erinnerung wird nicht abgeholfen und die Sache dem . . .gericht in . . . zur Entscheidung vorgelegt."

Die Erinnerung gilt dann als Beschwerde gegen die Entscheidung des Rechtspflegers, § 11 Abs. 2 S. 5 RPflG (sogenannte **Durchgriffserinnerung**).

Mit der zeitweisen Wahrnehmung von Aufgaben des Rechtspflegers können im übrigen nach § 2 Abs. 4 RPflG auch Rechtsreferendare beauftragt werden.

16 Entscheidet der Richter anstelle des Rechtspflegers, so ist die Entscheidung nicht unwirksam, § 8 RPflG. Anders ist es jedoch, wenn der Richter eine dem Urkundsbeamten der Geschäftsstelle obliegende Verpflichtung wahrnimmt (vgl. dazu *Thomas-Putzo*, § 569 Anm. 3; *Zöller-Karch*, 569 Anm. 2c; a. A. *Baumbach-Lauterbach*, § 569 Anm. 3b).

So kann z. B. nicht zu Protokoll des Richters eine Beschwerde eingelegt werden, vielmehr hat die Beschwerdeeinlegung zu Protokoll der Geschäftsstelle zu erfolgen (vgl. *Thomas-Putzo*, § 569 Anm. 3; *Zöller-Karch*, § 569 Anm. 2c). Ähnliches gilt auch für den Rechtsmittelverzicht des anwaltlich nicht vertretenen Beklagten eines Eherechtsstreites (vgl. dazu *Zöller-Karch*, Anm. zu § 617).

Auch der Urkundsbeamte der Geschäftsstelle kann wie der Richter ausgeschlossen oder abgelehnt werden, § 49 ZPO. Gegen seine Entscheidungen (beispielsweise gegen den Kostenansatz, vgl. dazu unten Randz. 17) ist die Erinnerung des § 576 Abs. 1 ZPO gegeben.

c) Der Kostenbeamte

17 Urkundsbeamter der Geschäftsstelle ist schließlich auch der **Kostenbeamte** (*Zöller-Gummer*, § 153 GVG Anm. 3). Nach § 1 der bundeseinheitlich erlassenen Kostenverfügung (KostVfg) werden die Aufgaben des Kostenbeamten von den Beamten des gehobenen Justizdienstes und, soweit diese Aufgaben durch allgemeine Anordnung Beamten des mittleren Justizdienstes übertragen worden sind, von diesen wahrgenommen.

Der Kostenbeamte hat nach § 22 Abs. 2 S. 2 KostVfg beispielsweise die Erhebung des Gerichtskostenvorschusses nach § 111 GKG selbständig zu veranlassen. Bei Leistungsklagen geht er dabei von der Klageforderung aus. Steht der Wert des Streitgegenstandes jedoch noch nicht endgültig fest, so hat der Kostenbeamte nach § 31 Abs. 2 KostVfg nach den Angaben des Klägers einen vorläufigen Streitwert anzunehmen. (Anfechtbar gemäß § 576 Abs. 1 ZPO in Verbindung mit § 5 GKG.)

In Ehesachen wird der Kostenbeamte mangels näherer Angaben vom Regelstreitwert ausgehen, 3000,– DM (vgl. § 14 Abs. 1 GKG).

3. Weitere Aufgaben der Geschäftsstelle in Zivilsachen

18 Außer der Aktenführung und den vorgenannten, durch Gesetz oder Verwaltungsvorschrift ausdrücklich dem Urkundsbeamten der Geschäftsstelle oder der Geschäftsstelle zugewiesenen Aufgaben obliegen der Geschäftsstelle in Zivilsachen noch eine Reihe weiterer Aufgaben,

so z. B. die Bewirkung von Ladungen und Zustellungen im Amtsbetrieb nach den §§ 261a, 497 Abs. 1, 209 ZPO (vgl. dazu unten Randz. 37), die Vermittlung von Zustellungen und Vollstreckungsaufträgen im Parteibetrieb gemäß den §§ 166 Abs. 2, 508 Abs. 1, 699 Abs. 1 ZPO,

die Erteilung des Notfrist- und Rechtskraftzeugnisses nach § 706 ZPO (vgl. unten Randz. 96),

die Erledigung des „kleinen Schreibwerkes" (vgl. dazu unten Randz. 19),

die Überwachung der Ausführung sämtlicher Verfügungen.

C. Weitere Organe und die weitere Organisation des Geschäftsbetriebes im Rahmen der Zivilgerichtsbarkeit

1. Die Kanzlei

19 Mit Ausnahme des oben, Randz. 18, bereits erwähnten „kleinen Schreibwerkes",

das sind häufig wiederkehrende oder formularmäßige Anfragen, Benachrichtigungen, Erinnerungen etc.,

obliegt dem Kanzleidienst die Besorgung des gesamten übrigen Schreibwerkes. Nähere Vorschriften dafür enthalten die Geschäftsordnungen für die Geschäftsstellen der Gerichte und die Dienstordnungen für die Kanzleien der Justizbehörden.

Danach kann der Kanzlei beispielsweise der Entwurf von Beschlußeingängen oder Urteilsköpfen übertragen werden, so daß es beispielsweise genügt zu verfügen:

„In pp.
hat die 1. Zivilkammer . . ."

Die Kanzlei setzt dann statt des „pp." (pergite = fahret fort, und so weiter) aus den Akten den Urteilskopf ein (näheres dazu im Teil II, vgl. ferner unten Randz. 81).

Ebenso ist es nicht erforderlich, sämtliche Schreiben wörtlich vorzuverfügen, vielmehr genügt beispielsweise bei einfacheren Anfragen eine stichwortartige Vorverfügung, etwa „Anfragen bei Kl.-Vertr., ob nunmehr ladungsfähige Anschrift des Zeugen Müller bekannt". Unter der Reinschrift dieses Schreibens an den Kläger-Vertreter würde dann nicht die Unterschrift des verfügenden Richters erscheinen, vielmehr unterzeichnet „Auf Anordnung" der Kanzleivorsteher bzw. die Geschäftsstelle, wenn kein Kanzleivorsteher bestellt ist.

Die Reinschriften wörtlich vorverfügter Schreiben werden nur dann dem verfügenden Richter oder Beamten zur Unterschrift vorgelegt, wenn er sich das in der Verfügung ausdrücklich vorbehalten hatte. Andernfalls wird der Name des Verfügenden mit der Schreibmaschine in die Unterschriftszeile gesetzt und dann vom Kanzleivorsteher beglaubigt.

Die Kanzlei hat im übrigen den Tag des Zugangs und den der Erledigung des Schreibwerkes auf der Urschrift der Verfügung zu vermerken, dabei auch anzugeben, wie geladen worden ist (vgl. dazu unten Randz. 48), und den Umfang des gebührenpflichtigen Schreibwerks zu vermerken, vgl. dazu § 91 GKG.

2. Die Gerichtskasse und die Gerichtszahlstelle

20 Hauptaufgabe der **Gerichtskassen**, die nur für größere Gerichte, mehrere Landgerichtsbezirke oder gar nur für das Gebiet eines ganzen Bundeslandes (**Landesjustizkassen**) eingerichtet werden, ist die Einziehung und Beitreibung (im Wege der Zwangsvollstreckung) der Gerichtskosten, vgl. dazu unten Randz. 167; außerdem obliegen ihr alle unbaren Auszahlungen, beispielsweise die Auszahlung der Armenanwaltsgebühr (vgl. § 131 BRAGO und unten Randz. 134).

Die den Gerichtskassen untergeordneten **Gerichtszahlstellen**, die bei allen Gerichten bestehen, haben Einzahlungen entgegenzunehmen, Kostenmarken zu verkaufen (die langsam durch die Gerichtsgebühren-Freistempler verdrängt werden, die auch den Anwälten zur Verfügung gestellt werden) und bestimmte Auszahlungen (z. B. Zeugengebühren und Reisekosten) vorzunehmen.

3. Der Bezirksrevisor

21 Mit Kosten befaßt ist auch der **Bezirksrevisor**, der dem Präsidenten des Landgerichtes unterstellt ist (im Bereich der ordentlichen Gerichtsbarkeit).

Zu den Aufgaben des Bezirksrevisors gehört es,

als Vertreter der Staatskasse auf eine einheitliche Praxis bei der Tätigkeit der Kostenbeamten hinzuwirken,

Geschäftsprüfungen bei den Gerichtszahlstellen und Gerichtsvollziehern durchzuführen.

Zu den Aufgaben des Bezirksrevisors gehört auch die Vertretung des Landesjustizfiskus in Verfahren über Anträge auf Festsetzung von Kosten für und gegen den Landesjustizfiskus sowie in Erinnerungs- und Beschwerdeverfahren, die den Streitwert (!) oder die der Staatskasse gebührenden oder zur Last fallenden Kosten aller Art betreffen.

Vgl. dazu insbesondere §§ 16 ZuSEG, 98, 99, 128 BRAGO, 156 KostO.

4. Der Gerichtsvollzieher

22 Der **Gerichtsvollzieher** ist gemäß § 154 GVG der mit Zustellungen, Ladungen und Vollstreckungen zu betrauende Beamte.

Die Dienstaufsicht über den Gerichtsvollzieher obliegt dem Amtsgericht, in dessen Bezirk der Gerichtsvollzieher seinen Dienstbezirk hat, vgl. dazu auch § 766 ZPO. Für Amtspflichtverletzungen des Gerichtsvollziehers haftet das Land, in dessen Dienst er steht.

Der Gerichtsvollzieher erhält einen Teil der von ihm vereinnahmten Gebühren, und zwar bis zu einem bestimmten Betrag (8400,– DM jährlich) 50%, von dem Mehrbetrag 40%. Die übrigen Gebühren fließen der Staatskasse zu (vgl. dazu *Lauterbach-Hartmann*, Grdz. 3 A vor § 1 GVKostG).

Daneben erhält der Gerichtsvollzieher Schreibgebühren, Reisekostenpauschbeträge und Wegegelder, schließlich auch ein festes Gehalt, und zwar nach A 8 der Gerichtsvollzieher, der Obergerichtsvollzieher nach A 9.

Der Gerichtsvollzieher ist jedoch verpflichtet, auf eigene Kosten ein Geschäftszimmer zu unterhalten.

Seine Aufträge erhält der Gerichtsvollzieher entweder von den Gläubigern unmittelbar oder über die Gerichtsvollzieherverteilungsstelle (vgl. unten Randz. 23).

Teilweise abweichende Bestimmungen gelten in Hamburg und Bayern (Gerichtsvollzieherämter).

5. Die Gerichtsvollzieherverteilungsstelle

23 Sind innerhalb eines Amtsgerichtsbezirkes mehrere Gerichtsvollzieher tätig, so wird bei diesem Amtsgericht eine Gerichtsvollzieherverteilungsstelle eingerichtet. Sie wird einer Abteilung der Geschäftsstelle des Amtsgerichts (z. B. der Briefannahmestelle) angeschlossen, § 161 GVG.

Die Gerichtsvollzieherverteilungsstelle sammelt die eingehenden Vollstreckungs- und Zustellungsaufträge und hält sie in Fächern zur Abholung durch die Gerichtsvollzieher bereit.

2. Kapitel: Der Gang des Zivilverfahrens von der Vorlage der Klageschrift an den Richter bis zum Erlaß des Schlußurteils

A. Terminsbestimmung, Terminsvorbereitung, Ladung und Zustellung

1. Die Terminsbestimmung

a) Die Vorlage der Klageschrift an den Richter – Amtsrichter, Kammervorsitzender, Einzelrichter und Berichterstatter

24 Nach Vollzug der der Geschäftsstelle obliegenden Registereintragungen etc. hat diese die neu eingegangene Klage gemäß § 216 Abs. 2 ZPO unverzüglich dem **Amtsrichter**

– nach § 22 Abs. 4 GVG erledigt er die ihm obliegenden Geschäfte in Zivilsachen als Einzelrichter –

bzw. bei Landgerichten dem **Kammervorsitzenden** zur Terminsbestimmung vorzulegen.

Zu den Aufgaben des Kammervorsitzenden gehört außerdem die Leitung der Verhandlung (§ 136 Abs. 1 ZPO) und der Beratung (§ 194 Abs. 1 GVG). Er hat in der Beratung das gleiche Stimmrecht wie die Beisitzer.

Die Vorlage einer neu eingegangenen Sache durch die Geschäftsstelle unmittelbar an einen der Beisitzer einer Kammer kommt nicht in Betracht, weil die Zuweisung einer Sache an den Beisitzer als **Einzelrichter** (§§ 348f. ZPO) ausdrücklich durch den Kammervorsitzenden zu erfolgen hat.

Der nach dem Kammergeschäftsverteilungsplan (§ 21g GVG; in der gerichtlichen Praxis auch „Plänchen" genannt) für die Sache zuständige Beisitzer ist regelmäßig zunächst nur **Berichterstatter**, dem die Aufgabe zufällt, das Verfahren gründlich vorzubereiten und in der Kammerberatung vorzutragen und der schließlich auch das Urteil schriftlich abzusetzen hat; soll das Verfahren jedoch zunächst vom Berichterstatter als Einzelrichter vorbereitet werden, lautet die übliche Verfügung des Kammervorsitzenden **„Herrn BE als ER"**.

b) Die vor der Terminsbestimmung gebotenen Prüfungen

25 Vor der Terminsbestimmung wird der Amtsrichter bzw. der Kammervorsitzende zunächst prüfen, ob er nach dem Geschäftsverteilungsplan für das Verfahren überhaupt zuständig ist (unter anderem deshalb, um dem Erfordernis des gesetzlichen Richters zu genügen). Bejaht er seine Zuständigkeit, wird er weiter zu prüfen haben, ob er – wie die §§ 128, 216 ZPO es erfordern – in der Sache sofort (§ 216 Abs. 2 ZPO: binnen vierundzwanzig Stunden) einen Termin bestimmen kann. Das wird nur dann nicht der Fall sein, wenn der nach § 111 GKG erforderliche Prozeßkostenvorschuß (vom Kostenbeamten anzufordern, vgl. oben Randz. 17) noch nicht gezahlt ist, der Kläger weder Kostenfreiheit genießt (vgl. § 2 GKG) noch das Armenrecht (vgl. unten Randz. 132) hat.

Ausnahmsweise ist ein Termin gemäß § 111 Abs. 6 GKG auch dann zu bestimmen, wenn der Kläger glaubhaft macht, daß ihm durch eine verzögerte Terminierung ein nicht oder nur schwer zu ersetzender Schaden entstehen würde.

Eine Terminsbestimmung hat aber auch dann zu unterbleiben, wenn die Klageeinreichung fehlerhaft war, weil beispielsweise (vgl. *Thomas-Putzo* § 253 Anm. 4)

die Unterschrift fehlte,
der Beklagte nicht der deutschen Gerichtsbarkeit unterliegt.

Die Terminsbestimmung darf jedoch nicht deshalb unterbleiben, weil der Kläger entgegen §§ 253 Abs. 5, 133 Abs. 1 ZPO der Klageschrift nicht die genügende Anzahl von Abschriften beigefügt hatte.

Regelmäßig sind 2 Abschriften beizufügen, und zwar eine für den gegnerischen Anwalt und eine für die gegnerische Partei selbst. Fehlen diese Abschriften, so können sie auf Kosten des Klägers von der Geschäftsstelle angefertigt (abgelichtet) und dem Kläger in Rechnung gestellt werden, §§ 91 Abs. 1 Z. 2, 101 S. 2 GKG.

Durch die Nichtbeachtung der vorgenannten Ordnungsvorschriften dürfen dem Kläger zwar Kostennachteile entstehen (vgl. § 47 GKG), jedoch keine sachlichen Nachteile.

Die Terminsbestimmung darf auch **nicht** deshalb unterbleiben, weil die Prozeßvoraussetzungen nicht vorliegen (dieser Mangel ist fast immer heilbar) oder weil die Klage unschlüssig ist (dann Klageabweisung, jedoch erst nach mündlicher Verhandlung).

Eine Besonderheit gilt jedoch in Ehesachen: Nach § 609 Abs. 2 ZPO darf Termin zur mündlichen Verhandlung erst nach Durchführung oder Erlaß des Sühneversuchs bestimmt werden.

c) Bei der Terminsbestimmung zu beachtende Fristen

26 Bei der Terminsbestimmung wird der Richter ferner zu berücksichtigen haben, daß der Termin nach § 261 ZPO nicht weiter hinausgerückt werden soll, als es zur Wahrung der **Einlassungsfrist** geboten erscheint.

Abgesehen davon, daß eine so kurzfristige Terminierung bei der Geschäftslage der meisten Gerichte ohnehin kaum möglich sein wird, dürfte eine derart kurze Frist in den seltensten Fällen zu einer sachgerechten Terminsvorbereitung ausreichend sein. Denn die Einlassungsfrist, die Überlegfrist des Beklagten zwischen Klagezustellung und erstem Termin, beträgt

im Anwaltsprozeß (§ 78 ZPO) 2 Wochen (§ 262 ZPO),
im amtsgerichtlichen Verfahren 1 Woche oder 3 Tage (§ 499 Abs. 1 ZPO),
in Meß- und Marktsachen (§ 30 ZPO) und in Wechselsachen (§§ 602ff. ZPO) mindestens 24 Stunden oder 3 Tage (vgl. §§ 262 Abs. 1 S. 2, 499 Abs. 1, 604 Abs. 2 ZPO).

Will der Beklagte die ihm eingeräumte Überlegfrist ausschöpfen, verstößt er notgedrungen gegen die Frist des § 132 ZPO. In jedem Falle bleibt dem Kläger keine Gelegenheit, noch vor dem nach § 261 ZPO bestimmten Termin zur Klageerwiderung Stellung zu nehmen, so daß eine Vertagung erfolgen muß.

27 In bereits anhängigen Verfahren ist ferner bei der Terminsbestimmung stets die **Ladungsfrist** zu beachten, die in Anwaltsprozessen mindestens 1 Woche, in anderen Prozessen mindestens 3 Tage beträgt (§ 217 ZPO),

in Meß- und Marktsachen und in Wechselsachen 24 Stunden oder 3 Tage, vgl. §§ 217, 604 Abs. 2 ZPO.

d) Anordnungen nach § 272b ZPO

28 Die im Zivilprozeßrecht geltende **Konzentrationsmaxime** gebietet dem Richter, schon zur Vorbereitung des ersten Termins (wie auch aller folgenden) die Anordnungen zu treffen, die „angebracht erscheinen, damit der Rechtsstreit tunlichst in einer mündlichen Verhandlung erledigt werden kann“ (§ 272b ZPO). Das setzt voraus, daß der

Richter bei der Terminsbestimmung die Klageschrift gründlich durchgearbeitet hat, damit er möglichst schon in diesem Zeitpunkt alle nach § 272b ZPO oder im Rahmen der **richterlichen Aufklärungspflicht** (§ 139 ZPO) gebotenen Anordnungen treffen kann.

Als „272b-Maßnahmen“ kommen insbesondere in Betracht:

29 aa) Die Aufforderung an die Parteien, ihren Vortrag zu ergänzen oder zu erläutern, Urkunden, Pläne usw. vorzulegen, und das tunlichst unter Fristsetzung (§ 279a ZPO, der auch vorbereitend angewandt werden kann, vgl. *Thomas-Putzo*, § 279a Anm. 1).

Zu diesen Maßnahmen gemäß § 272b Abs. 2 Z. 1 ZPO gehört beim Amtsgericht beispielsweise die Aufforderung an den Prozeßbevollmächtigten einer Partei, seine **Vollmacht** zu den Akten nachzureichen. Denn beim Amtsgericht ist nach § 88 Abs. 2 ZPO das Vorliegen der Prozeßvollmacht von Amts wegen zu beachten. Liegt im Termin beispielsweise die Prozeßvollmacht des Klägervertreters noch nicht vor, so kann er gemäß § 89 Abs. 1 ZPO zwar einstweilen zur Prozeßführung zugelassen werden. Sollte die Vollmacht jedoch auch zum Zeitpunkt der Urteilsverkündung noch nicht bei den Akten sein, so ist die vom vollmachtslosen Klägervertreter erhobene Klage abzuweisen und der einstweilen Zugelassene ohne Rücksicht auf eigenes Verschulden von Amts wegen in die Kosten zu verurteilen (vgl. *Zöller-Degenhart*, § 89 Anm. 2b).

30 bb) Gemäß § 272b Abs. 2 Z. 2 ZPO die Einholung **amtlicher Auskünfte**, vor allem die **Beiziehung von Akten.** (In Verkehrssachen beispielsweise die Beiziehung von Straf- oder Bußgeldakten.)

Die Einholung einer schriftlichen amtlichen Auskunft, die auch ohne entsprechenden Antrag einer Partei angeordnet werden kann, ist bereits als Durchführung der Beweisaufnahme zu werten, sofern der Inhalt der Auskunft den Parteien mitgeteilt wird. Deshalb hat eine derartige vorbereitende Maßnahme unter der vorgenannten Voraussetzung auch den Anfall der Beweisgebühr zur Folge (vgl. *Lauterbach-Hartmann*, Anm. 2A zu § 30 GKG; zur Beweisgebühr vgl. ferner unten Randz. 52).

Gemäß § 272b beigezogene Akten können vom Gericht auch nur dann verwertet werden, wenn sie zum Gegenstand der mündlichen Verhandlung gemacht worden sind, vgl. dazu §§ 128 Abs. 1, 285 ZPO. Die Verwertung beigezogener Akten hat im übrigen den Anfall der Beweisgebühr nur dann zur Folge, wenn der Akteninhalt urkundsbeweislich zur Klärung streitiger Parteibehauptungen verwertet wurde. Werden Akten dagegen nur zur eigenen Information des Gerichtes beigezogen, nicht zur Klärung streitiger Parteibehauptungen, so erwächst daraus nicht die Beweisgebühr (vgl. *Zöller-Stephan*, § 272b Anm. I).

31 cc) Die Anordnung des **persönlichen Erscheinens** gemäß § 272b Abs. 2 Z. 3 ZPO, der den § 141 ZPO ergänzt.

Das persönliche Erscheinen der Parteien eröffnet dem Gericht einmal die Möglichkeit, durch persönliches Befragen der Parteien den Sachverhalt besser aufzuklären, zum anderen sind die Chancen einer gütlichen Beilegung des Rechtsstreites bei persönlicher Anwesenheit der Parteien größer. Die gütliche Beilegung des Rechtsstreites aber hat das Gericht in jeder Lage des Verfahrens zu versuchen, vgl. §§ 296 Abs. 1, 495 Abs. 2, 349 Abs. 1 S. 1 ZPO.

Gegen die unentschuldigt ausgebliebene Partei kann ebenso wie gegen den nicht erschienenen Zeugen eine Ordnungsstrafe verhängt werden (§§ 141 Abs. 3, 380 ZPO), jedoch keine Haft.

Eine Bestrafung der Partei hat jedoch zu unterbleiben,

wenn das persönliche Erscheinen der Parteien nur zum Zwecke eines Sühneversuchs angeordnet worden war (vgl. § 296 Abs. 2 ZPO, der nur auf § 141 Abs. 2 ZPO, nicht jedoch auf den Abs. 3 dieser Bestimmung verweist),

wenn sich die nicht erschienene Partei zur Sache noch gar nicht eingelassen hat (vgl. § 272b Abs. 3 S. 1 ZPO; anders jedoch in Ehesachen, vgl. § 619 Abs. 1 ZPO),

wenn die Partei bei der Ladung nicht gemäß § 141 Abs. 1 S. 3 ZPO belehrt worden war.

32 dd) Die **Zuladung von Zeugen**, auf die sich eine Partei bezogen hat, gemäß § 272b Abs. 2 Z. 4 ZPO.

Die Zuladung der Zeugen ist gemäß §§ 379 ZPO, 114 GKG von der vorherigen Zahlung eines Auslagenvorschusses durch den Beweisführer abhängig zu machen (vgl. *Zöller-Stephan*, § 272b

Anm. II zu Zif. 4). Das gilt nicht, soweit den Parteien das Armenrecht bewilligt worden ist (vgl. dazu unten Randz. 132).

33 ee) Gemäß § 272b Abs. 2 Z. 5 ZPO schließlich noch die **Augenscheinseinnahme** (z. B. die **Ortsbesichtigung**) und die Einholung eines Sachverständigengutachtens bzw. die Zuladung eines Sachverständigen zum Termin.

Auch diese Maßnahmen sind, sofern sie auf Antrag einer Partei und nicht von Amts wegen erfolgen, § 144 ZPO, gemäß § 114 GKG von der vorherigen Zahlung eines Auslagenvorschusses abhängig zu machen.

Die Augenscheinseinnahme und die Einholung eines Sachverständigengutachtens sind wiederum keine bloßen Vorbereitungsmaßnahmen, sondern bereits Durchführung der Beweisaufnahme.

Die oben unter dd) und ee) genannten vorbereitenden Maßnahmen setzen notwendigerweise eine Klageerwiderung voraus, vgl. § 272b Abs. 3 ZPO. Denn Beweis ist nur über **bestrittene** rechtserhebliche Tatsachen zu erheben (vgl. dazu unten Randz. 141).

Zu beachten ist ferner, daß die Parteien gemäß § 272 Abs. 4 ZPO grundsätzlich über alle vorbereitenden Maßnahmen des Gerichtes zu informieren sind.

34 ff) In einer Verkehrsunfallsache, in der der Beklagte in der Klageerwiderung den Unfallablauf und die örtlichen Verhältnisse der Unfallstelle abweichend von der Version des Klägers darstellt, könnten beispielsweise – sofern der Kläger in der Klageschrift das Aktenzeichen eines Ermittlungsverfahrens und Unfallzeugen benannt haben sollte – folgende Anordnungen nach § 272b ZPO getroffen werden:

„**Vfg.**
1. Zur mündlichen Verhandlung am 29. Oktober 1974 wird gemäß §§ 141 Abs. 1, 272b Abs. 2 Z. 3 ZPO das persönliche Erscheinen der Parteien angeordnet.
2. Parteien persönlich laden.
3. Akten 12 Js 986/74 von der StA im Hause anfordern.
4. Schreiben an Kl.-Vertr. (mit Nachr. von 1. u. 3.):
   In pp.
   sollen zur mündlichen Verhandlung am 29. Oktober 1974 die Zeugen Renate Stern und Bruno Wagner gemäß § 272b ZPO zugeladen werden, sofern der Kläger bis zum 21. Oktober 1974 nachweist, für jeden dieser Zeugen einen Auslagenvorschuß von 50,– DM gezahlt zu haben.
5. Nachr. von 1., 3. u. 4. an Bekl.-Vertr.
6. Wvl.: 22. 10. 74 (Auslagenvorschuß?)

Köln, den 8. Oktober 1974
LANDGERICHT
Der Vorsitzende der
8. Zivilkammer“

(Zur „Vfg.“ vgl. unten Randz. 35, zur Ladung der Parteien nach Anordnung des persönlichen Erscheinens unten Randz. 147, zur Ausführung der Ladung unten Randz. 37f., zur Bestimmung der Wiedervorlagefrist unten Randz. 121 und zum Klammerzusatz bei der Wiedervorlagefrist unten Randz. 158).

Gemäß § 272b Abs. 4 ZPO sind auch die Anwälte von der Anordnung des persönlichen Erscheinens der Parteien zu benachrichtigen, weil sie sonst ihren Mandanten vor dem Termin mitteilen, daß ihre, der Parteien, Anwesenheit im Termin nicht erforderlich sei.

e) Die Terminsverfügung

35 **Wie, in welcher Form werden überhaupt Termine bestimmt?**

Der erste Termin wird regelmäßig durch Verfügung bestimmt, spätere Termine dagegen (überwiegend) durch Beschluß, vgl. § 227 ZPO.

Was ist überhaupt eine Verfügung?

Verfügungen sind Anordnungen des Richters, des Rechtspflegers oder des Urkundsbeamten der Geschäftsstelle, die der Prozeßleitung dienen und sich (zumindest auch) an eines der gerichtlichen

Organe richten. So kann sich die Verfügung des Kammervorsitzenden an den Einzelrichter richten, die des Rechtspflegers an den Urkundsbeamten der Geschäftsstelle.

Adressat der Anweisung (Verfügung) des Urkundsbeamten der Geschäftsstelle ist regelmäßig die Kanzlei.

Über die Form der Verfügung enthält die ZPO keine Vorschriften, außer in § 329 Abs. 3 ZPO zur Verlautbarung der Verfügung.

In der Praxis ist es üblich, die Verfügung als solche zu überschreiben (meist abgekürzt „**Vfg.**" oder auch nur „V"). Mehrere, in einer Verfügung zu treffende Anordnungen werden beziffert. Die Anordnung selbst kann stichwortartig erteilt werden.

Solange das Verfahren bei einem bestimmten Sachbearbeiter läuft, muß die letzte Ziffer der Verfügung immer die Wiedervorlage der Akten an diesen Sachbearbeiter betreffen, z. B. an den Amtsrichter oder an den Rechtspfleger. Üblich ist es z. B. zu verfügen: „**Wvl.**: 2 Wochen" oder „Wvl.: **z. T.**". Letzteres heißt, daß die Akten zum Termin dem Richter vorgelegt werden sollen. Mitunter wird in der letzten Ziffer der Verfügung zwar der Wiedervorlagezeitpunkt bestimmt, jedoch ohne das „Wvl." voranzustellen, z. B. „x) 20. 10. 74".

Läuft bereits eine Wiedervorlagefrist, die durch die neue Verfügung nicht geändert zu werden braucht, wird verfügt: „zur laufenden Frist" oder einfach „zur Frist".

Zwar muß aus der Verfügung zu erkennen sein, wer die Verfügung wann getroffen hat; da es sich bei ihr aber (zunächst) um eine innerdienstliche, prozeßleitende Anordnung handelt, ist es weder erforderlich, Zeit und Ort der Verfügung genau zu bezeichnen, noch die Verfügung mit vollem Namen zu unterzeichnen. Es genügt vielmehr die Paraphe des Verfügenden.

Zur Verlautbarung von Verfügungen schreibt § 329 Abs. 3 ZPO vor, daß nur in den in dieser Vorschrift genannten Fällen eine förmliche Zustellung zu erfolgen hat (vgl. dazu unten Randz. 38/39). Im übrigen werden Verfügungen (wenn überhaupt) den Parteien nur formlos mitgeteilt. Eine Verkündung von Verfügungen, auch wenn sie auf Grund mündlicher Verhandlung ergehen, findet nicht statt (*Thomas-Putzo*, § 329 Anm. 5).

36 Die Praxis verwendet für die Terminsbestimmung üblicherweise Formulare oder Stempel. Doch könnte die Verfügung eines Amtsrichters Müller bei einem beliebigen Amtsgericht, mit der er am 10. Juni 1974 Termin zur mündlichen Verhandlung auf den 1. Juli 1974 bestimmen will, etwa auch lauten:

„**Vfg.**:

1. Termin z. müdl. Vhdlg. am 1. Juli 1974, 9 Uhr
2. Geschäftsst. z. w. V.
3. Z. T.

M. 10/6"

Dabei wäre im Geltungsbereich der früheren Preußischen Geschäftsordnung (vgl. dort die Nr. 5 zu § 6 AktO) auch die Wiedervorlageanordnung „zum Termin" entbehrlich. Denn nach dieser Vorschrift sind ohnehin alle Terminsakten dem Richter am Tage vor dem Termin vorzulegen.

2. Die Ladung der Parteien zur mündlichen Verhandlung

a) Veranlassung durch die Geschäftsstelle; Verhandlungskalender und Terminsliste

37 Ist es richtig, in der Terminsverfügung nach der Bestimmung des Verhandlungstermins der Geschäftsstelle die „weitere Veranlassung" zu überlassen („**z. w. V.**" = zur weiteren Veranlassung)?

Ja; denn nach den §§ 261a Abs. 1, 497 Abs. 1 S. 3 ZPO ist es nach Bestimmung eines Termins zur mündlichen Verhandlung Aufgabe der Geschäftsstelle, die Ladung der Parteien zu veranlassen.

Bevor die Geschäftsstelle die Ladung der Parteien veranlaßt, wird sie zunächst den Termin im **Verhandlungskalender** eintragen (§§ 13 Abs. 1, 38 Abs. 1 AktO; vgl. das Muster des Verhandlungskalenders Anlage IV). Außerdem trägt sie auf dem Aktenumschlag den Termin ein, und zwar oben links. Die Eintragung auf dem Aktenumschlag kann beispielsweise lauten: „22) 10. 5. 74, 10,00 VT."

Sie bedeutet, daß am 10. Mai 1974 in dem das Aktenstück betreffenden Verfahren um 10 Uhr eine Entscheidung verkündet werden soll (VT = Verkündungstermin). Die in Klammern gesetzte Zahl 22 bezeichnet die laufende Nummer der Eintragung im Verhandlungskalender.

Nach dem Verhandlungskalender erstellt die Geschäftsstelle auch die **Terminsliste** (auch Terminsrolle genannt), die vor dem Beginn einer Sitzung am Eingang zum Sitzungszimmer auszuhängen und auch dem Richter vorzulegen ist.

Hat die Geschäftsstelle nach der Bestimmung des Verhandlungstermins die Ladung der Parteien zu diesem Termin von Amts wegen vorzunehmen oder hat sie dafür zunächst einen besonderen Antrag des Klägers abzuwarten?

§ 214 ZPO: Ladungen zu einem Termin sind von Amts wegen zu veranlassen.

b) Formlose oder förmliche Ladung der Parteien; die Ausführung der förmlichen Ladung

38 Wie sind die Parteien zu einem Verhandlungstermin zu laden?
Genügt ein einfacher Brief?

Nur ausnahmsweise beim Amtsgericht für die Ladung des Klägers, vgl. § 497 Abs. 1 S. 4 ZPO. In allen übrigen Fällen, also bei der Ladung der Parteien im Anwaltsprozeß und bei der des Beklagten im amtsgerichtlichen Verfahren, hat nach der Regel des § 329 Abs. 3 ZPO von Amts wegen die förmliche Zustellung der Ladung an die Parteien zu erfolgen (vgl. auch §§ 261 Abs. 1, 496 Abs. 1 ZPO).

39 Was ist unter der **(förmlichen) Zustellung** zu verstehen?
Wem obliegt die von Amts wegen zu bewirkende Zustellung und wie wird sie durchgeführt?

Die Zustellung ist die hoheitliche Übermittlung eines Schriftstückes, die von dem Übermittler zu beurkunden ist.

Die von Amts wegen zu bewirkende Zustellung obliegt gemäß § 209 ZPO der Geschäftsstelle, die mit der Ausführung der Zustellung nach § 211 ZPO den Gerichtswachtmeister (heute geschieht das nur noch in ländlichen Gegenden) oder die Post beauftragen kann. Im übrigen kann die Zustellung gemäß § 212b ZPO auch durch Aushändigung an der Amtsstelle erfolgen.

Bei der Zustellung durch den Gerichtswachtmeister oder die Post ist nach den §§ 212, 195 Abs. 2 ZPO eine **Zustellungsurkunde** (abgekürzt „ZU") aufzunehmen, die an die Geschäftsstelle zurückgelangen muß, § 212 Abs. 2 ZPO. Wegen weiterer Einzelheiten vgl. unten Randz. 107.

Sofern ein zuzustellendes Schriftstück dem Zustellungsadressaten tatsächlich zugegangen ist und förmliche Zustellung auch angeordnet worden war, sind nach § 187 ZPO etwaige Zustellungsmängel geheilt.

40 An wen hat überhaupt die Zustellung zu erfolgen?

Sobald sich für die Partei, der gegenüber die Zustellung zu erfolgen hat, ein Rechtsanwalt bestellt hat, ist nur noch die Zustellung an den Rechtsanwalt zulässig und wirksam, § 176 ZPO. Die Zustellung an den Anwalt muß jedoch nicht mittels Zustellungsurkunde vorgenommen werden – die Zustellung durch die Post kostet derzeit 3,– DM –, vielmehr genügt bei Anwälten, Notaren, Gerichtsvollziehern und Behörden das **Empfangsbekenntnis** nach § 212a ZPO („**EB**").

Im Anwaltsprozeß sind nach § 87 Abs. 1 ZPO Zustellungen an den Anwalt selbst dann noch vorzunehmen, wenn seine Vollmacht widerrufen ist oder der Anwalt die Vertretung niedergelegt hat, und zwar solange, bis sich ein anderer Anwalt für die Partei bestellt.

Bei Prozeßunfähigen hat die Zustellung gemäß § 171 Abs. 1 ZPO an die gesetzlichen Vertreter zu erfolgen. Bei mehreren gesetzlichen Vertretern genügt nach § 171 Abs. 3 ZPO die Zustellung an einen von ihnen.

Von diesen und den im Gesetz außerdem genannten Ausnahmen (vgl. z. B. § 174 ZPO) abgesehen, hat die Zustellung grundsätzlich an die Partei selbst zu erfolgen, im Anwaltsprozeß verbunden mit der Aufforderung gemäß § 215 ZPO.

Was geschieht, wenn der Zustellungsadressat vom Gerichtswachtmeister bzw. dem Postbediensteten nicht angetroffen werden kann oder der Zustellungsadressat die Annahme des Schriftstückes verweigert?

Dann hat nach den Vorschriften der §§ 181 bis 186 ZPO die Ersatzzustellung zu erfolgen.

Daß beispielsweise in einem Eherechtsstreit die Zustellung der Klageschrift nicht im Wege der Ersatzzustellung an den klagenden Ehegatten selbst erfolgen kann, folgt aus § 185 ZPO.

Zum Verfahren bei der Verweigerung der Annahme vgl. § 186 ZPO, bei der Auslandszustellung § 199 ZPO und bei der öffentlichen Zustellung §§ 203 f. ZPO. (Bei der Auslandszustellung ist nach §§ 262 Abs. 2, 499 Abs. 2 ZPO die Dauer der Einlassungsfrist zu bestimmen.)

41 Muß eigentlich nach jeder Terminsbestimmung die förmliche Ladung der Parteien erfolgen?

Nein. Die förmliche Ladung ist nicht erforderlich, wenn der Termin in einer verkündeten Entscheidung bestimmt worden ist, beispielsweise in einem zu Protokoll genommenen Vertagungsbeschluß oder in einem Beweisbeschluß, § 218 ZPO (vgl. unter Randz. 147).

Wegen der teilweise abweichenden Regelung im Ehe- und Kindschaftsverfahren vgl. §§ 618 Abs. 2, 640 Abs. 1 ZPO.

c) Die Zustellung der Klageschrift

42 Hätte die Geschäftsstelle mit der Veranlassung der Ladung alle ihr obliegenden Verpflichtungen erfüllt?

Gemäß §§ 261 a Abs. 2, 498 Abs. 1 ZPO ist dem Beklagten mit der Ladung außerdem noch die Klageschrift zuzustellen.

43 Heißt das, daß der Beklagte das Original der Klageschrift erhält?

Nein. Nach §§ 170 Abs. 1, 208 ZPO besteht die Zustellung grundsätzlich in der Übergabe einer **beglaubigten Abschrift** des zuzustellenden Schriftstücks.

44 In welchem Falle ist weder die Ladung der Parteien noch die Zustellung der Klageschrift an den Beklagten erforderlich?

Bei einer Klageerhebung nach § 500 ZPO, die aber in der Praxis kaum noch vorkommt.

Auch die Klageerhebung zu Protokoll des Gerichtes befreit den Kläger nicht von der Vorauszahlung der Prozeßgebühr gemäß § 111 Abs. 1 GKG.

„Ordentlicher Gerichtstag" ist übrigens der zur Verhandlung über Zivilsachen allgemein bestimmte Termin.

45 Welche Schriftsätze bedürfen dagegen noch der förmlichen Zustellung?

Gemäß § 261 b Abs. 2 ZPO ein Teil der sogenannten **bestimmenden Schriftsätze** (vgl. dazu *Zöller-Stephan*, § 129 Anm. I 2), nämlich die, die **Sachanträge** enthalten, also Anträge, die den Inhalt der Entscheidung betreffen (siehe auch *Thomas-Putzo*, § 297 Anm. 1 a).

d) Die Ladungsverfügung der Geschäftsstelle

46 In dem oben Randz. 36 genannten Beispiel hätte der Geschäftsstellenbeamte auf die Verfügung des Amtsrichters Müller etwa zu verfügen gehabt:

„**Vfg.**
1) Kl. formlos laden
2) Bekl. mit begl. Klageabschr. mit ZU laden."

47 Beispielsweise bei einem Räumungsprozeß wegen Zahlungsverzugs des Mieters oder in Unterhaltssachen hätte der Urkundsbeamte der Geschäftsstelle bei seiner Verfügung außerdem die „MiZi" zu beachten gehabt.

Das ist die bundeseinheitlich geltende „Anordnung über Mitteilungen in Zivilsachen", die in den vorgenannten Fällen die Mitteilung vom Eingang einer entsprechenden Klage an den örtlichen Träger der Sozialhilfe bzw. an das zuständige Jugendamt vorschreibt.

Mitteilungen nach der „MiZi" kommen im übrigen insbesondere noch in Ehe- und Kindschaftssachen in Betracht.

e) Die Überwachung der Ausführung der Ladungsverfügung; Fristenkontrolle

48 Die Geschäftsstelle wird zur Ausführung ihrer Verfügung die Akten in das Aktenfach der Kanzlei legen und eine entsprechende Eintragung in der Aktenkontrolle machen. Nach Rückkehr der Akten aus der Kanzlei – durch Vermittlung der Justizwachtmeister – wird sie die Ausführung der Verfügung überprüfen, d. h. feststellen, ob die Kanzlei die entsprechenden Ausführungsvermerke gemacht hat. Danach wird sie im Ausgangsbeispiel die Akten in dem Terminsfach ablegen, in dem sie sämtliche, auf den 1. Juli 1974 terminierte Akten verwahrt, und sie wird das wiederum in der Aktenkontrolle vermerken.

Außer den vorgenannten Aktenfächern werden bei den Geschäftsstellen vielfach auch sogenannte Fristenfächer geführt (§ 6 Abs. 1 AktO), beispielsweise für jeden Tag des Monats ein Fach, in dem die an diesem Tage vorzulegenden Akten deponiert werden. Bei dieser Form der Fristenüberwachung wird sich z. B. das am 15. eines Monats vorzulegende Aktenstück in dem Fristenfach mit der Aufschrift 15 befinden. Geht aber vor dem 15. ein neuer Schriftsatz ein, den die Geschäftsstelle nicht selbst bearbeiten kann, so hat sie die Akten mit dem Eingang dem Sachbearbeiter sofort und nicht erst am 15. vorzulegen.

Bei den Geschäftsstellen sind im übrigen auch besondere Aktenfächer für die Richter eingerichtet, denen die Geschäftsstelle zugeordnet ist. Aus diesen Aktenfächern erfolgt dann der Zutrag der Akten durch die Justizwachtmeister.

B. Die Vorbereitung der mündlichen Verhandlung durch den Richter

49 Nach der Vorlage der Terminsakten durch die Geschäftsstelle (vgl. dazu oben Randz. 36) hat der Richter (das kann der Amtsrichter oder auch der Berichterstatter der Kammer oder des OLG-Senats sein) die Akten möglichst unter Fertigung einer Prozeßstoffskizze (vgl. unten Randz. 140) nochmals gründlichst zur Vorbereitung des Verhandlungstermins durchzuarbeiten.

Dabei hat er unter anderem zu prüfen, ob die Parteien ordnungsgemäß zum Verhandlungstermin geladen worden sind (also unter Beachtung der Ladungsvorschriften, der Einlassungs- und der Ladungsfrist);

ob in der Klageschrift oder einem anderen Schriftsatz die Parteien so genau bezeichnet worden sind, daß diese Bezeichnung in das Rubrum der zu treffenden gerichtlichen Entscheidung übernommen werden könnte; das ist dann der Fall, wenn jeder Zweifel über die Person, für und gegen die das Urteil ergehen soll, ausgeschlossen ist und eine sichere Grundlage für die Vollstreckung geschaffen würde (vgl. *Berg* S. 105/106); beispielsweise bei Personengesellschaften und Handelsfirmen ist das nicht unproblematisch (vgl. dazu *Bull* S. 35ff.);

ob die von den Parteien angekündigten Anträge sachdienlich sind (§ 139 Abs. 1 ZPO), ob also entsprechend den gestellten Anträgen auch eine Entscheidung getroffen werden könnte (vgl. zu § 343 ZPO unten Randz. 139);

eine Belehrung des Beklagten nach § 504 Abs. 2 ZPO in Betracht kommt (gilt nur für das amtsgerichtliche Verfahren);

ob die Klage schlüssig und der Vortrag des Beklagten erheblich ist (vgl. dazu unten Randz. 141);

ob demgemäß bei Säumnis des Beklagten ein Versäumnisurteil ergehen könnte;

ob – falls ein Versäumnisurteil oder ein Vollstreckungsbefehl bereits ergangen sein sollte – nach den von den Parteien mitgeteilten oder sonst aus den Akten ersichtlichen Daten der Einspruch wohl zulässig ist;

ob, worüber und in welcher Form Beweis zu erheben ist, ob überhaupt für sämtliche bestrittenen erheblichen Tatsachen Beweis angeboten worden ist und wer beweispflichtig ist (anders beim Sachverständigenbeweis, vgl. § 403 ZPO!);

ob bereits ein Urteil ergehen könnte.

Der Prozeßstoff sollte vom Richter sowohl vom Tatsächlichen als auch vom Rechtlichen her so erarbeitet werden, daß er in der mündlichen Verhandlung mit den Parteien ein Rechtsgespräch führen kann. In diesem Rechtsgespräch sollte der Richter den Parteien ihr Prozeßrisiko darzustellen in der Lage sein, weil nur dann der gebotene Sühneversuch (§ 296 Abs. 1 ZPO) Aussicht auf Erfolg hat.

C. Der Ablauf des Verhandlungstermins

1. Der Aufruf der Sache und die Einleitung der mündlichen Verhandlung

50 Der Verhandlungstermin beginnt nach § 220 Abs. 1 ZPO mit dem Aufruf der Sache durch den Vorsitzenden (§ 136 Abs. 1 ZPO) oder den Amtsrichter. Mit dem Aufruf der Sache beginnt jedoch noch nicht die **mündliche Verhandlung**, vielmehr wird die nach § 137 Abs. 1 ZPO erst durch die **Antragstellung** eingeleitet.

Im Anwaltsprozeß sind die Anträge aus den vorbereitenden Schriftsätzen zu verlesen, § 297 Abs. 1 ZPO. Ein erst in der mündlichen Verhandlung geänderter Klageantrag kann darum nicht zu Protokoll erklärt werden, er ist vielmehr zunächst schriftlich abzufassen und zu den Akten zu reichen.

Nach § 297 Abs. 4 ZPO kann es das Gericht auch für zulässig erachten – und das ist die Regel –, daß der Anwalt statt den Antrag zu verlesen auf den den Antrag enthaltenden Schriftsatz Bezug nimmt.

Im amtsgerichtlichen Verfahren können die Anträge dagegen auch zum Sitzungsprotokoll gestellt werden, vgl. dazu jedoch unten Randz. 143.

2. Die rechtliche Wirkung der Antragstellung

51 Durch mündliches Verhandeln zur Hauptsache (also das Stellen der Anträge) wird gemäß § 39 ZPO im ersten Rechtszug die Zuständigkeit eines unzuständigen Gerichtes begründet, sofern der Beklagte es vor der Antragstellung unterlassen hat, die Rüge der Unzuständigkeit zu erheben.

Beim Amtsgericht tritt **Prorogation** außerdem nur dann ein, wenn der Beklagte gemäß § 504 Abs. 2 ZPO belehrt worden war.

Ebenso können nach Antragstellung **prozeßhindernde Einreden** nur noch beschränkt geltend gemacht werden (vgl. § 274 Abs. 3 ZPO), und die Klagerücknahme bedarf der Zustimmung des Beklagten, § 271 ZPO.

Das Stellen der Anträge hat außerdem nach § 31 Z. 2 BRAGO den Anfall der **Verhandlungsgebühr** des zum Parteivertreter bestellten Rechtsanwaltes zur Folge.

52 Außer der Verhandlungsgebühr fällt in bürgerlichen Rechtsstreitigkeiten an **Anwaltsgebühren** außerdem noch die **Prozeßgebühr** (§ 31 Z. 1 BRAGO) an, durch die das „Betreiben des Geschäfts einschließlich der Information" abgegolten wird. Zum „Betreiben des Geschäfts" gehört unter anderem die Anfertigung von Schriftsätzen. Für die Vertretung der Partei im Beweisaufnahmeverfahren oder bei der Parteivernehmung im Ehescheidungsverfahren erhält der Anwalt gemäß § 31 Z. 3 BRAGO noch eine dritte Gebühr, nämlich die **Beweisgebühr**. (Zur Vertretung der Partei im Beweisaufnahmeverfahren gehört beispielsweise schon die Weitergabe der Ladung zum Beweistermin an die Partei oder die kritische Prüfung der Beweisanordnung, vgl. auch *Lauterbach-Hartmann*, Anm. 4E zu § 31 BRAGO.)

Als weitere Gebühr kann zu den bereits entstandenen Anwaltsgebühren die **Vergleichsgebühr** nach § 23 BRAGO hinzukommen, wenn der Anwalt beim Abschluß eines Vergleiches mitgewirkt hat. (Wird ein unter Widerrufsvorbehalt geschlossener Vergleich widerrufen, fällt keine Gebühr an, § 23 Abs. 2 BRAGO.)

Für eine **nichtstreitige Verhandlung** (z. B. den Antrag auf Erlaß eines Anerkenntnisurteils) erhält der Anwalt nach § 33 Abs. 1 BRAGO nur eine halbe Gebühr. Diese erhält er jedoch nicht zusätzlich, wenn die Verhandlungsgebühr bereits angefallen ist, wenn also der Beklagte erst nach streitiger Verhandlung die Klageforderung anerkennt. Denn das Kostenrecht kennt den Grundsatz, daß Gebühren im gleichen Rechtszug nur einmal gefordert werden können, vgl. § 13 Abs. 2 BRAGO. Deshalb fällt auch bei wiederholter Antragstellung oder bei mehrfachen Beweiserhebungen die Prozeßgebühr bzw. die Beweisgebühr nur einmal an. Etwas Anderes gilt jedoch für das Versäumnisurteil, vgl. § 38 BRAGO.

Der Anwalt hat außerdem Anspruch auf Ersatz der **Mehrwertsteuer** (5,5%) nach § 25 Abs. 2 BRAGO, auf Erstattung seiner Postgebühren (**Auslagenpauschale**, § 26 BRAGO) und auf Ersatz von **Schreibgebühren** und **Reisekosten** (einschließlich **Abwesenheitsgeld**), vgl. §§ 27 bis 29 BRAGO.

Schuldner der Anwaltskosten ist die Partei, die den Anwalt beauftragt hat. Im Falle ihres Obsiegens im Prozeß kann die Partei ihre Kosten jedoch gemäß §§ 103f. ZPO gegen den Gegner festsetzen lassen. (Jedoch nicht die vereinbarte höhere Vergütung, vgl. dazu §§ 3 BRAGO, 91 ZPO.)

53 An **Gerichtsgebühren** fällt in bürgerlichen Rechtsstreitigkeiten einmal an die **Prozeßgebühr** (§ 25 Abs. 1 Z. 1 GKG), die mit der Klageeinreichung erwächst und auch die streitige Verhandlung mitumfaßt. (Wird die Klage vor Terminsbestimmung zurückgenommen, fällt keine Gebühr an; nach Terminsbestimmung, jedoch vor Stellung der Sachanträge, fällt ein Viertel der vollen Gebühren an, vgl. § 35 GKG.)

Für die Anordnung der Beweisaufnahme wird nach § 25 Abs. 1 Z. 2 GKG die **Beweisgebühr** erhoben. Eine bereits angefallene Beweisgebühr **entfällt**, wenn der Rechtsstreit durch **Vergleich** beendet wird, § 29 GKG.

Eine gerichtliche **Vergleichsgebühr** in Höhe eines Viertels der vollen Gebühr wird gemäß § 44 GKG nur aus dem Vergleichsmehrwert erhoben, also aus dem den Streigegenstandswert übersteigenden Vergleichswert.

Für das auf Grund streitiger Verhandlung ergehende End- oder Zwischenurteil wird die **Urteilsgebühr** erhoben, § 25 Abs. 1 Z. 3 GKG.

Keine Gebühr fällt für die auf Grund nichtstreitiger Verhandlung ergehenden Urteile an. Dafür wird eine halbe Gebühr für den Kostenbeschluß gemäß § 91a ZPO erhoben, § 28 GKG. (Streitwert ist hierbei der Wert aller bislang angefallenen Kosten!)

Auch für die Gerichtskosten gilt der Grundsatz der Einmaligkeit der Regelgebühr, vgl. § 31 GKG.

Gebühren, die bei richtiger Sachbehandlung nicht entstanden wären, dürfen nach § 7 GKG nicht erhoben werden.

Gebührenschuldner des Justizfiskus ist zunächst der, der das Verfahren der Instanz beantragt hat, § 95 GKG. Nach § 99 Z. 1 GKG ist Gebührenschuldner unter anderem auch der, dem die Kosten durch gerichtliche Entscheidung auferlegt worden sind. Wegen der Haftung mehrerer Kostenschuldner vgl. § 103 GKG.

Maßgebend für die Höhe sowohl der Anwalts- als auch der Gerichtsgebühren ist im übrigen der **Gebührenstreitwert**, der nicht immer (z. B. nicht bei Miet- und Pachtstreitigkeiten, vgl. dazu §§ 8 ZPO, 12 GKG) mit dem Zuständigkeitsstreitwert (§§ 2ff. ZPO) identisch ist. Der Gebührenstreitwert ist unter den Voraussetzungen des § 23 GKG durch Beschluß oder durch Aufnahme in die Urteilsformel festzusetzen (vgl. dazu *Lauterbach-Hartmann*, Anm. 2B zu § 23 GKG).

Der Streitwertbeschluß ist nach Maßgabe des § 23 Abs. 2 GKG anfechtbar. Wie jedes Rechtsmittel setzt auch die Streitwertbeschwerde eine Beschwer voraus, die z. B. fehlt, wenn die obsiegende Partei gegen den ihrer Ansicht nach zu niedrig festgesetzten Streitwert Beschwerde einlegt. Beschwerdeberechtigt wäre dagegen deren Prozeßbevollmächtigter, und zwar aus eigenem Recht, § 9 Abs. 2 BRAGO.

Ob der Beschwerdewert des § 567 Abs. 2 ZPO erreicht ist, bemißt sich bei der Streitwertbeschwerde nicht aus der Differenz zwischen dem festgesetzten und dem angestrebten Streitwert, sondern allein aus der Kostendifferenz beider Streitwerte.

Bei erfolgreicher Streitwertbeschwerde fallen nach der Regel des § 46 Abs. 2 GKG keine Gerichtskosten an. Dem erfolgreichen Beschwerdeführer entstandene außergerichtliche Kosten sind von diesem selbst zu tragen, weil es nach h. M. (vgl. z. B. *Zöller-Karch*, § 567 Anm. 4) bei der Streitwertbeschwerde an einem Beschwerdegegner im Rechtssinne fehlt und daher die Kostenregelungen der §§ 91ff. ZPO keine Anwendung finden können.

Ist der Beschwerdeführer in der Streitwertbeschwerde nur teilweise erfolgreich, findet nicht etwa eine Quotelung der Beschwerdekosten statt, vielmehr werden die Gerichtskosten für das Beschwerdeverfahren dann allein aus dem Differenzbetrag zwischen dem vom Rechtsmittelgericht neu festgesetzten und dem vom Beschwerdeführer angestrebten Streitwert erhoben (vgl. *Lauterbach-Hartmann*, Anm. 3A zu § 46 GKG).

3. Der Sühneversuch

54 Im Hinblick darauf, daß mit der Antragstellung die Verhandlungsgebühr anfällt (vgl. oben Randz. 51), wird es vielfach geboten sein, noch vor Beginn der mündlichen Verhandlung den nach den §§ 296, 349 Abs. 1, 495 Abs. 2 ZPO gebotenen Sühneversuch zu unternehmen. Denn wenn erst die Anträge gestellt und dadurch zwei Anwaltsgebühren (die Prozeß- und die Verhandlungsgebühr) außer der Prozeßgebühr des Gerichts angefallen sind, hat in vielen Fällen der Abschluß eines Vergleiches im Hinblick auf die zusätzlich noch anfallende Vergleichsgebühr des Anwaltes für die Parteien keinen finanziellen Anreiz mehr.

Das für den Prozeßvergleich geforderte gegenseitige Nachgeben braucht nur geringfügig zu sein. Es kann beispielsweise in der Ermäßigung der Zinsforderung oder in der Gewährung von Ratenzahlungen bestehen.

Zu den sonstigen Voraussetzungen und zum Wesen des Prozeßvergleichs vgl. z. B. *Baumbach-Lauterbach*, Anhang nach § 307.

Wird im Vergleich keine andere Kostenregelung getroffen – was jedoch in der Praxis die Regel ist –, so gelten die Kosten des Prozeßvergleichs nach § 98 ZPO als gegeneinander aufgehoben. Das heißt, daß jede Partei ihre eigenen außergerichtlichen Kosten und die Hälfte der Gerichtskosten zu tragen hat.

4. Die nichtstreitige oder einseitig streitige Verhandlung

a) Das Anerkenntnis

55 Zur Verminderung der Verfahrenskosten empfiehlt es sich ferner, Anerkenntnisse, auch Teil-Anerkenntnisse, tunlichst schon zu Beginn des Prozesses zu erklären.

Zwar kann das Anerkenntnis nur in mündlicher Verhandlung erklärt werden. Es genügt jedoch, wenn der Beklagte das Anerkenntnis in der – nach Stellung des Sachantrages durch den Kläger – nur einseitigen mündlichen Verhandlung erklärt.

Wirksam ist das Anerkenntnis im übrigen nur im Bereich der Dispositionsmaxime (vgl. weiterhin *Thomas-Putzo*, § 307 Anm. 2).

Ein Anerkenntnisurteil (§ 307 ZPO) ergeht nur auf besonderen Antrag des Klägers nach Prüfung der Prozeßvoraussetzungen (nicht der Schlüssigkeit). Zur Form des Anerkenntnisurteils vgl. unten Randz. 154.

In der Praxis ergeht mitunter über die gesamte Hauptsache ein Teil-Anerkenntnisurteil, zutreffenderweise ohne Kostenentscheidung. Über die Kosten allein wird dann gemäß §§ 91, 93 ZPO in einem Schlußurteil entschieden. Dieses Urteil unterliegt als reine Kostenentscheidung der sofortigen Beschwerde gemäß § 99 Abs. 2 ZPO.

b) Verzicht und Klagerücknahme

56 Der – in der Praxis sehr seltene – Verzicht setzt ebenso wie das Anerkenntnis nicht notwendig eine beiderseits streitige mündliche Verhandlung voraus. Er wird – jedenfalls im ersten Termin – vielmehr nur nach einseitig streitiger mündlicher Verhandlung des Beklagten erklärt werden.

Das auf Antrag des Beklagten ergehende Verzichtsurteil (§ 306 ZPO) weist den Kläger mit dem geltend gemachten Anspruch ab (auch in Ehesachen).

Der Verzicht ist streng zu unterscheiden von der wesentlich häufigeren **Klagerücknahme** (§ 271 ZPO), die der erneuten Geltendmachung des Anspruchs im Gegensatz zum Verzicht nicht im Wege steht.

Die Klagerücknahmeerklärung ist dem Beklagten förmlich zuzustellen (§ 261 b Abs. 2 ZPO), nach Einlassung des Beklagten zur Hauptsache zweckmäßigerweise mit der Anfrage, ob er der Klagerücknahme zustimme (vgl. § 271 Abs. 1 ZPO).

Die Klagerücknahme bewirkt unter anderem, daß der Kläger sämtliche Kosten zu tragen hat, auch die durch die Säumnis des Beklagten entstandenen (§ 344 ZPO; vgl. *Thomas-Putzo*, § 271 Anm. 5 c). Bei teilweiser Klagerücknahme ist wegen des Grundsatzes der Einheitlichkeit der Kostenentscheidung (vgl. auch unten Randz. 57) die Kostenentscheidung – wenn ein dahingehender Antrag nach § 271 Abs. 3 ZPO gestellt war – dem Schlußurteil vorzubehalten (vgl. z. B. *Thomas-Putzo*, § 271 Anm. 5 c).

Anders ist es, wenn der Kläger gegenüber einem von mehreren Beklagten die Klage zurückgenommen hat. Auf Antrag dieses Beklagten hätte etwa folgender Kostenbeschluß zu ergehen: „Der Kläger hat die dem Beklagten . . . entstandenen Kosten zu tragen“ (vgl. dazu *Zöller-Stephan*, § 271 Anm. 4 b). Eines Ausspruchs zur Vollstreckbarkeit dieses Beschlusses bedarf es wegen § 794 Abs. 1 Z. 3 ZPO in Verbindung mit § 271 Abs. 3 S. 5 ZPO nicht.

c) Das Versäumnisverfahren

57 Bei Säumnis einer der Parteien kann bei Verhandlungsbereitschaft des Gegners ebenfalls nur eine einseitig streitige Verhandlung stattfinden.

Auf Antrag des Klägers hat gegen den **säumigen Beklagten** ein Versäumnisurteil zu ergehen,

wenn der Beklagte zum Termin ordnungsgemäß geladen worden war (also unter Beachtung der Ladungsvorschriften, der Einlassungs- und der Ladungsfrist),

wenn die allgemeinen Prozeßvoraussetzungen vorliegen, insbesondere die örtliche Zuständigkeit (zwar gilt bei Säumnis des Beklagten nach § 331 Abs. 1 S. 1 ZPO das tatsächliche mündliche Vorbringen des Klägers als zugestanden, doch gilt dies nach § 331 Abs. 1 S. 2 ZPO nicht für das Vorbringen des Klägers zu der von ihm behaupteten Gerichtsstandsvereinbarung; diese Behauptung bedarf vielmehr auch bei Säumnis des Beklagten des Beweises, *Thomas-Putzo*, § 331 Anm. 1 c), wenn das rechtzeitige tatsächliche Vorbringen des Klägers den gestellten Sachantrag rechtfertigt, die Klage also schlüssig ist.

Das Versäumnisurteil ist auch zu erlassen, wenn es im Widerspruch zu den bisherigen Prozeßergebnissen (z. B. zu einer Beweisaufnahme) steht, vgl. dazu *Zöller-Stephan*, § 332 Anm. 1.

Ist die Klage – beispielsweise im amtsgerichtlichen Verfahren, weil die Vollmacht des Klägers fehlt – unzulässig oder ist sie unschlüssig, so ergeht ein **unechtes Versäumnisurteil** gegen den anwesenden Kläger.

Bei teilweiser Unschlüssigkeit hat ein **„Teil- End- und Versäumnisurteil"** zu ergehen, nämlich ein Teil-Endurteil gegen den Kläger und ein Teil-Versäumnisurteil gegen den Beklagten.

Ein Teil-Versäumnisurteil ist auch zu erlassen, wenn beispielsweise der Kläger K die Beklagten A und B als Gesamtschuldner auf Zahlung von 1000,– DM verklagt hat, im Termin dann zwar der Beklagte B, nicht jedoch der Beklagte A erscheint und K ein Versäumnisurteil gegen A beantragt. Das hätte – wenn kein Fall der notwendigen Streitgenossenschaft (§ 62 Abs. 2 ZPO) vorliegt – etwa zu lauten:

„1. Der Beklagte A wird verurteilt, als Gesamtschuldner neben dem Beklagten B – wenn auch der verurteilt werden sollte – 1000,– DM an den Kläger zu zahlen.

2. Die Kostenentscheidung bleibt dem Schlußurteil vorbehalten.

3. Das Urteil ist vorläufig vollstreckbar."

Der Vorbehalt in der Ziffer 2 des Tenors ist zur Klarstellung zweckmäßig. Wegen des **Grundsatzes der Einheitlichkeit der Kostenentscheidung** (vgl. dazu z. B. *Zöller-Mühlbauer*, § 100 Anm. 1b) kann in diesem Verfahrensstadium noch keine Kostenentscheidung ergehen. Denn noch ist nicht zu überblicken, welche Kosten im weiteren Verlauf des Rechtsstreites noch entstehen werden und wie hoch demgemäß die vom Beklagten A zu tragende Kosten-Quote (§ 100 ZPO) sein wird.

Hat der Kläger aber ein besonderes Interesse daran, sofort auch einen Kostenerstattungsanspruch gegen den ausscheidenden (Mit-)Beklagten zu erhalten, wird es auch für zulässig gehalten zu tenorieren: „Der Beklagte ... hat von den bis zum Erlaß dieses Teilurteils entstandenen Kosten des Rechtsstreites die Hälfte zu tragen. Die eigenen außergerichtlichen Kosten trägt er jedoch voll." (Vgl. dazu und zur Problematik der Teil-Kostenentscheidung im übrigen *Schneider*, Die Kostenentscheidung im Zivilurteil, S. 99, sowie *Zöller-Mühlbauer*, § 100 Anm. 1.)

Ist – wie im Ausgangsbeispiel – das Teilurteil ein Teil-Versäumnisurteil, wird wegen der §§ 344, 61 ZPO auch auszusprechen sein, daß der Säumige außer den eigenen außergerichtlichen Kosten auch die durch die Versäumnis veranlaßten Kosten (vgl. §§ 33 Abs. 1, 38 Abs. 2 BRAGO) voll zu tragen hat.

Die Entscheidung zur vorläufigen Vollstreckbarkeit (Ziffer 3 des Tenors im Ausgangsbeispiel) beruht auf § 708 Z. 3 ZPO.

Sollte im Ausgangsbeispiel der (anwaltlich vertretene) Kläger nach streitiger Verhandlung (ohne Beweisaufnahme) auch gegen den Beklagten B in voller Höhe obsiegen, hätte das Schlußurteil etwa zu lauten:

„1. Der Beklagte B wird verurteilt, neben dem durch Teil-Versäumnisurteil des erkennenden Gerichts vom ... verurteilten Beklagten A als Gesamtschuldner 1000,– DM an den Kläger zu zahlen.

2. Von den Kosten des Rechtsstreites haben zu tragen der Beklagte A die durch seine Säumnis veranlaßten Kosten sowie von den übrigen Kosten ¼, der Beklagte B ¾.

3. Das Urteil ist vorläufig vollstreckbar, gegenüber dem Beklagten B gegen eine vom Kläger zu erbringende Sicherheitsleistung in Höhe von 1250,– DM."

Die in Ziffer 2 des vorstehenden Tenors ausgeworfene Kostenquotelung errechnet sich wie folgt:

Gerichtskosten (vgl. dazu oben Randz. 53):

Bei einem Streitwert von 1000,– DM beträgt die volle Gebühr 36,– DM. Zu tragen haben die Prozeßgebühr und die gerichtlichen Auslagen (§ 92 GKG, nämlich mindestens 2 × 3,– DM Zustellungskosten) beide Beklagten zur Hälfte und die Urteilsgebühr der Beklagte B allein. Es tragen also

	A	B
von der Prozeßgebühr	18,– DM	18,– DM
von den Auslagen	3,– DM	3,– DM
von der Urteilsgebühr	–	36,– DM
	21,– DM	57,– DM

Außergerichtliche Kosten des Klägers (vgl. dazu oben Randz. 52):

Die durch die Säumnis des Beklagten A entstandenen außergerichtlichen Kosten (eine Gerichtsgebühr fällt für das Versäumnisurteil nicht an) hat nach §§ 344, 61 ZPO dieser in voller Höhe zu tragen. Von den übrigen Kosten trägt der Beklagte A die Hälfte der Prozeßgebühr, die restlichen Kosten trägt der Beklagte B. (Die Gebühr des Anwalts beträgt bei einem Streitwert von 1000,– DM 65,– DM.) Es tragen also von den übrigen außergerichtlichen Kosten,

	A	B
nämlich von der Prozeßgebühr	32,50 DM	32,50 DM
und von der Verhandlungsgebühr	–	65,– DM
zuzüglich anteiliger Auslagenpauschale	3,25 DM	9,75 DM
und Mehrwertsteuer	1,96 DM	5,89 DM
insgesamt	37,71 DM	113,14 DM

Danach haben zu tragen

	A	B
an Gerichtskosten	21,– DM	57,– DM
an außergerichtlichen Kosten	37,71 DM	113,14 DM
	58,71 DM	170,14 DM,

A also von den Gesamtkosten im Betrage von 228,85 DM einen Anteil von 58,71 DM, also etwa ¼, und B einen Anteil von 170,14 DM, also etwa ¾.

Zur Berechnung der Sicherheitsleistung (Ziffer 3 des Tenors) vgl. unten Randz. 162.

Wären A und B gemeinsam verurteilt worden (ohne daß A säumig war), B jedoch – unter Abweisung der Klage im übrigen – nur zur Zahlung von 500,– DM, so hätte die Kostenentscheidung nach der **Baumbachschen Formel** (vgl. *Baumbach-Lauterbach*, § 100 Anm. 6 c) zu lauten:

> „Von den Gerichtskosten haben zu tragen der Beklagte A die Hälfte und der Kläger und der Beklagte B je ein Viertel. Von den außergerichtlichen Kosten haben zu tragen der Beklagte A die Hälfte der Kosten des Klägers und seine eigenen in voller Höhe, der Beklagte B die Hälfte seiner eigenen und ein Viertel der Kosten des Klägers und der Kläger die Hälfte der Kosten des Beklagten B und ein Viertel seiner eigenen."

Zur Säumnis vgl. im übrigen §§ 157, 158, 220 Abs. 2, 333 und 78 ZPO, zur Zurückweisung eines Antrags auf Erlaß eines Versäumnisurteils §§ 335, 336 ZPO.

Das Versäumnisurteil kann gemäß § 313 Abs. 3 ZPO in abgekürzter Form (also ohne Tatbestand und Entscheidungsgründe) ergehen. Entgegen der Regel des § 311 Abs. 2 S. 1 ZPO müssen Versäumnisurteile vor ihrer Verkündung auch noch nicht schriftlich abgefaßt sein, § 311 Abs. 2 S. 2 ZPO.

Anders ist es beim unechten Versäumnisurteil und auch beim Teil- End- und Versäumnisurteil. Beide müssen als (teilweise) kontradiktorische Urteile den Formerfordernissen des § 313 ZPO genügen (vgl. dazu unten Randz. 80f.).

58 Bei **Säumnis des Klägers** entfällt die Schlüssigkeitsprüfung. Auf Antrag des Beklagten ist der Kläger durch Sachurteil mit der Klage abzuweisen, sofern der Kläger trotz ordnungsgemäßer Ladung (vgl. dazu §§ 497 Abs. 1 S. 4, 496 Abs. 4 S. 2 ZPO!) säumig sein sollte und die allgemeinen Prozeßvoraussetzungen vorliegen.

Will der Beklagte jedoch Prorogation durch einseitiges streitiges Verhandeln zur Sache vermeiden, muß er die Rüge der örtlichen Unzuständigkeit erheben und Prozeßurteil beantragen (*Thomas-Putzo*, § 39 Anm. 2a).

Ein abgekürztes Urteil ist beim (echten) Versäumnisurteil gegen den Kläger nicht statthaft, vgl. § 313 Abs. 3 S. 1 ZPO.

59 Sind **beide Parteien** im ersten Termin säumig, kann nur das Ruhen des Verfahrens angeordnet oder ein neuer Termin bestimmt werden, § 251a Abs. 2 ZPO. Eine Entscheidung nach Lage der Akten (§ 251a Abs. 1 ZPO) kann **nur** ergehen, wenn bereits einmal mündlich verhandelt worden ist (**Grundsatz der Einheitlichkeit der mündlichen Verhandlung**, § 278 Abs. 1 ZPO).

Eine Entscheidung nach Lage der Akten statt eines Versäumnisurteils kann auch nach § 331a ZPO beim Ausbleiben einer Partei auf Antrag des Gegners ergehen.

60 Gegen das echte Versäumnisurteil findet nach § 338 ZPO der Einspruch statt, gegen das unechte Versäumnisurteil und gegen die Entscheidung nach Lage der Akten die Berufung.

Die Einspruchsfrist beträgt beim Landgericht 2 Wochen ab Zustellung (§ 339 Abs. 1 ZPO), beim Amtsgericht 1 Woche ab Zustellung (§ 508 Abs. 2 ZPO).

Über den Einspruch ist auf Grund mündlicher Verhandlung zu entscheiden. Termin hierzu (und zur Fortsetzung der mündlichen Verhandlung) ist von Amts wegen zu bestimmen, vgl. §§ 340a, 341 ZPO.

Der zulässige Einspruch versetzt den Prozeß in die Lage zurück, in der er sich vor Eintritt der Versäumnis befand. Zur Kostenfolge vgl. jedoch § 344 ZPO.

Zur Entscheidung bei unzulässigem Einspruch vgl. unten Randz. 129, ebenso zu den Voraussetzungen des zweiten Versäumnisurteils.

d) Der nicht anwaltlich vertretene Beklagte im Ehescheidungsprozeß

61 Läßt sich der Beklagte in einem Ehescheidungsprozeß nicht anwaltlich vertreten, so kann gegen ihn zwar nach § 618 Abs. 4 ZPO kein Versäumnisurteil ergehen, doch steht der Mangel der Vertretung einer Ehescheidung auch nicht entgegen. Die Scheidung kann vielmehr auch auf Grund einer nur einseitigen mündlichen Verhandlung ausgesprochen werden. Zwar gilt auch dann der Vortrag des klagenden Ehegatten wegen der Beschränkung der Dispositionsmaxime im Ehescheidungsverfahren (vgl. § 617 ZPO) nicht als zugestanden, doch kann nach § 619 ZPO das persönliche Erscheinen auch des nicht anwaltlich vertretenen Beklagten angeordnet werden, der im Termin dann – nach vorheriger Belehrung, auch gemäß § 446 ZPO – als Partei vernommen werden kann.

Wegen weiterer Besonderheiten des Ehescheidungsverfahrens vgl. § 632 sowie §§ 608, 609, 613, 618 Abs. 2 (entgegen § 218), 625 ZPO sowie die Vorschriften über die einstweilige Anordnung (**SO-Verfahren**), §§ 627ff. ZPO.

Auch wenn der Beklagte nicht anwaltlich vertreten ist, können die Parteien einen wirksamen Prozeßvergleich schließen, sofern das Verfahren zur Durchführung eines Sühneversuchs gemäß § 296 ZPO an den Berichterstatter als beauftragten Richter verwiesen wird. Denn vor dem beauftragten Richter besteht kein Anwaltszwang, § 78 Abs. 2 ZPO.

Kein Anwaltszwang besteht auch – nach allerdings sehr umstrittener Ansicht (vgl. z. B. *Zöller-Scherübl*, § 794 Anm. 1a) – für den Prozeßvergleich im Rahmen eines SO-Verfahrens. Der Antrag auf Erlaß einer einstweiligen Anordnung kann zu Protokoll des Urkundsbeamten der Geschäftsstelle erklärt werden, § 627 Abs. 3 S. 1 ZPO. Für Prozeßhandlungen, die zu Protokoll des Urkundsbeamten der Geschäftsstelle erklärt werden können, besteht nach § 78 Abs. 2 ZPO jedoch ebenfalls kein Anwaltszwang.

Entsprechendes gilt auch im Beschwerdeverfahren, § 569 Abs. 2 ZPO (vgl. jedoch auch § 573 Abs. 2 ZPO).

5. Die streitige Verhandlung

a) Die Einlassung des Beklagten auf die Klage

62 Gegenüber dem Sachantrag des Klägers kann der Beklagte

bei einseitig streitiger Verhandlung noch das Fehlen von Prozeßvoraussetzungen rügen oder prozeßhindernde Einreden erheben,

sich zur Sache einlassen und die Klage als unbegründet abzuweisen beantragen (zur Begründung dieses Antrages kann er die Unschlüssigkeit des klägerischen Anspruchs behaupten und dazu Rechtsausführungen machen, er kann stattdessen oder außerdem die tatsächlichen Voraussetzungen des klägerischen Anspruches bestreiten sowie rechtshindernde, rechtsvernichtende oder rechtshemmende Einreden erheben, z. B. Geschäftsunfähigkeit, Erfüllung oder Verjährung behaupten),

hilfsweise die **Aufrechnung** erklären (dann ist zunächst immer erst die Klageforderung zu prüfen, über sie gegebenenfalls nach § 302 ZPO ein Vorbehaltsurteil zu erlassen; vgl. im übrigen zur Prozeßaufrechnung z. B. *Thomas-Putzo*, § 145 Anm. II, zum – in der Praxis sehr umstrittenen – Streitwert bei der Aufrechnung *Thomas-Putzo*, § 3 Anm. 2 unter „Aufrechnung“),

Widerklage oder Eventualwiderklage erheben, gegebenenfalls im Wege der Widerklage auch einen Dritten in den Rechtsstreit hineinziehen (vgl. dazu und zu den Voraussetzungen der Widerklage z. B. *Thomas-Putzo*, § 33 Anm. 3).

63 Sollte der Rechtsstreit in der Hauptsache zwischenzeitlich erledigt sein, weil beispielsweise der Beklagte geleistet hat oder die Sache untergegangen ist, so kann der Beklagte im Termin die **Hauptsache** mündlich für **erledigt erklären** (vgl. dazu *Baumbach-Lauterbach*, § 91a Anm. 2A). Schließt sich der Kläger diesem Antrag an (nur dann!), so werden die Parteien sich widersprechende Kostenanträge stellen (übliche Protokoll-Formulierung: „Die Parteien erklärten den Rechtsstreit in der Hauptsache für erledigt und stellen widersprechende Kostenanträge“).

Über die Anträge hat das Gericht dann gemäß § 91a ZPO nach billigem Ermessen durch Beschluß zu entscheiden. (Nach h. M. könnte die Entscheidung nach § 91a ZPO wegen § 308 Abs. 2 ZPO auch von Amts wegen ergehen, vgl. *Thomas-Putzo*, § 91a Anm. 6a bb.)

Der Beschluß unterliegt der sofortigen Beschwerde, § 91a Abs. 2 ZPO, sofern der Beschwerdewert (§ 567 Abs. 2 ZPO) erreicht ist und auch in der Hauptsache ein Rechtsmittel gegeben wäre. Zur Beschwerdefrist vgl. § 577 Abs. 2 S. 1 ZPO.

In der Beschwerdeinstanz ist die Entscheidung nur dahin überprüfbar, ob eine Ermessensüberschreitung vorliegt (*Baumbach-Lauterbach*, § 91a Anm. 3A).

Zur einseitigen Erledigungserklärung des Beklagten vgl. *Thomas-Putzo*, § 91a Anm. 8, zur einseitigen Erledigungserklärung des Klägers ebenda Anm. 7.

b) Die mögliche Gestaltung des Verhandlungstermins durch das Gericht

Nach erfolglosem Sühneversuch und nach Protokollierung der Anträge (vgl. dazu unten Randz. 73) kann das Gericht

64 nach § 275 Abs. 1 ZPO die **abgesonderte Verhandlung** über prozeßhindernde Einreden anordnen, beispielsweise über die Einrede der örtlichen Unzuständigkeit.

Der zum Sitzungsprotokoll zu verkündende (vgl. dazu unten Randz. 73), unanfechtbare Beschluß könnte dann etwa lauten: „Über die Einrede der örtlichen Unzuständigkeit wird auf Antrag des Beklagten die abgesonderte Verhandlung angeordnet."

Ist die Einrede begründet, so erfolgt auf den (regelmäßig vom Kläger gestellten) Hilfsantrag Verweisung an das zuständige Gericht (durch gemäß § 276 Abs. 2 ZPO unanfechtbaren Beschluß). Sofern kein Hilfsantrag gestellt ist, erfolgt Klageabweisung durch Endurteil (Prozeßurteil). Bejaht das Gericht die örtliche Zuständigkeit, so hat es durch Zwischenurteil die Einrede der örtlichen Unzuständigkeit zu verwerfen. Dieses Zwischenurteil ist entgegen der Regel des § 275 Abs. 2 ZPO in vermögensrechtlichen Streitigkeiten nicht mit der Berufung anfechtbar, vgl. § 512a ZPO.

65 Nach Eintritt in die Verhandlung über die Hauptsache kann das Gericht zur weiteren Sachaufklärung bzw. zur Vervollständigung des Parteivortrages Fragen an die Parteien oder ihre Bevollmächtigten richten (vgl. § 139 ZPO).

Die Erklärungen hierauf sind gegebenenfalls zum Sitzungsprotokoll (vgl. unten Randz. 72ff.) zu nehmen.

66 Es kann ferner die Vernehmung gemäß § 272b ZPO zugeladener Zeugen anordnen und die Zeugen sodann (ohne förmlichen Beweisbeschluß, vgl. das Beispiel unten Randz. 146) vernehmen,

67 beispielsweise auch gemäß § 272b ZPO zugezogene Akten auf Antrag einer der Parteien zum Gegenstand der mündlichen Verhandlung machen (z. B.: „Die Akten 4 Js 1284/74 der Staatsanwaltschaft Frankfurt/M. werden auf Antrag des Klägers zu Beweiszwecken zum Gegenstand der mündlichen Verhandlung gemacht").

Der Widerspruch des Beklagten gegen die Verwertung dieser Akten wäre unbeachtlich. Wegen des **Grundsatzes der Unmittelbarkeit** macht die Möglichkeit der Verwertung bereits in diesen Akten enthaltener Zeugenaussagen (im Wege des Urkundsbeweises) die Vernehmung dieser Zeugen durch das Prozeßgericht jedoch nicht entbehrlich, sofern der Beklagte gegenbeweislich deren Vernehmung beantragen sollte, vgl. dazu *Baumbach-Lauterbach*, § 286 Anm. 4B; *Thomas-Putzo*, § 286 Anm. 3.

68 Das Gericht kann in der streitigen Verhandlung auch die von einer Partei beantragte **Parteivernehmung** des Gegners anordnen, sofern die Voraussetzungen des § 445 ZPO vorliegen und der Gegner mit seiner Parteivernehmung einverstanden ist (§ 446 ZPO). Unter der Voraussetzung des § 447 ZPO kann es auch die Parteivernehmung der beweispflichtigen Partei, gegebenenfalls auch die Parteivernehmung einer oder beider Parteien von Amts wegen (vgl. dazu § 448 ZPO) beschließen.

Die Parteivernehmung erfordert gemäß § 450 ZPO in jedem Falle einen förmlichen Beweisbeschluß (vgl. dazu unten die Randz. 78 u. 145). Wegen desselben Tatsachenkomplexes kann nur eine der Parteien beeidet werden (§ 452 Abs. 1 S. 2 ZPO). Die Weigerung der Partei, sich vernehmen zu lassen, und die Verweigerung des Eides sind nach § 286 ZPO frei zu würdigen, vgl. § 453 ZPO.

69 In der mündlichen Verhandlung kann ferner gemäß § 279a ZPO ein **Aufklärungsbeschluß** (vgl. dazu Randz. 77) oder ein **Beweisbeschluß** (seinem wesentlichen Inhalte nach, vgl. unten Randz. 144, oder ein bereits vorbereiteter) verkündet und die mündliche Verhandlung vertagt werden. Zur Form dieser Beschlüsse vgl. unten Randz. 77ff., 145ff.

70 Auf Antrag einer Partei oder von Amts wegen kann die mündliche Verhandlung aus erheblichen Gründen auch lediglich zur weiteren Vorbereitung des Rechtsstreites durch zu verkündenden Beschluß gemäß § 227 Abs. 3 ZPO **vertagt** werden.

Der Beschluß könnte beispielsweise lauten: „Zur weiteren Vorbereitung des Rechtsstreites wird die mündliche Verhandlung auf Antrag des Klägers auf den . . . vertagt“. Ein den Vertagungsantrag zurückweisender Beschluß könnte z. B. lauten:

„1. Der Antrag des Beklagten-Vertreters, die mündliche Verhandlung auf eine Woche zu vertagen, weil er von seiner Partei noch nicht informiert worden sei, wird als im Sinne des § 227 ZPO nicht erheblich zurückgewiesen.
2. Eine Entscheidung soll am Schluß der heutigen Sitzung verkündet werden.“

Dem Antrag eines Anwaltes, wegen Terminskollision eine mündliche Verhandlung zu verlegen oder zu vertagen, wird mangels erheblichen Grundes nur ausnahmsweise stattzugeben sein, vgl. dazu *Bull* S. 106.

71 Schließlich ist die mündliche Verhandlung nach Erörterung der Sach- und Rechtslage bei **Entscheidungsreife** (vgl. § 300 Abs. 1 ZPO) zu schließen (das ist Aufgabe des Vorsitzenden, vgl. § 136 Abs. 4 ZPO) und nach § 310 ZPO entweder sofort ein Urteil zu verkünden (vgl. dazu Randz. 70, Zif. 2 des Beschluß-Beispiels)

– dann muß nach § 311 Abs. 2 ZPO vorher zumindest der Tenor schriftlich abgefaßt sein –

oder die Sache **„zum Spruch“** zu nehmen, vgl. § 310 Abs. 1 ZPO.

Der dann zu Protokoll zu nehmende Beschluß (vgl. dazu unten Randz. 73) lautet üblicherweise: „Termin zur Verkündung einer Entscheidung wird bestimmt auf . . .“

Konnte ein Aufklärungs- oder ein Beweisbeschluß in der mündlichen Verhandlung noch nicht ergehen, so ist dafür ebenfalls ein Spruchtermin zu bestimmen.

6. Das Sitzungsprotokoll

Über die mündliche Verhandlung vor Gericht ist nach § 159 ZPO ein Protokoll zu führen.

72 In das Protokoll sind einmal die in § 159 Abs. 2 ZPO genannten Förmlichkeiten aufzunehmen (vgl. den Katalog dieser Bestimmung).

Enthält das Protokoll einen Vergleich, also einen Vollstreckungstitel (§ 796 Abs. 1 Z. 1 ZPO), ist das volle Rubrum in das Protokoll aufzunehmen. In allen übrigen Fällen genügt die abgekürzte Parteibezeichnung, z. B. „Adams ./. Bechthold.“

73 Außerdem ist der Gang der Verhandlung zu protokollieren, § 160 ZPO. Aufzunehmen sind nach § 160 Abs. 2 ZPO insbesondere Anerkenntnisse, Verzichtsleistungen und Vergleiche, Sachanträge (§ 510a ZPO) und Zeugenaussagen. Alle diese Erklärungen sind jedoch nicht nur im Protokoll aufzunehmen, sie bedürfen gemäß § 162 ZPO auch der Genehmigung der Beteiligten!

Ist diese erfolgt, wird im Protokoll unter der betreffenden Erklärung **„v. u. g.“** (= vorgelesen und genehmigt) vermerkt.

Nicht ausreichend – über § 295 ZPO jedoch (außer beim Vergleich) heilbar – ist bloßes lautes Diktieren, wofür die Praxis Formeln wie **„n. D. g.“** (= nach Diktat genehmigt) und **„l. d. u. g.“** (= laut diktiert und genehmigt) verwendet, vgl. dazu unten Randz. 156.

Das Protokoll kann nach § 163a ZPO in Kurzschrift aufgenommen werden. In der Praxis noch umstritten ist es, ob beispielsweise umfangreiche Beweisaufnahmen auch auf **Tonträger** aufgezeichnet werden können (dafür z. B. *Baumbach-Lauterbach*, § 160 Anm. 3; *Zöller-Stephan*, § 160 Anm. 2 mit weiteren Nachweisen). Bei Einverständnis beider Parteien – das zuvor schriftlich ins Protokoll aufzunehmen ist – dürften Tonträger in der Beweisaufnahme zu verwenden sein. Die

Aussage ist dem Zeugen zur Genehmigung vorzuspielen und sodann (nach dem Termin) in das Protokoll zu übertragen.

Das gilt keinesfalls für Prozeß-Vergleiche, die zu ihrer Wirksamkeit stets der schriftlichen Protokollierung bedürfen, vgl. dazu *Peters*, MDR 1974 S. 18f.

Werden Parteien oder gemäß § 272b ZPO zugeladene Zeugen nur informatorisch gehört, so sind deren Aussagen in der Regel nicht zu protokollieren.

In das Protokoll müssen nach § 160 Abs. 2 Z. 5 ZPO ferner die Entscheidungen des Gerichts aufgenommen werden, die nicht schriftlich abgefaßt sind, so z. B. der Vertagungsbeschluß (vgl. oben Randz. 70).

Im Protokoll erscheint ein derartiger Beschluß – im Text regelmäßig etwas abgesetzt – meist unter Überschriften wie „beschlossen und verkündet" („b. u. v.") oder „erkannt und verkündet".

Das Protokoll wird vom Urkundsbeamten in eigener Verantwortlichkeit geführt, ausnahmsweise vom Richter, § 163 Abs. 3 ZPO.

Zur Beweiskraft des Protokolls vgl. § 164 ZPO und auch § 314 ZPO.

D. Die Wiedereröffnung der mündlichen Verhandlung Schriftsatznachlaß – schriftliches Verfahren

74 Das Gericht kann nach § 156 ZPO eine Verhandlung, die geschlossen war, wiedereröffnen. Veranlassung dazu besteht – wegen des Grundsatzes der Mündlichkeit und der Unmittelbarkeit, § 309 ZPO – stets, wenn nach Schluß der mündlichen Verhandlung, aber noch vor der Entscheidung in der Sache (§§ 192ff. GKG) ein Richterwechsel erfolgt ist, außerdem dann, wenn die mündliche Verhandlung zu früh geschlossen worden war, also ein Verstoß gegen die richterliche Aufklärungspflicht vorliegt, § 139 ZPO.

Bei einer Wiedereröffnung der mündlichen Verhandlung wegen Richterwechsels hätte der vom Amtsnachfolger (oder dem anders besetzten Spruchkörper) im Spruchtermin zu verkündende Wiedereröffnungsbeschluß zu lauten:

„Die mündliche Verhandlung wird wegen Richterwechsels wiedereröffnet.
Neuer Verhandlungstermin wird bestimmt auf den . . ."

Veranlassung zur Wiedereröffnung der Verhandlung kann unter Umständen auch bestehen, wenn nach deren Schluß dem Gericht in einem verspäteten Schriftsatz neue wesentliche Umstände bekannt werden, vgl. jedoch *Baumbach-Lauterbach*, § 156 Anm. 2.

75 Zur Konzentration des Verfahrens kann es (vorsorglich) geboten sein, dem Gegner der Partei, die unter Verletzung der Vorschrift des § 132 ZPO beispielsweise erst im Termin einen Schriftsatz mit neuem, tatsächlichem Vorbringen übergibt, gemäß § 272a ZPO auf Antrag einen **Schriftsatz nachzulassen**.

Zur Nachreichung des Schriftsatzes ist der Partei eine Frist zu setzen.
Der entsprechende Beschluß würde dann etwa lauten:

„1. Dem Beklagten wird zur Erwiderung auf den Schriftsatz des Klägers vom . . . antragsgemäß eine Schriftsatzfrist bis zum . . . nachgelassen.

2. Termin zur Verkündung einer Entscheidung wird bestimmt auf den . . .".

Geht der nachgelassene Schriftsatz erst nach Fristablauf, jedoch noch vor dem Verkündungstermin ein und erhält auch der Gegner noch vor dem Verkündungstermin eine Abschrift des Schriftsatzes, so ist der Schriftsatz zu berücksichtigen (*Thomas-Putzo*, § 272a Anm. 3d; streitig, vgl. auch *Zöller-*

Stephan, § 272a Anm. 3b). Enthält der nachgelassene Schriftsatz jedoch neues tatsächliches Vorbringen, das mit dem verspäteten Vorbringen in keinem Zusammenhang steht, so ist dieses Vorbringen nicht zu berücksichtigen. Auch ohne Schriftsatznachlaß bleibt es den Parteien jedoch unbenommen, Schriftsätze mit bloßen Rechtsausführungen zu den Akten zu reichen. Vgl. im übrigen § 272a ZPO.

76 Unzulässig – in der Praxis jedoch recht häufig – ist es, beiden Parteien einen Schriftsatz nachzulassen, weil dadurch unzulässigerweise in das **schriftliche Verfahren** übergegangen wird, *Zöller-Stephan*, § 272a Anm. II 2.

Das schriftliche Verfahren setzt das Einverständnis beider Parteien voraus, § 128 Abs. 2 ZPO. Es steht jedoch auch dann im freien Ermessen des Gerichts, ob es schriftlich entscheiden will. Ein das schriftliche Verfahren anordnender Beschluß ist in § 128 ZPO nicht vorgesehen, in der Praxis auch nicht erforderlich.

Dem Schluß der mündlichen Verhandlung entspricht nach *Thomas-Putzo* (§ 128 Anm. 3d) der Ablauf der letzten, durch Beschluß eingeräumten Schriftsatzfrist. Anders die offenbar h. M. (bis zur Absendung der Entscheidung eingehende Schriftsätze sind zu berücksichtigen, *Baumbach-Lauterbach*, § 128 Anm. 6B; vgl. jedoch auch *Zöller-Stephan*, § 128 Anm. III).

Urteile im schriftlichen Verfahren – und zwar nur die Urteilsformel – sind nach § 310 Abs. 2 ZPO beiden Parteien zuzustellen, vgl. dazu jedoch unten Randz. 91.

E. Der Verkündungstermin

1. Der Aufklärungsbeschluß

77 Sollte sich – nachdem die Sache „zum Spruch" genommen worden ist – herausstellen, daß bestimmte streitige Punkte tatsächlicher Art noch aufklärungsbedürftig sind, so hat das Gericht im Rahmen seiner Aufklärungspflicht (§ 139 ZPO) den Parteien gemäß § 279a ZPO durch Beschluß aufzugeben, sich innerhalb einer bestimmten Frist über die streitigen Punkte zu erklären.

Ein solcher Aufklärungsbeschluß könnte beispielsweise lauten:

„Aufklärungsbeschluß
in Sachen

Müller ./. Meier
RA Dr. Schulze RA Schmidt

I. Dem Kläger wird aufgegeben, sich zu den folgenden Punkten zu erklären:
1. Nach seinem eigenen Vortrag ist bei dem Verkehrsunfall vom 1. März 1974 lediglich der vordere rechte Kotflügel seines PKW's beschädigt worden. Weshalb ist dennoch – darauf läßt die Höhe des Rechnungspostens „Lackierung" in der vorgelegten Reparaturrechnung der Firma Lehmann schließen – eine vollständige Lackierung seines PKW's vorgenommen worden?
2. Welches sind die Berechnungsgrundlagen für den von ihm eingeklagten Verdienstausfall?
Frist zur Erklärung: 1. Oktober 1974

II. Termin zur Fortsetzung der mündlichen Verhandlung wird bestimmt auf
Dienstag, den 15. Oktober 1974, 10,15 Uhr

LANDGERICHT HAMBURG
– 8. Zivilkammer –"

Zu den Folgen der Fristversäumung vgl. § 279a S. 2 ZPO.

Eine Verlängerung der gemäß § 279a S. 1 ZPO gesetzten richterlichen Frist ist möglich, vgl. § 224 Abs. 2 ZPO.

2. Der Beweisbeschluß

78 Außer einem Aufklärungsbeschluß (vgl. oben Randz. 77) und einem Urteil (vgl. unten Randz. 80f.) kann im Verkündungstermin auch ein förmlicher Beweisbeschluß verkündet werden, § 359 ZPO.

Wegen des notwendigen Inhalts des Beweisbeschlusses vgl. § 359 ZPO, außerdem zur Form des Beweisbeschlusses unten Randz. 145.

Außer den in § 359 ZPO genannten Erfordernissen muß der Beweisbeschluß auch den Beweistermin enthalten, abgesehen in den Fällen der §§ 362, 363, 377 Abs. 3 und 4, 411 ZPO.

Sofern die Beweisaufnahme nicht im Armenrecht erfolgt, ist der beweisführenden Partei unter Fristsetzung die Einzahlung eines **Auslagenvorschusses** aufzugeben (§§ 379, 402 ZPO, 114 GKG). Beziehen sich beide Parteien wegen einer bestimmten streitigen Behauptung auf dasselbe Beweismittel, ist zur Vermeidung von Verzögerungen zweckmäßigerweise (statt je der Hälfte des Auslagenvorschusses von beiden Parteien) der volle Auslagenvorschuß nur von der beweispflichtigen Partei anzufordern (vgl. auch *Thomas-Putzo*, § 379 Anm. 1b).

Bei der Bemessung der Höhe des Auslagenvorschusses sind beim Zeugen- und Sachverständigenbeweis die Sätze des Gesetzes über die Entschädigung von Zeugen und Sachverständigen (ZuSEG) zugrunde zu legen.

So erhält der berufstätige Zeuge pro Stunde versäumter Arbeitszeit höchstens 8,– DM, die Hausfrau 4,– DM, und zwar für maximal 10 Stunden je Tag, vgl. § 2 ZuSEG. Schwieriger ist die Festsetzung der Entschädigung für Sachverständige, vgl. dazu §§ 3, 16 ZuSEG. Fahrtkosten und Wegegeld werden nach § 9 ZuSEG erstattet.

Statt den geforderten Auslagenvorschuß einzuzahlen, können die Parteien auch **Gebührenverzichtserklärungen** der benannten Zeugen zu den Akten reichen. Gehen innerhalb der gesetzten Frist weder der Auslagenvorschuß noch Gebührenverzichtserklärungen ein, so unterbleibt nicht etwa die Beweisaufnahme, sondern nur die Ladung der Zeugen und Sachverständigen durch das Gericht, vgl. §§ 379 Abs. 2, 402 ZPO. Erscheint beispielsweise der Zeuge freiwillig im Termin, so ist er zu vernehmen.

3. Das Verkündungsprotokoll

79 Die Verkündung der erlassenen Entscheidungen ist gemäß § 160 Abs. 2 Z. 6 ZPO zu protokollieren. Die Anwesenheit der Parteien im Verkündungstermin ist nicht erforderlich, §§ 312 Abs. 1, 329 Abs. 2 ZPO. Die Verkündung hat aber in jedem Falle öffentlich zu erfolgen, § 173 GVG.

Vgl. im übrigen § 311 Abs. 2 ZPO und unten Randz. 164.

3. Kapitel: Das Urteil

80 Zu Form und Inhalt des Urteils, das in der Mehrzahl der Fälle die „zum Spruch" genommene Entscheidung ist (vgl. oben Randz. 71), enthalten die §§ 311 f. ZPO eine Reihe von Vorschriften. Es hat danach aus Urteilskopf (Rubrum) und Urteilsformel (Tenor), aus Tatbestand und Entscheidungsgründen zu bestehen und im Namen des Volkes zu ergehen.

A. Rubrum und Tenor

81 Das Rubrum wird in der Praxis vielfach mit Urteil überschrieben, obwohl eine solche Überschrift nicht erforderlich ist.

Das Schiedsurteil, das Versäumnis- und das Anerkenntnisurteil sind allerdings als solche zu überschreiben, vgl. §§ 510c Abs. 2, 313 Abs. 3 S. 2 ZPO.

Üblich ist es auch, Grund-, Teil-, Vorbehalts- und Zwischenurteile als solche zu überschreiben (*Schumacher* S. 63).

Geboten ist dagegen nach § 311 Abs. 1 ZPO die Überschrift „Im Namen des Volkes".

Daran hat sich die möglichst genaue Bezeichnung der Parteien und ihrer gesetzlichen Vertreter anzuschließen, vgl. § 313 Abs. 1 Z. 1 ZPO und *Schumacher* S. 63/64. Bei der Bezeichnung der Parteien ist auch die Parteirolle (also Kläger, Beklagter, Nebenintervenient) anzugeben. Danach folgt die Bezeichnung des Prozeßbevollmächtigten (nicht auch die des Unterbevollmächtigten).

Bei manchen Gerichten ist es üblich, vor der Bezeichnung des Gerichtes und des Tages der letzten mündlichen Verhandlung (vgl. dazu *Schumacher*, S. 64) noch den Betreff („wegen") zu erwähnen.

Zum formalen Aufbau des Rubrums vgl. unten das Urteil in Sachen Adams ./. Bechthold, Blatt 33 ff. des Aktenfalles.

82 Der Urteilstenor muß aus sich heraus so verständlich sein, daß es insbesondere für den Gerichtsvollzieher keinerlei Zweifel geben kann, was unter welchen Voraussetzungen (Zug um Zug!) zu vollstrecken ist.

Der Gerichtsvollzieher erhält entsprechend § 317 Abs. 2 S. 2 ZPO regelmäßig nur eine (vollstreckbare) Urteilsausfertigung, bei der der Tatbestand und die Entscheidungsgründe weggelassen sind.

Der Urteilstenor muß einen Ausspruch zur Hauptsache und zu den Kosten des Rechtsstreites enthalten, in der Regel auch zur vorläufigen Vollstreckbarkeit.

Der Ausspruch zur vorläufigen Vollstreckbarkeit hat nach § 704 Abs. 2 ZPO bei Ehe- und Kindschaftssachen zu unterbleiben, ferner bei rechtsgestaltenden Urteilen, vgl. *Berg* S. 94.

Falsch ist er beispielsweise auch bei Berufungsurteilen der Landgerichte und bei Schiedsurteilen, weil diese Urteile formell rechtskräftig und damit nicht nur vorläufig, sondern endgültig vollstreckbar sind.

Wenn dem Klageanspruch nur teilweise stattgegeben wird, so hat das auch im Tenor zum Ausdruck zu kommen. Schwierigkeiten bereitet zuweilen die Tenorierung in Fällen des § 343 ZPO (vgl. dazu *Berg* S. 98). Zur Tenorierung vgl. im übrigen *Berg* S. 97f., *Schumacher* S. 65f.

B. Der Tatbestand

83 Der Tatbestand ist als solcher zu überschreiben, § 313 Abs. 1 Z. 3 ZPO. Er hat aus einer gedrängten Darstellung des Sachstandes (dem Unstreitigen) und des Streitstandes (dem streitigen Vorbringen der Parteien) zu bestehen, und zwar unter Hervorhebung der gestellten Anträge.

Der regelmäßige Aufbau des Tatbestandes ist der:

Unstreitiges
Streitiger Vortrag des Klägers
Antrag des Klägers
Antrag des Beklagten
Streitiger Vortrag des Beklagten
Bezugnahmen (z. B. auf Urkunden, Beweisbeschlüsse, Vernehmungsniederschriften).

Dazwischen einzufügen ist die für den Rechtsstreit bedeutsame Prozeßgeschichte, z. B. unmittelbar vor dem Antrag des Klägers der Erlaß eines Versäumnisurteils oder Vollstreckungsbefehls (vgl. *Thomas-Putzo*, § 313 Anm. IV C).

84 Der Tatbestand muß aus sich heraus verständlich, objektiv und vollständig sein. Er beurkundet und beweist das Parteivorbringen, § 314 ZPO. Deshalb hat jede Wertung des Parteivorbringens im Tatbestand zu unterbleiben. Im Tatbestand darf auch keine Tatsache fehlen, die in den Entscheidungsgründen gewürdigt worden ist. Maßgeblicher Zeitpunkt für den Tatbestand ist der der letzten mündlichen Verhandlung.

85 Zur Darstellung gilt im übrigen:

Der Sachstand ist im Indikativ wiederzugeben, und zwar regelmäßig im Imperfekt.

Ausnahmsweise sind Tatsachen, die noch in der Gegenwart fortwirken, im Perfekt wiederzugeben. Die Schilderung eines gegenwärtigen Zustandes hat im Präsens zu erfolgen.

Der Streitstand wird dagegen im Konjunktiv Perfekt oder Präsens, die Prozeßgeschichte im Perfekt oder Präsens wiedergegeben.

86 Zu beachten ist unter anderem ferner, daß

die unerledigten Beweisangebote im Streitstand hervorzuheben sind,

die Anträge der Parteien grundsätzlich wörtlich wiedergegeben werden müssen

– abgesehen die zur Kostentragung und zur vorläufigen Vollstreckbarkeit, die (da diese Entscheidungen von Amts wegen getroffen werden müssen, §§ 308 Abs. 2, 708f. ZPO) regelmäßig überflüssig sind, anders jedoch beim Antrag auf Vollstreckungsschutz (vgl. unten Randz. 155) –,

Rechtsausführungen der Parteien nur dann (knapp) wiederzugeben sind, wenn sie zum Verständnis der Parteivorbringens unbedingt erforderlich sind,

Bezugnahmen nach § 313 Abs. 2 ZPO im Urteil der Praxis (nicht in der Relation und nicht in der Examens-Klausur) zwar zulässig sind, ihren Zweck jedoch nur dann erfüllen, wenn das in Bezug genommene Schriftstück zweifelsfrei feststeht.

Wegen weiterer Einzelheiten zum Tatbestand vgl. *Berg* S. 110ff., *Schumacher* S. 48ff. Zum Aufbau des Urteils vgl. auch unten das Urteil Adams ./. Bechthold und die Bemerkungen hierzu, Randz. 165.

C. Die Entscheidungsgründe

87 Die Entscheidungsgründe haben die Aufgabe, das bereits gefundene Ergebnis zu begründen. Dem entspricht auch die Gliederung der Entscheidungsgründe:

sie beginnen mit prozeßrechtlichen Darlegungen, soweit dafür ein Bedürfnis besteht.

Das wird gegeben sein, wenn bezüglich bestimmter Fragen Bedenken bestanden haben.

Ausführungen zur Zulässigkeit eines Rechtsbehelfs haben ebenfalls an der Spitze zu stehen, *Thomas-Putzo*, § 313 Anm. V B 1.

Es folgt das Ergebnis,

– etwa der Satz „Die Klage ist begründet" oder „Die Klage ist nur teilweise begründet" –,

an das sich (bei begründeter Klage) der dieses Ergebnis tragende Rechtssatz (auch „Obersatz") mit seinen Tatbestandsmerkmalen unter Nennung der Norm anschließt.

Sodann hat im „Untersatz" die Subsumtion des konkreten Sachverhalts zu erfolgen, beginnend mit dem Ergebnis einer eventuellen Beweisaufnahme und mit dem Schwergewicht auf der Beweiswürdigung.

Zuletzt folgt die Begründung der Nebenentscheidungen.

88 Nur bei klageabweisenden Urteilen sind sämtliche in Betracht kommenden Anspruchsgrundlagen zu erörtern. Sonst sind Ausführungen, die nicht der Stützung der gefundenen Entscheidung dienen, fehl am Platze. Das hindert nicht, auf Rechtsansichten, auf die die unterlegene Partei besonderen Wert gelegt hat, auch besonders einzugehen.

89 Dem Aufbau der Entscheidungsgründe entspricht auch der Urteilsstil. Es ist der (gedankliche) „Denn-Stil".

Feststellungen wie „Es war demnach zu erkennen, wie geschehen" sind danach aufbautechnisch falsch, außerdem auch nicht überzeugender.

Im übrigen muß die Sprache der Entscheidungsgründe bestimmt und für den Laien verständlich sein (Zitate!).

Zur Fassung der Entscheidungsgründe vgl. im übrigen *Berg* S. 145ff., *Schumacher* S. 71ff.

4. Kapitel: Die Zustellung und Vollstreckung des Urteils

A. Die Zustellung des Urteils

90 Im Bereich der ordentlichen Gerichtsbarkeit werden nur Urteile in Ehe- und Familienstandssachen von Amts wegen zugestellt (vgl. §§ 625, 640, 641 ZPO), ferner gemäß §§ 659, 678, 683, 685 ZPO Beschlüsse in Entmündigungssachen.

Wegen des Verfahrens bei der Amtszustellung (§§ 208ff. ZPO) vgl. unten Randz. 107.

91 Alle übrigen Urteile werden gemäß § 317 Abs. 1 ZPO **auf Betreiben der Parteien** zugestellt. Dazu gehören auch die Urteile im schriftlichen Verfahren. Denn die in § 310 Abs. 2 ZPO vorgesehene Amtszustellung der Urteilsformel an die Parteien ersetzt nur die Urteilsverkündung, nicht die Parteizustellung nach § 317 Abs. 1 ZPO oder die sonst (z. B. nach § 625 ZPO) vorgeschriebene Amtszustellung (vgl. *Zöller-Stephan*, § 310 Anm. 3c).

Die von den Parteien zu betreibenden Zustellungen erfolgen nach § 166 Abs. 1 ZPO durch den Gerichtsvollzieher. Zugestellt werden beglaubigte Abschriften (§ 170 ZPO) der den Parteien gemäß § 317 Abs. 2 ZPO durch das Gericht formlos übersandten Urteils-Ausfertigungen, die (sofern es nicht beantragt ist) weder Tatbestand noch Entscheidungsgründe zu enthalten brauchen.

Wegen des vom Gerichtsvollzieher bei der Zustellung zu beobachtenden Verfahrens vgl. unten Randz. 114.

Im Regelfall stellt der Gerichtsvollzieher jedoch nicht selbst zu, vielmehr beauftragt er damit die Post, § 193 ZPO. Die Notwendigkeit hierzu ergibt sich aus § 197 ZPO:

Die durch die Zustellung durch den Gerichtsvollzieher entstehenden Mehrkosten sind nicht erstattungsfähig, weil sie nicht notwendig im Sinne des § 91 ZPO sind.

92 Sind beide Parteien anwaltlich vertreten, kann die Zustellung im Parteibetrieb durch die einfachere und in der Praxis weit verbreitete Zustellung **von Anwalt zu Anwalt**, § 198 ZPO, erfolgen.

Diese Form der Zustellung setzt Annahmebereitschaft des Adressaten voraus. Das Empfangsbekenntnis gemäß § 198 Abs. 2 ZPO (vgl. das Muster Anlage V) darf daher nicht von einem Dritten, z. B. dem Bürovorsteher, unterschrieben werden, *Zöller-Stephan*, § 198 Anm. 3b.

Gemäß § 198 ZPO können beispielsweise auch klageerweiternde Schriftsätze wirksam zugestellt werden, nicht dagegen die Klageschrift selbst. Zusammen mit der Zustellung der Klageschrift hat die Ladung der Parteien zum Termin zu erfolgen (§ 261a Abs. 2 ZPO). Das aber schließt nach § 198 Abs. 1 S. 2 HS 2 ZPO die Zustellung von Anwalt zu Anwalt aus.

B. Die Vollstreckung des Urteils

1. Vollstreckungsklausel, Notfrist- und Rechtskraftzeugnis

93 Die Zwangsvollstreckung aus einem Urteil setzt außer der Zustellung (§ 750 ZPO, die erst bei Beginn der Zwangsvollstreckung zu erfolgen braucht) auch das Vorliegen der **Vollstreckungsklausel** (§ 725 ZPO) voraus.

Die Zustellung auch der Vollstreckungsklausel ist nur in den in § 750 Abs. 2 ZPO genannten Fällen erforderlich.

94 Die Vollstreckungsklausel erteilt auf Antrag der Urkundsbeamte der Geschäftsstelle (§ 724 ZPO), und zwar auch dann, wenn nach dem Inhalt des Urteils die Zwangsvollstreckung von einer dem Gläubiger obliegenden Sicherheitsleistung oder einer Zug-um-Zug-Leistung abhängig ist, § 726 ZPO.

Anders beispielsweise, wenn die Vollstreckung von einer aufschiebenden Bedingung abhängt, § 726 Abs. 1 ZPO.

95 Der Gerichtsvollzieher darf mit der Zwangsvollstreckung jedoch erst beginnen, wenn die Sicherheitsleistung in der Form des § 751 Abs. 2 ZPO nachgewiesen ist. (Zur Zug-um-Zug-Leistung vgl. § 756 ZPO). Bei nur gegen Sicherheitsleistung vorläufig vollstreckbaren Urteilen wartet der Gläubiger darum in der Regel die Rechtskraft und damit die unbedingte Vollstreckbarkeit ab.

96 Das **Rechtskraftzeugnis** („Vorstehendes Urteil ist rechtskräftig") erteilt nach § 706 Abs. 1 ZPO auf Antrag der Urkundsbeamte des Gerichtes des ersten Rechtszuges, dem die Zustellung des Urteils nachzuweisen ist. Der Urkundsbeamte hat dann zu prüfen, ob die formelle Rechtskraft (§ 705 ZPO) eingetreten ist. Grundlage dafür ist das **Notfristzeugnis**, das dem Gläubiger auf Antrag die Geschäftsstelle des für das Rechtsmittel zuständigen Gerichts zu erteilen hat, § 706 Abs. 2 ZPO.

Vgl. zum Notfrist- und Rechtskraftzeugnis und zum Antrag hierauf die Anlage VI.

2. Überblick über die Mobiliar-Zwangsvollstreckung

a) Die Pfändung

97 Das für die Zwangsvollstreckung von Geldforderungen in das bewegliche Vermögen (Mobiliar-Zwangsvollstreckung) zuständige Vollstreckungsorgan ist primär der **Gerichtsvollzieher**, im übrigen das **Vollstreckungsgericht** (§ 764 ZPO; es ist z. B. zuständig für die Zwangsvollstreckung in Forderungen und andere Vermögensrechte, §§ 828–863 ZPO).

Das Vollstreckungsgericht ist ferner zuständig für das eidesstattliche Versicherungsverfahren, §§ 807, 899f. ZPO (vgl. unten Randz. 100).

Weitere Vollstreckungsorgane sind das Prozeßgericht (zuständig für die Zwangsvollstreckung zur Erwirkung von Handlungen und Unterlassungen (§§ 887, 888, 930 Abs. 1 ZPO) und beispielsweise das Grundbuchamt (für die Eintragung der Zwangshypothek, vgl. §§ 866, 867 ZPO).

98 Erhält der Gerichtsvollzieher einen Vollstreckungsauftrag (vgl. dazu den Auftrag Anlage VII), so hat er – nach Eintragung (vgl. dazu unten Randz. 114) und Prüfung des Auftrages – den Schuldner zunächst zur Zahlung der Schuld (einschließlich der Kosten) aufzufordern, vgl. dazu § 763 ZPO in Verbindung mit den Dienstvorschriften der Gerichtsvollzieher.

Leistet der Schuldner, so erhält er die vollstreckbare Ausfertigung des Titels und eine Quittung, § 757 Abs. 1 ZPO. (Teilleistungen hat der Gerichtsvollzieher auf der vollstreckbaren Ausfertigung des Titels zu vermerken und dem Schuldner zu quittieren.)

99 Verweigert der Schuldner die Bezahlung oder ist er zur Bezahlung der geschuldeten Leistung nicht in der Lage, so hat der Gerichtsvollzieher die Zwangsvollstreckung in das bewegliche Vermögen des Schuldners zu versuchen, die durch **Pfändung** erfolgt, § 803 ZPO.

Bei der Vornahme dieser Vollstreckungshandlung kann der Gerichtsvollzieher notfalls Gewalt anwenden, dafür auch polizeiliche Unterstützung anfordern, § 758 ZPO.

Die Vollstreckungshandlung selbst erfolgt durch Inbesitznahme pfändbarer Gegenstände, § 808 Abs. 1 ZPO. Die gepfändeten Gegenstände beläßt der Gerichtsvollzieher nach Anlegung eines Siegels (des „Kuckucks") regelmäßig im Gewahrsam des Schuldners, vgl. jedoch § 808 Abs. 2 ZPO.

Nicht der Pfändung unterliegen die in § 811 ZPO aufgezählten Sachen. Eine Stereoanlage beispielsweise könnte auf Antrag dennoch (im Wege der **Austauschpfändung**, vgl. § 811a ZPO) gepfändet werden, sofern der Gläubiger dem Schuldner z. B. einen Kleinempfänger überläßt oder finanziert.

Die Verwertung der gepfändeten Sachen erfolgt durch öffentliche Versteigerung, vgl. §§ 814ff. ZPO. Der Zuschlag (§ 817 ZPO) darf vom Gerichtsvollzieher nur erteilt werden, wenn das Mindestgebot erreicht ist, § 817a ZPO. Das Mindestgebot ist die Hälfte des gewöhnlichen Verkaufswertes, der bereits bei der Pfändung geschätzt werden soll, § 813 ZPO.

Unter den Voraussetzungen des § 813a ZPO oder des § 765a ZPO kann das Vollstreckungsgericht dem Schuldner auf Antrag Vollstreckungsschutz gewähren.

Über jede Vollstreckungshandlung hat der Gerichtsvollzieher im übrigen nach § 762 ZPO ein Protokoll aufzunehmen (vgl. dazu unten das Pfändungsprotokoll Blatt D des Aktenfalles).

Ist der Vollstreckungsversuch mangels pfändbaren Vermögens erfolglos geblieben, erteilt der Gerichtsvollzieher dem Gläubiger eine **Fruchtlosigkeitsbescheinigung** (vgl. das Muster Anlage VIII).

b) Die eidesstattliche Versicherung

100 Begnügt sich der Gläubiger nicht mit der Mitteilung des Gerichtsvollziehers, daß er keine pfändbaren Gegenstände vorgefunden habe, so kann er nach §§ 807, 899f. ZPO den Schuldner zur Leistung der eidesstattlichen Versicherung vorladen lassen.

Vgl. dazu den Antrag Anlage IX. Diesem Antrag hat der Gläubiger außer der Fruchtlosigkeitsbescheinigung auch die vollstreckbare Ausfertigung des Titels beizufügen.

Bevor der funktionell zuständige Rechtspfleger (vgl. oben Randz. 15) Termin zur Abgabe der eidesstattlichen Versicherung bestimmt, hat er gemäß § 900 Abs. 2 ZPO zu prüfen, ob der Schuldner bereits im **Schuldnerverzeichnis** (§ 915 ZPO, vgl. auch Anlage X) eingetragen ist. Liegt eine noch nicht gelöschte Eintragung vor, hat er nach § 900 Abs. 2 S. 2 ZPO zu verfahren. Eine Fortsetzung des Verfahrens ist dann nur unter den Voraussetzungen des § 903 ZPO möglich (vgl. dazu den Antrag Anlage XI).

Im Termin zur Abgabe der eidesstattlichen Versicherung ist der Schuldner zur Vorlage des **Vermögensverzeichnisses** (vgl. dazu den Vordruck mit Ergänzungsblättern Anlage XII) und zur Abgabe der eidesstattlichen Versicherung verpflichtet, sofern er nicht glaubhaft macht, daß er die Forderung des Gläubigers binnen 3 Monaten tilgen werde, § 900 Abs. 4 ZPO. Dann ist der Termin bis zu 3 Monaten zu vertagen.

Zur Formel der eidesstattlichen Versicherung vgl. im übrigen § 807 Abs. 2 ZPO.

101 Erscheint der Schuldner zum Termin zur Abgabe der eidesstattlichen Versicherung nicht oder verweigert er die Abgabe der eidesstattlichen Versicherung ohne Grund, so hat das Vollstreckungsgericht auf Antrag die Haft anzuordnen, § 901 ZPO, und **Haftbefehl** zu erlassen, § 908 ZPO (vgl. den Vordruck Anlage XIII).

Die Verhaftung des Schuldners erfolgt durch den Gerichtsvollzieher (§ 909 ZPO), sofern der Gläubiger die Haftkosten vorschießt, § 911 ZPO.

c) Der Pfändungs- und Überweisungsbeschluß

102 Erfährt der Gläubiger z. B. erst aus dem Vermögensverzeichnis (vgl. Zif. 16 der Anlage XII) den Arbeitgeber des Schuldners, so kann er beim Vollstreckungsgericht (zur örtlichen Zuständigkeit vgl. § 828 Abs. 2 ZPO) den Erlaß eines **Pfändungs- und Überweisungsbeschlusses** beantragen, §§ 829, 835 ZPO.

Zur Form des Pfändungs- und Überweisungsbeschlusses vgl. Anlage XIV, zur Beschränkung der Pfändbarkeit von Arbeitseinkommen die §§ 850f. ZPO.

Beachte: Unterhaltsansprüche gehen im Range gewöhnlichen Ansprüchen vor, §§ 850e Z. 4 und 850d Abs. 2 ZPO.

Der unpfändbare Betrag kann auf Antrag des Schuldners erhöht werden, § 850f ZPO.
Zur Vorpfändung vgl. im übrigen § 845 ZPO.

3. Überblick über die Zwangsvollstreckung in das unbewegliche Vermögen

Sollte der Gläubiger aus dem Vermögensverzeichnis von der Existenz von Grundbesitz des Schuldners erfahren, so wird er die Zwangsvollstreckung in dieses Vermögen beantragen.

103 Die Zwangsvollstreckung in das unbewegliche Vermögen erfolgt bei Grundstücken gemäß § 866 ZPO durch Eintragung einer Sicherungshypothek (§ 867 ZPO), durch Zwangsversteigerung oder durch Zwangsverwaltung (gemäß dem Gesetz über die Zwangsversteigerung und Zwangsverwaltung, vgl. § 869 ZPO).

Die Sicherungshypothek darf gemäß § 866 Abs. 3 ZPO nur für Forderungen von mehr als 500,– DM eingetragen werden.

Die Anordnung der Zwangsversteigerung eines Grundstückes unterliegt dagegen keinem Mindestforderungsbetrag, vgl. §§ 15f. ZVG.

Eine Einstellung der Zwangsversteigerung gegen den Willen des betreibenden Gläubigers kommt nur in den (in der Praxis sehr seltenen) Fällen des § 30a ZVG oder gemäß § 765a ZPO in Betracht.

Der Zuschlag ist gemäß § 74a ZVG im ersten Versteigerungstermin auf Antrag zu versagen, wenn das Meistgebot unter 7/10 des Verkehrswertes des Grundstücks liegt. Zum geringsten Gebot vgl. im übrigen § 44 ZVG.

Anlage I

Muster 21 (§ 38 Abs. 1)

Zivilprozeßregister des Landgerichts O, R, OH

Tag des Eingangs der ersten Schrift	Name des Klägers	Name des Beklagten	Gegenstand und Grund des Anspruchs*)	Jährlich fortlaufende Nummer der Angelegenheit: O Gewöhnliche Prozesse	R Ehe- u. Entmündigungssachen		OH Anträge außerhalb eines bei dem Gericht anhängigen Rechtsstreits	Es ist a) ein dem Einspruch unterliegendes Versäumnisurteil ergangen am*) b) das Ruhen des Verfahrens angeordnet am*)	Bemerkungen Angabe des Jahres der Aktenweglegung
1	2a	2b	3	4a	4b	4c	4d	5	6
3 2	Schmidt	Müller	12000 DM Schadenersatz aus Verkehrsunfall	156					
4. 2	Holz	Betz	2000 DM Darlehen		31				1972

1a. Mit Genehmigung des Präsidenten des Oberlandesgerichts kann die Angabe des Grundes des Anspruchs in Spalte 3 ganz oder für bestimmte Sachen unterbleiben.*)

1b. Wird die Sache für die Instanz beendet (z. B. durch Endurteil, Vergleich, Beschluß, Zurücknahme usw.), so ist das Datum in Spalte 1 rot zu unterstreichen. In gleicher Weise sind die Sachen zu kennzeichnen, in denen das Verfahren länger als 6 Monate nicht betrieben worden ist. Auch bei Erlaß eines Versäumnisurteils (§ 7 Abs. 3 Satz 2) ist das Datum in Spalte 1 rot zu unterstreichen. Wird gegen das Versäumnisurteil innerhalb von 3 Monaten Einspruch eingelegt, so ist das rot unterstrichene Datum einschließlich der roten Unterstreichung zu durchstreichen und unmittelbar darunter das Datum des Eingangs des Einspruchs neu einzutragen. Gleichzeitig ist in der Spalte „Bemerkungen" das Jahr der Weglegung zu durchstreichen. Entsprechend den Sätzen 3 bis 5 ist bei Arrest- und einstweiligen Verfügungssachen zu verfahren, wenn innerhalb von 3 Monaten nach Erlaß des Beschlusses Widerspruch oder Beschwerde eingelegt wird (§ 7 Abs. 5).

2. Die Zählung der fortlaufenden Nummern in den Spalten 4a bis d erfolgt für jeden Registerbuchstaben – mit 1 beginnend – besonders.

3. Ordnet das Gericht die Verhandlung mehrerer in einer Klage oder mit Klage oder Widerklage erhobener Ansprüche in getrennten Prozessen an, so behält einer der Prozesse die bisherige Nummer, die übrigen werden unter neuen Nummern eingetragen.

4. Unter besonderer Nummer sind einzutragen:

a) das Verfahren über die dem Beklagten im Urkundenprozeß vorbehaltenen Rechte (§ 600 ZPO),

b) Nichtigkeits- und Restitutionsklagen gegen rechtskräftige Urteile der ersten Instanz,

c) jedes Gesuch um Erlaß eines Arrestes oder einer einstweiligen Verfügung, auch wenn die mehreren Gesuche sich auf dieselbe Hauptsache beziehen.

5. Neueintragung unterbleibt:

a) bei Einspruch gegen ein Versäumnisurteil, sofern der Einspruch innerhalb von 3 Monaten nach Erlaß des Versäumnisurteils eingelegt worden ist,

b) wenn in Arrest- und einstweilige Verfügungssachen innerhalb von 3 Monaten nach Erlaß des Beschlusses Widerspruch oder Beschwerde eingelegt worden ist (§ 7 Abs. 5),

c) wenn unter Vorbehalt der Entscheidung über die Aufrechnung entschieden ist und das Verfahren weitergeführt wird (§ 145 Abs. 3, § 302 ZPO),

d) wenn der Urkunden-, Wechsel- oder Scheckprozeß, bevor ein Urteil ergeht, in das ordentliche Verfahren übergeleitet wird (§ 596 ZPO),

e) bei allen unter OH gehörigen Anträgen, wenn die Hauptsache (in Ehesachen auch der Antrag auf Sühneversuch) bereits anhängig ist oder gleichzeitig anhängig wird,

f) bei Anträgen auf Grund der Bestimmungen über die Vollstreckung deutscher Vollstreckungstitel im Ausland, und zwar auch dann, wenn die Hauptsache anhängig war.

6. Wird ein Rechtsstreit von der Zivilkammer vor die Kammer für Handelssachen oder von dieser vor die Zivilkammer verwiesen, so ist die in Spalte 4 eingetragene Zahl rot zu unterstreichen und der Sachverhalt in Spalte 6 zu vermerken. Für die Geschäftsübersicht wird der Rechtsstreit nur einmal, und zwar bei der Kammer gezählt, wohin er überwiesen ist.

7. Dem Datum in Spalte 5 ist ein R hinzuzufügen, wenn das Ruhen des Verfahrens angeordnet worden ist. Wird das Verfahren nach dem Ruhen aufgenommen, bevor es gemäß Nr. 1 als erledigt in Spalte 1 gekennzeichnet worden ist, oder wird das Verfahren im Falle des Einspruchs gegen ein Versäumnisurteil fortgesetzt, so ist die Eintragung in Spalte 5 zu durchstreichen. Wird demnächst erneut ein dem Einspruch unterliegendes Versäumnisurteil erlassen oder das Ruhen des Verfahrens angeordnet, so ist in Spalte 5 das neue Datum einzustellen; Satz 1 gilt entsprechend.*)

*) Siehe jedoch § 13 Abs. 1 Nr. 1 der Anordnung über die Zählkartenerhebung in Zivilsachen

Anlage II

Familien- und Vorname des Beklagten	Familien- und Vorname des Klägers	Aktenzeichen	Bemerkungen
1	2	3	4

AO. Nr. 2745/46a. Formularverlag Emil Sommer, Grünstadt. 50108

Anlage III

ZÄHLKARTE
für Zivilprozeßsachen vor dem Amtsgericht

....

A. Geschäfts-Nr.: ....

B. Lfd. Nummer der Zählkarte: 1 1 KA (Sp. 1-7)

C. Kennzahl des Gerichts: (Sp. 8-11)

D. Kennzahl der Richtergeschäftsaufgabe: (Sp. 12-13)

E. Tag des Eingangs der Sache: Tag Monat Jahr (Sp. 14-19)

F. Abgabe innerhalb des Gerichts: 1 (Sp. 20)

G. Ein Mahnverfahren ging voraus 1 (Sp. 21)

H. Vollstreckungsbefehl wurde erlassen 1 (Sp. 22)

I. Gegenstand des Verfahrens:

1. Armenrechtsverfahren	01
2. Nichtigkeits- oder Restitutionsklage	02
3. Gewöhnlicher Prozeß	03
4. Urkunden-, Wechsel- oder Scheckprozeß	04
5. Arrest oder einstweilige Verfügung	05
6. Entmündigungssache	06
7. Aufgebotsverfahren	07
8. Klage in Zwangsvollstreckungssachen nach dem 8. Buch der ZPO ohne Verfahren nach Nrn. 9 und 10	08
9. Klage nach § 722 ZPO	09
10. Antrag auf Vollstreckbarerklärung eines ausländischen Urteils aufgrund eines Vollstreckungsvertrages	10
11. Antrag auf Vollstreckbarerklärung eines Schiedsspruchs oder schiedsrichterlichen Vergleichs oder Klage nach § 1046 ZPO	11
	(Sp. 23-24)

K. Das Armenrecht wurde

a) Dem Kläger (Antragsteller)	1. bewilligt	1
	2. abgelehnt	2
		(Sp. 25)
b) dem Beklagten (Antragsgeg.)	1. bewilligt	1
	2. abgelehnt	2
		(Sp. 26)

L. Die Klage / Der Antrag wurde zur Niederschrift der Geschäftsstelle aufgenommen. 1 (Sp. 27)

M. Der höchste Gebührenstreitwert war (in vollen DM): (Sp. 28-33)

Einzelangaben zu I 3

R. Der gewöhnliche Prozeß betraf eine

1. Klage auf Räumung von Wohnraum oder Fortsetzung des Mietverhältnisses über Wohnraum	1
2. Kindschaftssache nach § 640 ZPO	2
3. Unterhaltsstreitigkeit	3
4. Rechtsstreitigkeit, die aus einem Abzahlungsgeschäft herrührt	4
	(Sp. 47)

S. Der gewöhnliche Prozeß wurde erledigt

1. nach streitiger Verhandlung und Beweisanordnung oder -erhebung	1
2. nach streitiger Verhandlung ohne Beweisanordnung und Erhebung	2
3. vor streitiger Verhandlung	3
	(Sp. 48)

N. Durch Rechtsanwälte waren vertreten

a) der Kläger (Antragsteller)	1 (Sp. 34)
b) der Beklagte (Antragsgegner)	1 (Sp. 35)

O. Das Verfahren wurde erledigt durch

1. streitiges Urteil (einschließl. Vorbehaltsurteil)	01
2. Versäumnisurteil gegen den Beklagten	02
3. Versäumnisurteil gegen den Kläger	03
4. Anerkenntnisurteil	04
5. Verzichtsurteil	05
6. Beschluß gem. § 922 ZPO oder § 936 ZPO	06
7. Beschluß gem. § 91 a ZPO	07
8. sonstigen Beschluß (ohne Nrn. 12 bis 14)	08
9. Vergleich	09
10. Zurücknahme der Klage oder des Antrags	10
11. Nichtzahlung des Kostenvorschusses	11
12. Ruhen des Verfahrens oder Nichtbetrieb	12
13. Abgabe an ein anderes Gericht	13
14. Verbindung mit einer anderen Sache	14
15. Auf andere Weise	15
	(Sp. 36-37)

P. Tag der Erledigung der Sache: Tag Monat Jahr (Sp. 38-43)

Q. Zwischenergebnisse vor Erledigung des Verfahrens:

	Zahl:
a) Streitige Teilurteile, Grundurteile, Zwischenurteile	(Sp. 44)
b) Teilvergleiche, widerrufene Vergleiche	(Sp. 45)
c) Beschlüsse gemäß § 922 ZPO oder § 936 ZPO	(Sp. 46)

T. Ergebnis der Wohnungsmietsache (R 1):

1. Urteil oder Vergleich auf Räumung	1
2. Urteil oder Vergleich auf Fortsetzung des Mietverhältnisses	2
3. Urteil auf Abweisung der Räumungsklage	3
4. Urteil auf Abweisung d. Mietfortsetzungsklage	4
	(Sp. 49)

Einzelangaben zu I 6

U. Beschlußergebnis der Entmündigungssache:

1. Entmündigung wegen Geisteskrankheit oder Geistesschwäche	1
2. Entmündigung wegen Trunksucht	2
3. Entmündigung wegen Verschwendung	3
	(Sp. 50)

....
(Tag)

....
(Name und Dienstbezeichnung)

Zählkarte St. Z. 1
– Druckerei d. JustMin –
1.1.1971

Anlage IV

Muster 29 (§ 13 Abs. 6)

Terminstag: 6. 2.

Verhandlungskalender des Amtsgerichts

Laufende Nummer für jeden Tag	Aktenzeichen	Name des Antragstellers (Klägers)	Name des Antragsgegners (Beklagten)	Terminsstunde	Name des Prozeßbevollmächtigten des Antragstellers (Klägers)	Name des Prozeßbevollmächtigten des Antragsgegners (Beklagten)	Terminsergebnisse: Streitige Urteile *)	Terminsergebnisse: Sonstige Urteile *)	Terminsergebnisse: Vergleiche *)	Terminsergebnisse: Anderweitige Ergebnisse *)	Neuer Termin ist anberaumt auf	Das Urteil, die Entsch. nach Lage d. Akten ist zur Gesch.-stelle gekommen am	Für gewöhnliche Prozesse (C) Dauer bis zur Verkündung des Endurteils: weniger als 3 Monate *)	3 Monate bis 6 Mon. ausschl. *)	6 Monate und mehr *)	Bemerkungen
1	2	3a	3b	4	5a	5b	6a	6b	6c	6d	7	8	9a	9b	9c	10
1	5 C 40/72	Donner	Wind	8 1/2	Wendt	Müller	C					10. 2.	1			
2	5 C 76/72	Arndt	Beier	9						C	30.2.VT					
VT. 3	5 C 48/72	Fricke	Hartmann	10			C					6. 2.	1			

1. Die Spalten 1 bis 5 sind sogleich nach der Terminsbestimmung auszufüllen; werden die Namen der Prozeßbevollmächtigten erst später bekannt, so sind sie alsbald nachzutragen. Der Behördenleiter kann anordnen, daß die Spalten 5 a und 5 b unausgefüllt bleiben. Erscheinen die Parteien ohne vorherigen Antrag zur Verhandlung (§ 500 ZPO), so ist die Sache nach dem Eingang des Verhandlungsprotokolls in den Kalender aufzunehmen.
2. Die Spalten 6 a und 6 d sind durch Einstellung des zu dem Aktenzeichen gehörigen Buchstabens, die Spalten 9 a bis 9 c durch Einstellung einer 1 auszufüllen.*)
3. In Spalte 6 a sind nur die streitigen Urteile, auch Teil- und Zwischenurteile, sowie Beschlüsse über die Kosten nach § 91 a ZPO zu zählen; Schiedsurteile sind in Spalte 6a nur einzustellen, wenn sie auf Abweisung der Klage lauten oder ergangen sind, nachdem der Beklagte widersprochen hat. Bei Beschlüssen nach § 91 a ZPO ist dem Registerbuchstaben der Vermerk „Beschl." hinzuzufügen.*) Ergehen die Beschlüsse ohne mündliche Verhandlung, so ist die Sache in den besonderen Abschnitt „Schriftliche Verfahren" des Kalenders (vgl. § 13 Abs. 6) einzustellen.
4. In Spalte 6 b gehören die nicht in Spalte 6 a zu zählenden sonstigen Urteile, wie Versäumnis-, Anerkenntnis- oder Verzichtsurteile.*)
5. In Spalte 6 c ist jeder Vergleich zu zählen, auch wenn er nur bedingt geschlossen ist.*)
6. Spalte 6 d ist zu benutzen, wenn keine der Spalten 6 a bis 6 c auszufüllen ist.*)
7. Bei Anberaumung eines lediglich zur Verkündung einer Entscheidung bestimmten Termins ist dem Datum in Spalte 7 der Vermerk „VT" hinzuzusetzen. Der Verkündungstermin selbst ist in Spalte 1 durch „VT" zu kennzeichnen.
8. Bei mehreren Ergebnissen in einer Sache sind gegebenenfalls die Spalten 6 a bis 6 c nebeneinander zu benutzen. Werden zwei oder mehrere Sachen miteinander verbunden, so kann nur bei einer Sache in den Spalten 6 a bis 6 c ein Ergebnis eingetragen werden; das gleiche gilt, wenn durch einen Vergleich mehrere nicht miteinander verbundene Sachen erledigt werden. Bei den übrigen Sachen wird Spalte 6 d ausgefüllt; die Eintragung einer Sache lediglich zum Zwecke der Ausfüllung der Spalte 6 d unterbleibt.*)
9. Auch eine Entscheidung nach Lage der Akten ist in der Spalte 6 a bzw. 6 d einzutragen.*) Wird das Verfahren in den Fällen der §§ 128 Abs. 2, 310 Abs. 2 ZPO schriftlich geführt, so ist die Sache in den besonderen Abschnitt „Schriftliche Verfahren" des Kalenders (vgl. § 13 Abs. 6) einzustellen. Die Eintragung erfolgt, sobald sich ergibt, daß das Verfahren schriftlich geführt werden soll. Das Datum der Verfügung, aus der dies ersichtlich ist, ist in Spalte 4 zu vermerken. Die ergehenden Entscheidungen sind in der Spalte 6 a bzw. 6 d zu zählen. Dabei sind, wenn in der gleichen Sache mehrere Entscheidungen im schriftlichen Verfahren nacheinander getroffen werden, alle Entscheidungen bei derselben Sacheintragung zu vermerken.*) Wiederholte Eintragung der gleichen Sache erfolgt also nicht. Ist am Schlusse des Kalenderjahres das Verfahren noch nicht für die Instanz erledigt, so ist die Sache in den Abschnitt „Schriftliche Verfahren" des Kalenders des neuen Jahres zu übernehmen. Dabei sind die etwa schon bei der früheren Eintragung vermerkten Entscheidungen nicht mit zu übertragen.
10. In Spalte 8 sind nur streitige, mit Tatbestand und Entscheidungsgründen versehene Urteile (§ 313 ZPO) einzutragen.
11. Spalte 9 ist für diejenigen Urteile der Spalte 6 a in C-Sachen bestimmt, nach deren Erlaß weiterer Prozeßstoff, über den ein Urteil ergehen könnte, in der Instanz nicht mehr verbleibt. Als Anfangstermin für die Zeitabschnitte gilt der Tag, an dem Termin zur mündlichen Verhandlung bestimmt worden ist. Dieser Zeitpunkt ist auch maßgebend, wenn nachträglich angeordnet ist, daß das Verfahren schriftlich geführt wird. War vor der Anordnung ein Termin nicht bestimmt, so entscheidet der Zeitpunkt der Anordnung des schriftlichen Verfahrens.*)

*) Siehe jedoch § 13 Abs. 1 Nr. 6 der Anordnung über die Zählkartenerhebung in Zivilsachen

Grd.-Lfg. 73

Anlage V

Zustellung

Dem Prozeßbevollmächtigten des Kl. - Bekl.-,
Herrn Rechtsanwalt

wird heute anliegende Ausfertigung - beglaubigte Abschrift des vollständigen - abgekürzten Urteils - Beschlusses - Vergleichs - Schriftsatzes vom
in Sachen

des gerichts
Aktenzeichen:
zugestellt und zum Zwecke der Zustellung beglaubigt

Der Prozeßbevollmächtigte des Kl. - Bekl.-

........................, den ....

Rechtsanwalt

Zustellung m. anhäng. Empfangsschein · Vordruck 116 3.73
Alle Rechte vorbehalten · Bimberg-Sürano · 6074 Urberach

Vorderseite

Empfangsschein

Der unterzeichnete Prozeßbevollmächtigte des Kl. - Bekl. - bestätigt hiermit, von dem Prozeßbevollmächtigten des Kl. - Bekl.-,
Herrn Rechtsanwalt

Ausfertigung - beglaubigte Abschrift des vollständigen - abgekürzten Urteils - Beschlusses - Vergleichs - Schriftsatzes vom
in Sachen

Aktenzeichen:
heute zugestellt erhalten zu haben.

........................, den ....

Rechtsanwalt

Rückseite

Anlage VI

In Sachen

- AZ.:

bitten wir für das angeheftete Urteil um

1. NOTFRISTZEUGNIS
   anschließende Weitergabe an das erkennende Gericht
   für den
2. RECHTSKRAFTVERMERK
3. VOLLSTRECKUNGSKLAUSEL
   - soweit gegeben -

und anschließende Rückgabe (Gerichtsfach)

Rechtsanwalt

In vorbezeichneter Prozeßsache ist innerhalb der Notfrist eine Rechtsmittelschrift nicht eingereicht worden.

Bad Kreuznach, den ......
Geschäftsstelle des Landgerichts

Rechtskräftig seit

Bad Kreuznach, den

Justiz-ober-sekretär
als Urkundsbeamter der Geschäftsstelle
des Amtsgerichts

Diese Ausfertigung wird de Kläger
zum Zwecke der Zwangsvollstreckung
erteilt.

Bad Kreuznach, don

Anlage VII

, am

An die Gerichtsvollzieher-Verteilungsstelle

des Amtsgerichts ....

In Sachen

überreiche ich vollstreckbare(n) Schuldtitel vom

des Amts- — Land- — Gerichts mit dem Auftrage, folgende Beträge im Wege der Zwangsvollstreckung einzuziehen:

1. Hauptforderung . . . . DM
2. v. H. Zinsen darauf seit dem
3. Wechselunkosten . . . . DM
4. Kosten
   a) des Zahlungsbefehls . . . . DM
   b) des Vollstreckungsbefehls . . . . . DM
   c) Festgesetzte Kosten . . . . DM DM
5. 4 v. H. Zinsen aus den Kosten zu 4 a — c
6. Kosten der früheren Zwangsvollstreckung . . . . DM
7. Zwangsvollstreckungsgebühr (§ 57 BRAGebO) . . . . . . DM
8. Weitere Porto- und Telefonauslagen . . . . DM
9. Umsatzsteuer . . . . DM

.... DM

.... DM

Gesamt DM

Abschrift des Schuldtitels zur Zustellung anbei.

Der Vollstreckungsauftrag wird nur für den Fall erteilt, daß Sie gegen den Schuldner in den letzten zwei Monaten noch nicht fruchtlos vollstreckt haben oder Ihnen nicht bekannt ist, daß Schuldner in dieser Zeit den Offenbarungseid geleistet hat, es sei denn, daß Sie trotz dieser Tatsachen Anhaltspunkte für einen Erfolg der Pfändung haben.

Sollten Ihnen Ansprüche des Schuldners gegen Dritte bekannt werden, so bitte ich, Letzteren gemäß § 845 ZPO anzuzeigen, daß die Pfändung der Ansprüche durch mich bevorsteht. Von dem Veranlaßten erbitte ich Nachricht.

Ich bitte — falls möglich — um Angabe der Arbeitsstelle.

Abschrift des Pfändungsprotokolls wird erbeten.

Die Beträge sind an mich abzuführen. Vorliegen der Inkassovollmacht wird versichert.

Rechtsanwalt

Zw 1 Zwangsvollstreckungsauftrag
Das juristische Büro Kurt Gross, Flensburg

Anlage VIII

DR ______________
Bitte bei allen Schreiben und Zahlungen angeben

Ihr Zeichen | Ihr Schreiben vom | Mein Zeichen | Ort und Tag

Sehr geehrte

In der Zwangsvollstreckungssache

______________ gegen ______________ ist

– die Zwangsvollstreckung fruchtlos ausgefallen, da pfändbare Gegenstände nicht vorgefunden wurden. –

– der Schuldner unbekannt verzogen. –

Den Schuldtitel – mit Wechsel – Scheck – füge ich bei.

Die unten berechneten Kosten im Betrage von ______________ DM

– erlaube ich mir, durch Nachnahme zu erheben. –

– bitte ich auf mein oben angegebenes Postscheckkonto zu überweisen. –

– Sofern Sie den Schuldner zur Abgabe der eidesstattlichen Versicherung laden wollen, können Sie mit dieser Mitteilung nachweisen, daß die Pfändung nicht zu Ihrer vollständigen Befriedigung geführt hat. –

Eine Abschrift des Pfändungsprotokolls erhalten Sie nur auf besonderen Antrag; ich muß dafür eine Schreibgebühr von ______________ DM erheben.

Kostenrechnung GVKostG

Wert: ______________ DM

1. Zustellung	§ 16 Abs. 2	______________	DM
2. Versuchte Zustellung	§ 16 Abs. 4	______________	DM
3. Beglaubigung (______ S.)	§ 16 Abs. 7	______________	DM
4. Erfolglose Pfändung	§ 17 Abs. 4	______________	DM
5. Einstellung an Ort u. Stelle	§ 20 Abs. 2	______________	DM
6. Schreibgeb. (______ S.)	§ 36	______________	DM
7. Reisekosten (______ km)	§ 37	______________	DM
8. Wegegeld	§ 38	______________	DM
9. Vordruckpauschsatz	§ 35	______________	DM
10. Porto, Fernsprechgebühren	§ 35	______________	DM
11. Nachnahmeporto	§ 35	______________	DM
	zusammen:	______________	DM

Hochachtungsvoll

Ober-Gerichtsvollzieher

GV 53 Mitteilung an Gläubiger über fruchtlose Pfändung

Anlage IX

Bei Zahlung bitte angeben:

den

An das
Amtsgericht

Antrag auf Abnahme der eidesstattlichen Versicherung

Gerichts-Aktenzeichen:

de

– Gläubiger –

Prozeßbevollmächtigte(r)

gegen

– Schuldner –

Die Zwangsvollstreckung gegen Schuldner ist nach beiliegender Mitteilung des Gerichtsvollziehers fruchtlos ausgefallen.

Im Auftrage des Gläubigers wird beantragt,

einen **Termin zur Abgabe der eidesstattlichen Versicherung** anzuberaumen, dem Schuldner die eidesstattliche Versicherung, auch wenn bereits Haftbefehl vorliegt, abzunehmen und, falls Schuldner nicht erscheint oder die Abgabe der eidesstattlichen Versicherung verweigert, einen **Haftbefehl** zu erlassen und eine Ausfertigung zu erteilen.

Hat der Schuldner innerhalb der letzten drei Jahre eine eidesstattliche Versicherung abgegeben, wird gebeten, eine Abschrift des Vermögensverzeichnisses unter Rückgabe der Anlagen zu erteilen.

Sollte Schuldner zu Ratenzahlungen bereit sein, wird er gebeten, die Verhandlungen unmittelbar mit dem Unterzeichnenden aufzunehmen.

Vollmacht ergibt sich aus dem Schuldtitel – liegt an –.

Hauptforderung . . . . DM
zuzüglich % Zinsen seit
Wechselunkosten . . . . DM
Kosten a) des Zahlungs- und Vollstreckungsbefehls . . . . DM
b) der festgesetzten Prozeßkosten . . . . DM
zuzüglich 4 % Zinsen von a) und b) seit
Bisherige Vollstreckungskosten – lt. Anlage – . . . . DM
. . . . DM
. . . . DM
. . . . DM
. . . . DM
Zwischensumme DM
Gebühr für diesen Antrag §§ 57, 58 BRAGebO. . . . . . DM
Postgebühren . . . . DM
Umsatzsteuer (MWSt) . . . . DM

Gerichtskosten für dieses Verfahren . . . . DM
Zustellungskosten . . . . DM

.... Anlagen

Rechtsanwalt

W. Sicius KG · Neustadt a. Rbge.
Vordruck 296a (Antrag auf eidesst. Versicherung)

Anlage X

Muster 16 (§ 17 Abs. 1)
Schuldnerverzeichnis

Lfd. Nr.	Familien- und Vorname des Schuldners	Beruf und Wohnort des Schuldners	Aktenzeichen	Tag der Abgabe der eidesstattl. Versicherung	Tag, an dem die Haft angeordnet ist	Tag, an dem der Schuldner nach 6-monatiger Haft entlassen ist	Tag der Ablehnung des Antrages auf Konkurseröffn. wegen mangelnder Masse	Bemerkungen
1	2 a	2 b	3	4 a	4 b	4 c	4 d	5
1972								
1	Säumig, August	Händler, Düsseldorf, Berliner Allee 11	15 M 527/72	10. 2. 72				

Spalte 1 fällt fort, wenn das Schuldnerverzeichnis in Karteiform geführt wird.

108

Anlage XI

An das
Amtsgericht
- Vollstreckungsgericht -

____

Antrag gemäß § 903 ZPO

In Sachen

- Gläubiger -

vertreten durch:

gegen

- Schuldner -

Beigefügt legen wir Schuldtitel und Pfändungsabstand vor.

Wir b e a n t r a g e n, Termin zur Leistung der eidesstattlichen Versicherung nach § 903 ZPO zu bestimmen. Hilfsweise b e a n t r a g e n wir die Ergänzung des Vermögensverzeichnisses vom , AZ.:

Durch die Anlage ist glaubhaft gemacht, daß ein Arbeitsverhältnis mit dem Schuldner aufgelöst ist.

Sollte der Schuldner zum Termin nicht erscheinen oder die Abgabe der eidesstattlichen Versicherung verweigern, so b e a n t r a g e n wir, HAFTBEFEHL zu erlassen. Weiter erbitten wir eine einfache Abschrift des Vermögensverzeichnisses sowie des Terminsprotokolles. Die Terminsbestimmung wird auch dann beantragt, wenn gegen den Schuldner innerhalb der letzten drei Jahre bereits Haftbefehl ergangen sein sollte.

Ansonsten b e a n t r a g e n wir das Ruhen des Verfahrens mit dem Recht der jederzeitigen Wiederaufnahme, falls der Schuldner im Termin erscheint und unter Vorlage einer Meldekarte des Arbeitsamtes nachweist, daß er zur Zeit arbeitslos ist (vgl. Dr. Herzig, Jur. Büro 352/67).

Wir weisen den Schuldner darauf hin, daß die Tatsache der eidesstattlichen Versicherung wie eines Haftbefehles im Schuldnerregister veröffentlicht wird. Es liegt deshalb in seinem Interesse, durch Bezahlung der Forderung die daraus entstehenden Nachteile abzuwenden.

Ratenzahlungsgesuche sind an die bevollmächtigten Anwälte zu richten. Sie können aber nur bearbeitet werden, wenn gleichzeitig eine Teilzahlung geleistet wird.

Die Gerichtskosten sind in GKM dem Antrag beigefügt.

Die Angabe der eidesstattlichen Versicherung wird wegen der

- 2 -

- 2 -

nachfolgend berechneten Forderung verlangt, zuzüglich weiterer eventueller Zinsen. Teilzahlungen werden nach § 367 BGB verrechnet.

FORDERUNGSBERECHNUNG:

Anlage XII

Anlage zur Niederschrift des Amtsgerichts **vom**
in der Zwangsvollstreckungssache (M)

Vermögensverzeichnis

Vor dem Ausfüllen das Merkblatt sorgfältig durchlesen!
Bitte mit Schreibmaschine oder deutlich mit Tinte schreiben!
Jede Frage ausdrücklich beantworten!

des/der

(Familienname, bei Frauen auch alle früheren Namen) (sämtliche Vornamen, Rufname unterstreichen) (Beruf)

zur Zeit tätig als , geboren am in

(ggf. auch Kreis und Bezirk angeben)

wohnhaft in Nr.

ledig/verh./gesch./verwitw./getrennt lebend; Kinder unter 21 Jahren im Alter von Jahren;

davon unterhaltsberechtigt: .... (Art des Güterstands)

Güterstand: — keine besondere Vereinbarung — besondere Regelung, nämlich nach dem

Ehevertrag vom , geschlossen vor dem Amtsgericht/Notar

und eingetragen im Güterrechtsregister des Amtsgerichts (GR).

A. Bewegliche Sachen (Bei Sachen, die Ihnen nicht allein gehören, Mitberechtigten angeben. Unter Eigentumsvorbehalt erworbene, verpfändete, zur Sicherheit übereignete oder gepfändete Sachen sind nur unter Nr. 15 anzuführen.)

1. Bargeld, auch ausländisches	
2. Wertpapiere, (auch Wechsel, Schecks, Pfandbriefe, Lose) Genau bezeichnen!	
3. Uhren, Schmuck, Gold und Wertsachen, soweit nicht Nr. 4 (Material und Wert angeben)	
4. Kunstgegenstände, Sammlungen	
5. Wohnungseinrichtung (Bei wertvolleren Gegenständen Art, Material und Größe angeben)	Bettstellen: Matratzen: Oberbetten: Kissen: Steppdecken: Wolldecken: Gardinen u. Vorhänge: Tische: Stühle: Schränke: Nachtschränke: Waschmaschine: Nähmaschine: Herde; Öfen: Staubsauger: Kühlschrank: Teppiche: Lampen: Polstermöbel: Küchengeräte, Geschirr, Gläser, Bestecke: Außerdem:
6. Haushaltsvorräte	
7. Kleidungsstücke	Mäntel: Anzüge: Hosen: Jacken: Schuhe: Kleider: Kostüme: Röcke: Blusen: Pelzsachen: Unterwäsche: Außerdem:

ZP 325 Vermögensverzeichnis im Verfahren zur Abnahme der eidesstattlichen Versicherung (§§ 807, 900 ZPO) — gen. 9. 1970 —
Formularverlag Emil Sommer, Grünstadt — O —

— 2 —

8. Haushaltswäsche	Bettücher: Kissenbezüge: Bettbezüge: Handtücher: Tischdecken: Außerdem:
9. Gebrauchsgegenstände (Wertvollere Sachen genau bezeichnen, ggf. Typ, Herstellungsjahr, Kaufpreis)	Koffer: Handtaschen: Aktentaschen: Bücher: Fotoapparate: Sportgeräte: Optische Geräte: Werkzeuge: Außerdem:
10. Musikinstrumente, Rundfunk-, Fernseh-, Tonbandgeräte u. a.	
11. Fahrzeuge (Bei Kraftfahrzeugen Typ, Baujahr Zulassungsnummer, Fahrzeugpapiere und deren Aufbewahrungsort angeben)	
12. Haustiere (Von Landwirten nur im Ergänzungsblatt II unter Nr. 7 anzuführen)	
13. Bauten auf fremden Grundstücken (z. B. Wohnlauben, Behelfsheime, Verkaufsstände)	
14. Weitere Sachen	
15. a) Welche Sachen haben Sie auf Abzahlung unter Eigentumsvorbehalt gekauft? Bei wem? (Genaue Anschrift!) Zu welchem Preis? Wieviel sind Sie noch schuldig? b) Welche Sachen haben Sie freiwillig verpfändet oder zur Sicherheit übereignet? An wen? (Genaue Anschrift!) Für welche Schuld? (Schuldgrund und Höhe?) c) Welche Sachen sind bereits gepfändet? Wann? Für welche Forderung?	

— 3 —

B. Forderungen, Guthaben und ähnliche Rechte

16. Arbeitsverdienst und Arbeitgeber: Bei Arbeitslosigkeit oder Krankheit Bezüge und Zahlstelle angeben. Ist Ihr Arbeitsverdienst gepfändet worden oder haben Sie ihn abgetreten? Wenn ja, Gesamthöhe der der Pfändung zugrunde liegenden Forderung oder des abgetretenen Betrages und Höhe des Abzuges vom Arbeitsverdienst angeben.	
17. a) Ansprüche aus selbständiger Tätigkeit und aus Nebenverdienst (siehe Merkblatt!) b) Ansprüche auf Lohnsteuerjahresausgleich	
18. Versorgungsbezüge, Unterhaltsansprüche und Renten aller Art (Rechtsgrund? Höhe? Zahlungspflichtiger?)	
19. Bank-, Sparkassen- und Postspargutthaben; Postscheckkonten; Bausparverträge (derzeitiges Guthaben) (siehe Merkblatt!)	
20. Lebensversicherungen, Sterbekassen (siehe Merkblatt und Ergänzungsblatt „III")	
21. Mitgliedschaften bei Konsumvereinen, Bau- oder anderen Genossenschaften (siehe Merkblatt!)	
22. Beteiligung an Gesellschaften (siehe Merkblatt!)	
23. Ansprüche aus Pacht, Miete, Untermiete - ggf. besondere Aufstellung beifügen - (siehe Merkblatt!)	
24. Rechte an Grundstücken — außer Eigentum und grundstücksgleichen Rechten — (siehe Merkblatt!)	
25. Anteile an nicht auseinandergesetzten Erbengemeinschaften (siehe Merkblatt!)	

— 4 —

26. Ansprüche aus dem Lastenausgleich (siehe Merkblatt!)	
27. Ansprüche auf Wiedergutmachung (siehe Merkblatt!)	
28. Ansprüche aus Erfindungen (Patenten), Urheberrechten, Verlagsrechten usw.	

29. Wer schuldet Ihnen sonst noch etwas? Genaue Angaben! (hier auch auf Abzahlung gekaufte, noch nicht gelieferte Gegenstände aufführen!) (s. Merkblatt!)

29a Welche unter Nr. 17 bis 29 angeführten Ansprüche oder Rechte sind gepfändet oder abgetreten? — Gläubiger, Schuldsumme / Abtretungssumme und Schuldgrund / Abtretungsgrund angeben.	

C. Veräußerungen von Vermögensgegenständen — auch Forderungen — in der Vergangenheit (siehe Merkblatt!)

30. Welche Vermögensgegenstände haben Sie seit Beginn des letzten Jahres vor dem ersten Termin zur Leistung des Offenbarungseides oder zur Abgabe der eidesstattlichen Versicherung entgeltlich veräußert an a) Ihren Ehegatten (vor oder während der Ehe?) b) Ihre Eltern, Großeltern, Kinder oder Enkel? c) die Eltern, Großeltern, Kinder und Enkel Ihres Ehegatten? d) Ihre Geschwister und Halbgeschwister? e) die Geschwister und Halbgeschwister Ihres Ehegatten? f) den Ehegatten einer der Personen zu b) bis e)?	
31. Über welche Vermögensgegenstände (von gebräuchlichen Gelegenheitsgeschenken abgesehen) haben Sie seit Beginn des letzten Jahres vor dem 1. Termin zur Leistung des Offenbarungseides oder zur Abgabe der eidesstattlichen Versicherung unentgeltlich verfügt? Zu wessen Gunsten?	
32. Über welche Vermögensgegenstände haben Sie seit Beginn des vorletzten Jahres vor dem 1. Termin zur Leistung des Offenbarungseides oder zur Abgabe der eidesstattlichen Versicherung zugunsten Ihres Ehegatten unentgeltlich verfügt	

Über die in diesem Hauptblatt nicht aufgeführten Vermögensstücke füge ich Anlage bei.

— Ein — Mein — Erwerbsgeschäft — habe ich nicht — habe ich im Ergänzungsblatt I mit Anlage aufgeführt. —

Grundvermögen (Grundstücke, Wohnungseigentum oder Teileigentum im Sinne des Wohnungseigentumsgesetzes oder sonstige grundstücksgleiche Rechte, z. B. Erbbaurechte) — und land- und forstwirtschaftliches Vermögen — habe ich nicht — habe ich im Ergänzungsblatt II — mit Anlage — und einem weiteren Ergänzungsblatt I — aufgeführt.

Ich habe das Merkblatt für Schuldner im Verfahren zur Abnahme der eidesstattlichen Versicherung erhalten und es beim Ausfüllen des Verzeichnisses beachtet.

________________ (Ort und Tag) ________________ (volle Unterschrift des Schuldners)

Gewerbetreibende; Geschäftsinhaber; Handelsgesellschaften

Ergänzungsblatt I zum Vermögensverzeichnis

des/der

Erwerbsgeschäft

(Vermögensgegenstände, die Sie noch aus einem früheren Erwerbsgeschäft besitzen, sind nicht hier, sondern im Hauptblatt des Verzeichnisses einzutragen)

Geschäftszweig:

Sitz:

Rechtsform:

Eintragung beim Amtsgericht: (HR)

Lage der Geschäfts- und Lagerräume:

Angabe der einzelnen Vermögensstücke:

(Miteigentumsrechte, Eigentumsvorbehalte, Verpfändungen, Sicherungsübereignungen und Pfändungen sind zu jeder der folgenden Nummern genau zu vermerken — vgl. Nr. 15 des Hauptblatts —)

A. Geschäftsinventar und Arbeitsgerät

1. Büroeinrichtung (Möbel, Büromaschinen, Schreib- und Zeichenbedarf)	
2. Laden- und Lagereinrichtung (Theken, Gestelle usw.)	
3. Werkstätten-, Wirtschafts- oder Fabrikeinrichtungen (Werkbänke, Arbeits- und Werkzeugmaschinen, Werkzeuge usw.)	
4. Warenvorräte	
5. Vorräte an a) Rohstoffen b) Halbfertigerzeugnissen c) Verpackungsstoffen Kisten, Packpapier usw.	
6. Fahrzeuge (Bei Kraftfahrzeugen Typ, Baujahr, Zulassungsnummer Fahrzeugpapiere und deren Aufbewahrungsort angeben)	
7. Anderes Inventar und Arbeitsgerät	

ZP 326 Ergänzungsblatt I zum Vermögensverzeichnis im Offenbarungseidverfahren (§ 900 ZPO) — gen. 10. 1962 —

Formularverlag Emil Sommer, Grünstadt -O-

B. Welche Aufträge liegen in Ihrem Geschäft vor?

Auftraggeber (genaue Angabe von Name, Stand und Wohnung)	Art des Auftrags (auch Instandsetzungen angeben)	Der Auftraggeber hat voraussichtlich zu zahlen

C. Welche Außenstände haben Sie?
(Sicherungen, Urteile, Wechsel, Schuldscheine oder Beweismittel sind anzugeben)

Schuldner (genaue Angabe von Name, Stand und Wohnung)	Ihre Forderung nach a) Grund (z. B. Kaufpreis, Darlehen) b) Entstehungszeit c) Fälligkeit	Höhe Ihrer Forderung a) Hauptbetrag b) Zinsen	Vermerke

Eigentümer von Grundvermögen und Personen, die Land- oder Forstwirtschaft betreiben

Ergänzungsblatt II zum Vermögensverzeichnis

des/der

Angabe der einzelnen Vermögensstücke

A. Grundstücke und grundstücksgleiche Rechte (auch Mitberechtigungen)

1. Welche Grundstücke (bebaut oder unbebaut) gehören Ihnen? (Grundbuchbezeichnung angeben)	
2. Haben Sie Wohnungseigentum oder Teileigentum im Sinne des Wohnungseigentumsgesetzes? (Grundbuchbezeichnung angeben)	
3. Welche grundstücksgleichen Rechte — z. B. Erbbaurecht, Bergwerkseigentum — stehen Ihnen zu? (Grundbuchbezeichnung angeben)	
4. Wie ist dieses Grundvermögen (Nr. 1—3) belastet?	
5. Ist die Zwangsversteigerung oder Zwangsverwaltung dieses Grundvermögens (Nr. 1—3) angeordnet? Von welchem Gericht? Geschäftsnummer?	

ZP 327 Ergänzungsblatt II zum Vermögensverzeichnis im Offenbarungseidverfahren (§ 900 ZPO) — gen. 10. 1962 —

Formularverlag Emil Sommer, Grünstadt -O-

B. Anderes land- und forstwirtschaftliches Vermögen
(Miteigentumsrechte, Eigentumsvorbehalte, Verpfändungen, Sicherungsübereignungen und Pfändungen sind zu jeder der folgenden Nummern genau zu vermerken — vgl. Nr. 15 des Hauptblatts —)

6. Land- und forstwirtschaftliche Maschinen, andere Geräte und Fahrzeuge	
7. Viehbestände	
8. Vorräte a) Erntevorräte b) Futtervorräte c) Düngemittel d) Saatgut und Setzkartoffeln e) Andere Vorräte	
9. Geschlagenes Holz	

C. Einrichtung von Nebenbetrieben — Imkerei; Brennerei; Ziegelei; Mühlenbetriebe usw. —
(Handelt es sich um umfangreiche Nebenbetriebe, so ist hierfür das Ergänzungsblatt I zu verwenden)

Lebensversicherungen (einschließlich Ausbildungs- und Aussteuerversicherungen), Sterbekassen

Ergänzungsblatt III zum Vermögensverzeichnis (lfd. Nr. 20)

des/der

1. Genaue Bezeichnung der Versicherung/ Sterbekasse	....
2. Genaue Anschrift des Sitzes der Versicherung/Sterbekasse	....
3. Nummer des Versicherungsscheines	....
4. Höhe — der Versicherungssumme — des Sterbegeldes —	....
5. Wann wurde die Versicherung abgeschlossen?	....
6. Wie hoch sind die monatlichen Prämien?	Monatliche Prämie: .... DM
7. Bis zu welchem Tage sind die Prämien gezahlt?	Prämien sind gezahlt bis einschließlich ....
8. Wann und bei welchen Anlässen wird die Versicherungsumme von der Versicherung ausgezahlt?	a) Im Erlebensfall am .... b) Im Sterbefall.
9. An wen wird die Versicherungssumme bei Fälligkeit ausgezahlt?	a) Im Erlebensfall an .... b) Im Sterbefall an ....
10. Ist die Anordnung (zu Nr. 9) widerruflich oder unwiderruflich?	

ZP 328 Ergänzungsblatt III zum Vermögensverzeichnis Verfahren zur Abnahme der eidesstattlichen Versicherung
Formularverlag Emil Sommer, Grünstadt — gen. 8. 1970 —

11. Handelt es sich um eine Versicherung mit Gewinnanteilen oder Dividenden?	
12. Wo wird der Versicherungsschein aufbewahrt?	
13. Sind die Ansprüche aus der Versicherung abgetreten; zu wessen Gunsten?	

Anlage XIII

Amtsgericht ______________, den ______________

Geschäfts-Nr.: ______________ Fernruf: (________) ______________

Bitte bei allen Schreiben angeben!

Haftbefehl

In der Zwangsvollstreckungssache

Gläubiger

Prozeßbevollm.: Rechtsanw.

gegen

Schuldner

Auf Antrag des Gläubigers wird gegen den Schuldner wegen der Forderung aus dem

Bezeichnung des Titels nach Art, Behörde, Tag und Geschäfts-Nr.

die Haft angeordnet, um die Abgabe der eidesstattlichen Versicherung gemäß § 807 ZPO — § 903 ZPO zu erzwingen.

Der erste Termin zur Leistung des Eides, — Abgabe der eidesstattlichen Versicherung, zu dem der Schuldner geladen war, war anberaumt auf den

____

Ausgefertigt

____

Urkundsbeamter der Geschäftsstelle

Auf Grund des Haftbefehls kann der Gläubiger den Schuldner durch einen Gerichtsvollzieher verhaften lassen.

Dem Auftrag an den Gerichtsvollzieher müssen eine Ausfertigung des Haftbefehls, der vollstreckbare Titel und eine genaue Berechnung der Forderung beiliegen. Bisherige Vollstreckungskosten, die geltend gemacht werden, sind zu belegen.

Der Gläubiger muß ferner die Haftkosten für mindestens einen Monat im voraus an die Landesjustizkasse /(Gerichtszahlstelle) oder an den Gerichtsvollzieher zahlen, sofern ihm nicht Auslagenfreiheit zusteht oder einstweilige Kostenbefreiung für die Zwangsvollstreckung bewilligt ist.

ZP 333 … Abnahme der eidesstattlichen … herung
Formularverlag … -O-

Anlage XIV

An das **Amtsgericht** ....

(Raum für Kostenmarken und Eingangsstempel)

Ich beantrage, den nachstehend entworfenen Beschluß zu erlassen — sowie die Zustellung —, und zwar an Drittschuldner mit Aufforderung nach § 840 ZPO — zu vermitteln*) — Ich stelle selbst zu.*) —
Drei Durchschläge anbei.

(Ort und Tag) (Unterschrift)

Amtsgericht

Ort und Tag

Geschäfts-Nr.: ....

Anschrift und Fernruf

Bitte bei allen Schreiben angeben!

Dem Gläubiger ist das Armenrecht — nicht*) — bewilligt (§ 114 ZPO)

Pfändungs- und Überweisungsbeschluß

in der Zwangsvollstreckungssache

Gläubiger

Prozeßbevollm.: Rechtsanw.

gegen

Schuldner

Prozeßbevollm.: Rechtsanw.

Bezeichnung des Titels nach Art, Behörde, Tag und Geschäftsnummer

Nach dem vollstreckbaren

kann der Gläubiger von dem Schuldner beanspruchen:

DM (i. B.: DM, Pf wie vorstehend)

dazu v. H. Zinsen seit dem

DM — Kosten des Mahnverfahrens — festgesetzte Kosten*) —

dazu 4 v. H. Zinsen seit dem

DM — bisherige Vollstreckungskosten*) —

DM — Kosten für diesen Beschluß (vgl. ums. Kostenrechnung I und II*) —

abzüglich am

Wegen dieser Ansprüche — sowie wegen der Zustellungskosten für diesen Beschluß (vgl. ums. Kostenrechnung III)*) — wird die angebliche Forderung des Schuldners an den Arbeitgeber

Genaue Bezeichnung des Drittschuldners — Firmenbezeichnung bzw. Vor- und Zuname, Vertretungsberechtigte, genaue Anschrift —

Drittschuldner

*) Zu streichen, wenn es hier nicht zutrifft.

ZP 312 Pfändung und Überweisung von Arbeitseinkommen (§§ 829, 832, 835, 850a, 850c, 850e ZPO) — gen. 6. 1971 —
Formularverlag Emil Sommer, Grünstadt –O–

auf Zahlung des gesamten Arbeitseinkommens (einschließlich des Geldwertes von Sachbezügen) solange gepfändet, bis der Gläubigeranspruch gedeckt ist.

Der Arbeitgeber (Drittschuldner) darf, soweit die Forderung gepfändet ist, nicht mehr an den Schuldner zahlen.

Der Schuldner darf den gepfändeten Teil des Arbeitseinkommens nicht mehr verlangen, ihn auch nicht verpfänden oder abtreten.

Soweit die Forderung des Schuldners an den Arbeitgeber gepfändet ist, wird sie dem Gläubiger zur Einziehung überwiesen.

A. Von der Pfändung sind ausgenommen und nicht mitzurechnen:

1. Steuern, öffentliche Abgaben und Beiträge zur gesetzlichen Sozialversicherung, die der Arbeitgeber unmittelbar abführt; ebenso Beiträge in üblicher Höhe, die der Schuldner laufend an eine Ersatzkasse, eine private Krankenversicherung oder zur Weiterversicherung zahlt,
2. Aufwandsentschädigungen, Auslösungsgelder und andere soziale Zulagen für auswärtige Beschäftigung, das Entgelt für selbstgestelltes Arbeitsmaterial, Gefahren-, Schmutz- und Erschwerniszulagen (alle Bezüge jedoch nur in üblicher Höhe),
3. Die **Hälfte** des Mehrarbeitslohnes,
4. Weihnachtsvergütungen bis zur **Hälfte** des monatlichen (Brutto-) Einkommens, höchstens aber bis 195 DM.
5. die weiteren Bezüge nach § 850 a Nr. 2, 5 bis 8 ZPO (z. B. Urlaubs- und Treugelder, Heirats- und Geburtsbeihilfen, Erziehungsgelder, Sterbe- und Gnadenbezüge sowie Blindenzulagen).

B. Von dem nach A. errechneten **Netto-Einkommen** ergibt sich der pfändbare Betrag unter Berücksichtigung von Unterhaltspflichten des Schuldners aus der **Tabelle zu § 850 c ZPO.**

____
Rechtspfleger

Ausgefertigt

____
als Urkundsbeamter der Geschäftsstelle

I. Gerichtskosten

Wert des Streitgegenstandes:	DM
Gebühr (§ 10 Absatz 2, § 42 Abs. 1 Nr. 2 GKG)	DM
Summe I:	DM

II. Anwaltskosten

1. Gebühr (§§ 11, 31, 57 BRAGebO).	DM
2. Auslagen (Richtigkeit versichert)	DM
3. Umsatzsteuer	DM
Summe II:	DM

III. Zustellungskosten (§§ 16, 35—38 GVKostG)

1. Zustellung an Drittschuldner	DM
2. Zustellung an Schuldner	DM
3. Beglaubigung/Schreibgeb. (___Seiten) .	DM
4. Vordruckpauschsatz	DM
5. Postgeb. f. Zustellung	DM
6. Postgeb. f. Nachnahmesendung	DM
7. Reisek. Pauschbetrag (___km)/Wegegeld .	DM
8.	DM
Summe III:	DM

Anlage XV

(Ort und Tag)

Amtsgericht ....

(Anschrift) (Fernruf)

Geschäfts-Nr.: ....

Bitte bei allen Schreiben angeben!

Beschluß

in Sachen

wegen

wird für die erste Instanz einschließlich der Zwangsvollstreckung das Armenrecht bewilligt.

Zur vorläufig unentgeltlichen Wahrnehmung der Rechte in dieser Instanz aus-/ein- schließlich der Zwangsvollstreckung

wird der

beigeordnet.

— Zugleich wird nach §§ 125, 126 ZPO die Nachzahlung der Gerichts- und Anwaltskosten — bis zum Höchstbetrag von insgesamt DM — angeordnet. Es werden monatliche Ratenzahlungen von — insgesamt — DM bewilligt, die am eines jeden Monats, erstmals am , — je zur Hälfte— an die Landesjustizkasse — und an den beigeordneten Rechtsanwalt — zu entrichten sind. —

Zur vorläufig unentgeltlichen Bewirkung von Zustellungen, soweit sie nicht von Amts wegen erfolgen, und von Vollstreckungshandlungen kann die Partei, der das Armenrecht bewilligt ist, sich unmittelbar oder durch die bei dem Amtsgericht eingerichtete Verteilerstelle an den zuständigen Gerichtsvollzieher wenden oder die Vermittlung der Geschäftsstelle in Anspruch nehmen.

ZP 31 (fr. ZP 1) Bewilligung des Armenrechts (§ 119 ZPO) — Amtsgericht —
Formularverlag Emil Sommer, Grünstadt — gen. 6. 1973 —

II. Teil: AKTENFALL ADAMS ./. BECHTHOLD

1. Kapitel: Mahnverfahren, Vollstreckung des Vollstreckungsbefehls, Einspruch und Antrag auf einstweilige Einstellung der Zwangsvollstreckung aus dem Vollstreckungsbefehl

Blatt 1 bis 5 der Akten

Termine:

4) 18.9.73 – 9 00

(5) 5.10.73 – 11 00

7) 23.10.73 – 9 00 VT

Prüfungsamt?
Ja – nein
Falls ja: K – V
Unterschrift:

Zählkarte Nr.: 1298
KZ.: 13
ausgefüllt am:

Unterschrift

Amtsgericht Bad Kreuznach

2. Abteilung

Bürgerlicher Rechtsstreit

~~Urkunden – Wechsel – Scheck – Prozeß~~
~~Arrest – Einstweilige Verfügung~~

Kläger/~~Antragsteller~~: ADAMS, Gerhard

Prozeßbevollmächtigter:	Vollmacht:	Armenrecht:	
I. Rechtszug: RA. Weiß	Bl. 16	bewilligt Bl. 19/20	verweigert Bl.
II. Rechtszug: RA.	Bl.	bewilligt Bl.	verweigert Bl.

Beklagter/~~Antragsgegner~~: BECHTHOLD, Willi

Prozeßbevollmächtigter:	Vollmacht:	Armenrecht:	
I. Rechtszug: RA. Dr. Schwarz	Bl. 12	bewilligt Bl.	verweigert Bl.
II. Rechtszug: RA.	Bl.	bewilligt Bl.	verweigert Bl.

Gegenstand der Klage: Schadensersatz
Wertfestsetzung Bl.

Schlußurteil:
des I. Rechtszugs Bl. 33 f.
des II. Rechtszugs Bl.

Zwischenergebnisse: Bl. 2 R
Bl. 29
Bl.

Weggelegt 19
Aufzubewahren: – bis 19
– dauernd –
– 19 abzuliefernde Forschungssache –

Staatsarchiv – ja – nein

S

2 C 841/73

AU 2 (fr. AU 1 b) 250 g
Formularverlag Emil Sommer, Grünstadt - gen. 10. 1969 -

Von der Vernichtung sind auszuschließen Bl.

______________, den ______________

______________ Justiz – ober – inspektor

Kostenmarken oder darauf bezügliche Vermerke Bl. 2

Vorschüsse (einschließlich der in Kostenmarken) Bl. 2

Kostenrechnungen Bl. 1

Gemäß der Kostenverfügung geprüft

bis Bl.	am:	Unterschrift und Amtsbezeichnung des Kostenbeamten

Beiakten und Beistücke:

I

Geschäftsstelle Abt. des Amts gerichts

2 C 847/73
(Geschäftsnummer)

Zur Kasse mit Reinschrift nach Muster:
Kost ______
Kostennachricht nach Muster:
Kost ______

— Sollstellung der Landesjustizkasse —

Kostenrechnung in der Zivil Sache Adam / Bechtold

Lfd. Nr.	Gegenstand des Kostenansatzes und Hinweis auf die angewandte Vorschrift	Wert des Gegenstandes DM	Zu erheben sind überhaupt DM	Pf	Hiervon zahlen: Kläg. DM	Pf	Bekl. DM	Pf	Vermerk: (z. B. Mithaft, Ersuchen um Zahlungsanzg., Hinweis auf gerichtliche Wertfestsetzung, Bezeichng. des Empfangsberechtigten b. durchlaufenden Geldern)
1	2	3	4		5				6
	Prozeß-Gebühr §§ 10, 25 Abs. 1 Nr. 1 GKG Bl.:	901,-	36,	–					
	Beweis-Gebühr §§ 10, 25 Abs. 1 Nr. 2 GKG Bl.: 20	"	36,	–					
	Urteils-Gebühr §§ 10, 25 Abs. 1 Nr. 3 GKG Bl.: 33	583	24,	–					
	1/4 Geb. §§ 42 GKG Bl.: 1	750	7	50					
	______ §§ ______ Bl.:								
	______ §§ ______ Bl.:								Vorschüsse: Kläger Bl. / DM / Pf; Beklagte Bl. / DM / Pf
	Zustellungskosten 3, 8, 23, 24		10,	–					
	Schreib-Gebühren Bl.: 20 26 DM: 4,– 6,–		10,	–					Kläger: 1 / 17 / 50
	Zeugen-Entschäd. Bl.: 32 DM: 8,–		8,	–					
	Sachverst. Entschäd. Bl.: DM:								
	Reisekosten Bl.: DM:								
	Sonstige Auslagen Bl.: DM:								
	Armenanwaltskost. de Kläger								
	Armenanwaltskost. de Beklagte								
	Zus.		131	50					
	Abzüglich Vorschüsse		17	50			114	–	

Bad Kreuznach, den 24. 10. 73
(Ort und Tag)

Huber Justiz-sekretär

Kost 5 (fr. Kost 2 a (M)) Urschrift der Kostenrechnung in Zivilsachen (§ 28 Abs. 1 KostVfg)
Formularverlag Emil Sommer, Grünstadt — gen 4. 1969 — — O —

I. Kostenrechnung

Wert: 356 DM

a) Gebühr nach § 38 Abs. 1 Satz 1 GKG . . . 15,– DM
b) Zustellungskosten (§ 92 Nr. 2, § 111 Abs. 2 GKG) . . . . 2.50 DM
Summe a) und b) 17.50 DM
gezahlt sind . . . . 17.50 DM
Rest . . . . – DM
Postgebühren für Aufforderung . . . . – DM
Zusammen: – DM

— Kosten gedeckt in Ko. Ma. —
Vom Gläub. — Vertr. — einfordern.

Bad Kreuznach, den 14. 6. 73

Schultz JOS
~~Justiz — ober — inspektor~~

Kostennachricht ab

Vereinnahmt (vgl. Zahlungsanzeige) DM

, den

EGSTA Nr. EL. Nr.

II. 1. Ausfertigung d. Zahlungsbefehls d. Schuldner zustellen
2. Nachricht von Zustellung an Gläubiger

Bad Kreuznach, den 14. 6. 1973

Baum
Justiz — ober — inspektor
als Rechtspfleger

2 B 1610/1973

ZP 44 b Mahnhüllen — gen. 11. 1967 —
Formularverlag Emil Sommer, Grünstadt -o-

1

1 Ausfertigung 1 Zustellung Nachr.

gefertigt ~~am~~ und ab

Zur Post durch Justizwachtmeister

am 20. 6. 73

Just. ~~O. Sekr. — Ass.~~ — Ang.

Zustellungsnachricht ab 25. Juni 73

Widerspruchsnachricht ab

Vollstreckungsbefehl ab 29. 6. 73

zur Zustellung — Pfändung —
~~an Gläubiger — Vertreter~~ —
~~an Gerichtsvollzieher~~ —
an Amtsgericht in

Einspruch erhoben am 16-7-73

2

Raum zum Aufkleben der Kostenmarken

a) **Gerichtsgebühren**
Hauptsachenwert bis einschl. 150,— DM 3,— DM
" " " 200,— " 4,— "
" " " 300,— " 6,— "
" " " 400,— " 8,— "
" " " 500,— " 10,— "
usw. (s. § 10 Abs. 2, § 38 Abs. 1 S. 1, § 111 Abs. 2 GKG).

b) **Auslagen**
Zustellungskosten von 2,— DM je Schuldner (§ 92 Nr. 2, § 111 Abs. 2 GKG).
(Bitte zur Geschäftsvereinfachung Kostenmarken verwenden. Sie können bei jedem Gericht gekauft werden.)

An das Amtsgericht

in ______________________

Ich / Wir beantrage ,

a) den nachstehenden **Zahlungsbefehl** zu erlassen — und bei Widerspruch — Termin zur mündlichen Verhandlung anzuberaumen — den Rechtsstreit an das zuständige Landgericht, Kammer für Handelssachen / Zivilsachen zu verweisen und

b) einen **Vollstreckungsbefehl** zu erlassen, eine Ausfertigung desselben zu erteilen sowie die Zustellung und Pfändung zu vermitteln — im Falle des Einspruchs den Rechtsstreit an das zuständige Landgericht, Kammer für Handelssachen / Zivilsachen zu verweisen —.

______________, den ______________

____
(Unterschrift)

Geschäftsnummer: B 2 B 1600/73

Zahlungsbefehl

1) Kostenberechnung:

Ger.-Geb. f. Mahnverfahr. ______ DM ____ Pf
Zustellungskost
Vertretergebühr
msatzst. / Ausgl
Postgeb. d. Gläu
Auslagen

2) Vertr. des Gläub ... g — Unbestellbarkeit — ... fehls
benachr. am ______

3) Widerspruch erho
4) Gläubiger — Verl

5) Die Akten ______ werden de vorgelegt, da Ant ... ung eines Termins zur m ... ung. Verweisung an das ... eantragt ist.

Geschäftsstelle

Verhandl

vorm. ______ Uhr, Sitzungssaal Nr. ______

______________, den ______________

Amtsgericht

Ladungen nach Form. an Gläubiger — Vertr. — formlos, an Bekl. mit Zust.-Urk. zur Post durch den Justizwachtmeister ______

am ______
unter C ______
C ______

Auf Antrag des XXX
Kaufmännischen Angestellten Gerhard A d a m s,
655 Bad Kreuznach, Ringstraße 18,

______________________, Gläubigers, XX —
XXXXXXXX durch ______________________

wird Ihnen — XXXXXXXXXXX — aufgegeben, innerhalb einer vom Tage der Zustellung dieses Befehls laufenden Frist von — **einer Woche** — XXXX XXXXXXXXXXXXX — **bei Vermeidung sofortiger Zwangsvollstreckung den obenbezeichneten Gläubiger** wegen des fälligen Anspruchs auf Zahlung von 756 DM --- Pf — in Worten: siebenhundert-sechsundfünfzig Deutsche Mark — nebst den geforderten ______ Zinsen zu 8 1/2 % — seit dem 18. Mai 1973 (wegen Inanspruchnahme von Bankkredit) XXXXXXXXXXX als Schadensersatz für den durch Sie am 18. Mai 1973 verursachten Auffahrunfall (vgl. Rechnung des Autohauses von Hoff vom 23. Mai 1973)

XXXXXXXXXXXXXXXXXXX

sowie wegen der Kosten des Verfahrens mit 17 DM 50 Pf **zu befriedigen** oder, **wenn Sie Einwendungen gegen den Anspruch haben,** bei dem unterzeichneten Gericht, Zimmer Nr. – — Widerspruch zu erheben.

XXXXXXXXXXXXXXXXXXXXX
XXXXXXXXXXXXXXXXXXXXXXXXX

555 Bad Kreuznach, den 19. Juni 1973

Amtsgericht

(gez.) [Unterschrift]
Rechtspfleger

XXXX Kaufmann
XXX
Herrn
XXX Willi Bechthold
in 6 Frankfurt/Main
Mainzer Straße 208

Zur Post durch den Justizwachtmeister

am ______

Geschäftsstelle des Amtsgerichts:

ZP 72 (fr. ZP 25 18) Zahlungsbefehl mit Abschrift — gen. 1 1971 —
Formularverlag Emil Sommer, Grünstadt — O —

2 B 1600/73

Auf Antrag des Gläubigers

Ausfertigung des Vollstreckungsbefehls erteilt und an

— ~~Gläubiger — Vertreter~~ —

— ~~Gerichtsvollzieher hier~~

zur Zustellung — und Pfändung —

— Geschäftsstelle des Amtsgerichts
(Gerichtsvollzieherverteilungsstelle)

in Frankfurt / Main

zur
Vermittlung der Zwangsvollstreckung —

Bad Kreuznach, den 29.6.73

als Urkundsbeamter der Geschäftsstelle des Amtsgerichts

Vollstreckungsbefehl

Der umstehende dem Schuldner am 21. Juni 1973 zugestellte Zahlungsbefehl wird in Höhe der darin angegebenen Beträge

~~sowie wegen XXXXXXX DM XXXX Pf Postgebühren des Gläubigers~~
~~XXXXXXX DM XXXX Pf Vertretergebühr mit Umsatzsteuer-Ausgleichsbetrag für Gesuch um Vollstreckungsbefehl — nebst 4% Zinsen seit~~
— ~~den vorstehenden und — den umseitig berechneten Kosten seit~~
— hiermit für vorläufig vollstreckbar erklärt.

~~Der Vertreter des Gläubigers ist zum Geldempfang bevollmächtigt.~~

Bad Kreuznach, den 29. Juni 1973

Amtsgericht

(Siegel)

Rechtspfleger

C ______ / ___

Im Namen des Volkes

Versäumnisurteil **Anerkenntnisurteil**

1. Es wird nach Maßgabe des umstehenden Zahlungsbefehls erkannt.

2. Der Beklagte hat die Kosten des Rechtsstreits zu tragen.

3. Das Urteil ist vorläufig vollstreckbar.

Amtsgericht ______

verkündet am ______

als Urkundsbeamter der Geschäftsstelle

Dem Kläger — Vertreter — vollstr. Ausf. erteilt

am ______

Die zu erstattenden **Kosten** (einschl. der Kosten des Mahnverfahrens) werden

auf ______ DM ___ Pf

(davon ______ DM ___ Pf vorgelegte Gerichtskosten) festgesetzt.

______, den ______

als Urkundsbeamter der Geschäftsstelle des Amtsgerichts

Vfg.

Nachricht von der Kostenfestsetzung gem. § 105 ZPO an:

1. Kläger in Urt.-Ausf.,
2. Beklagten mit Kostenberechnung

______, den ______

als Urkundsbeamter der Geschäftsstelle des Amtsgerichts

3

Postzustellungsurkunde

über die Zustellung eines Schriftstücks mit der Aufschrift:

Kurze Bezeichnung des Schriftstücks:

ZB.

Briefannahmestelle
Land- u. Amtsgericht
Bad Kreuznach

Eing.: 22. JUNI 1973

Anl.: ______ Abschr.: ______

______ DM Kostenmarken

Geschäfts-Nr.:

2 B 1600/73

Anschrift:

Herrn
Willi B e c h t h o l d
Kaufmann

6 Frankfurt(M)
Mainzer Str. 208

Absender wie umseitige Rückanschrift

Anbei ein Vordruck zur Zustellungsurkunde. Vereinfachte Zustellung

6 Frankfurt(M)

Postleitzahl

Zustell-Postamt

Das vorstehend bezeichnete Schriftstück habe ich in meiner Eigenschaft als Postbediensteter zu ______
Frankfurt/M ______ heute hier – zwischen ______ Uhr und ______ Uhr (Zeitangabe nur auf Verlangen) –,

	(Vordruck für die Zustellung an Einzelpersonen, Einzelfirmen, Rechtsanwälte, Notare und Gerichtsvollzieher usw.)	(Vordruck für die Zustellung an Behörden, juristische Personen, Gesellschaften und Gemeinschaften (Vereinigungen))
1. An den Empfänger oder Vorsteher usw. in Person	dem – Empfänger – Firmeninhaber (Vor- und Zuname): ______ selbst in – der Wohnung – dem Geschäftslokal ______ übergeben.	dem – Vorsteher – gesetzlichen Vertreter – vertretungsberechtigten Mitinhaber – ______ in Person in – der Wohnung – dem Geschäftslokal – ______ übergeben.
2. An Gehilfen, Angestellte, Beamte usw.	da ich in dem Geschäftslokal den – Empfänger – Firmeninhaber (Vor- und Zuname): ______ selbst nicht angetroffen habe, dort de__ – Gehilf__ – Angestellten – ______ übergeben.	da in dem Geschäftslokal während der gewöhnlichen Geschäftsstunden a) der angetroffene – Vorsteher – gesetzliche Vertreter – vertretungsberechtigte Mitinhaber – an der Annahme verhindert war, b) der – Vorsteher – gesetzliche Vertreter – vertretungsberechtigte Mitinhaber – nicht anwesend war, dort dem beim Empfänger angestellten ______ übergeben.
3. An a) ein Familienmitglied b) eine dienende Person	da ich den – Empfänger – ~~Firmeninhaber~~ (Vor- und Zuname): Willi Bechthold ______ selbst in der Wohnung nicht angetroffen habe, dort a) dem zu seiner Familie gehörenden erwachsenen Hausgenossen, nämlich – der Ehefrau – ~~dem Ehemann – dem Sohne – der Tochter~~ – Margot Bechthold übergeben. b) de__ in der Familie dienenden erwachsenen ______ übergeben.	da ein besonderes Geschäftslokal nicht vorhanden ist und ich auch den – Vorsteher – gesetzlichen Vertreter – vertretungsberechtigten Mitinhaber – ______ in der hiesigen Wohnung ______ nicht selbst angetroffen habe, dort a) dem zu seiner Familie gehörenden erwachsenen Hausgenossen, nämlich – der Ehefrau – dem Ehemann – dem Sohne – der Tochter – ______ übergeben. b) de__ in der Familie dienenden erwachsenen ______ übergeben.
4. An den Hauswirt oder Vermieter	da ich den – Empfänger – Firmeninhaber (Vor- und Zuname): ______ selbst in der Wohnung nicht angetroffen habe, auch die Zustellung an einen zur Familie gehörenden erwachsenen Hausgenossen oder an eine in der Familie dienende erwachsene Person nicht ausführbar war, de__ in demselben Hause wohnenden – Hauswirt – Vermieter__ –, nämlich de__ ______ d__ zur Annahme bereit war, übergeben.	da ein besonderes Geschäftslokal nicht vorhanden ist und ich den – Vorsteher – gesetzlichen Vertreter – vertretungsberechtigten Mitinhaber – ______ in der Wohnung nicht angetroffen habe, auch die Zustellung an einen zur Familie gehörenden erwachsenen Hausgenossen oder an eine in der Familie dienende erwachsene Person nicht ausführbar war, de__ in demselben Hause wohnenden – Hauswirt – Vermieter –, nämlich de__ ______ d__ zur Annahme bereit war, übergeben.
5. Verweigerte Annahme (kommt nur in den Fällen 1, 2, und 3 in Betracht)	zu übergeben versucht und, da die Annahme des Schriftstücks verweigert wurde, am Ort der Zustellung zurückgelassen.	

Den Tag der Zustellung habe ich auf dem zugestellten Schriftstück vermerkt.

6 Frankfurt
Postleitzahl

den 21 Juni 1973

[Unterschrift]

Hess Braunschweig AVR 4 Postzustellungsurkunde (10. 70)

(Fortsetzung umseitig)

Das vorseitig bezeichnete Schriftstück habe ich in meiner Eigenschaft als Postbediensteter zu ______

______ **heute hier** – zwischen ______ Uhr und ______ **Uhr (Zeitangabe nur auf Verlangen)** –,

	(Vordruck für die Zustellung an Einzelpersonen, Einzelfirmen, Rechtsanwälte usw. [Nur gültig bei Durchstreichung der Zustellungsvermerke auf der vorstehenden Seite])	(Vordruck für die Zustellung an Behörden, juristische Personen, Gesellschaften und Gemeinschaften [Vereinigungen]. [Nur gültig bei Durchstreichung der Zustellungsvermerke auf der vorstehenden Seite]).
6. Niederlegung	da ich den – Empfänger – Firmeninhaber (Vor- und Zuname): ______ selbst in der Wohnung **nicht** angetroffen habe und die Zustellung weder an einen zur Familie gehörenden erwachsenen Hausgenossen noch an eine in der Familie dienende erwachsene Person, noch an den Hauswirt oder Vermieter ausführbar war, auf der Geschäftsstelle des Amtsgerichts zu ______ niedergelegt. bei der Postanstalt zu ______ niedergelegt. bei dem Gemeindevorsteher zu ______ niedergelegt. bei dem Polizeivorsteher zu ______ niedergelegt. Eine schriftliche Mitteilung über die Niederlegung unter der Anschrift des Empfängers – ist in der bei gewöhnlichen Briefen üblichen Weise abgegeben worden. – ist, da die Abgabe in der bei gewöhnlichen Briefen üblichen Weise nicht tunlich war, – an der Tür der Wohnung des Empfängers befestigt worden. – dem/der in der Nachbarschaft des Empfängers wohnenden ______ zur Weitergabe an den Empfänger ausgehändigt worden.	da ein besonderes Geschäftslokal **nicht** vorhanden ist und ich auch den – Vorsteher – gesetzlichen Vertreter – vertretungsberechtigten Mitinhaber – ______ in der Wohnung ______ **nicht** angetroffen habe und die Zustellung weder an einen zur Familie gehörenden erwachsenen Hausgenossen noch an eine in der Familie dienende erwachsene Person, noch an den Hauswirt oder Vermieter ausführbar war, auf der Geschäftsstelle des Amtsgerichts zu ______ niedergelegt. bei der Postanstalt zu ______ niedergelegt. bei dem Gemeindevorsteher zu ______ niedergelegt. bei dem Polizeivorsteher zu ______ niedergelegt. Eine schriftliche Mitteilung über die Niederlegung unter der Anschrift des Empfängers – ist in der bei gewöhnlichen Briefen üblichen Weise abgegeben worden. – ist, da die Abgabe in der bei gewöhnlichen Briefen üblichen Weise nicht tunlich war, – an der Tür der Wohnung des Empfängers befestigt worden. – dem/der in der Nachbarschaft des Empfängers wohnenden ______ zur Weitergabe an den Empfänger ausgehändigt worden.

Den Tag der Zustellung habe ich auf dem zugestellten Schriftstück vermerkt.

______ ______, den ______ 19____
Postleitzahl

______

Postzustellungsurkunde

vollzogen zurück:

An die

Geschäftsstelle des Amtsgerichts

6550 Bad Kreuznach

Postfach

A₁

Anbei ein Vordruck zur
Zustellungsurkunde
Vereinfachte Zustellung

Zustellvermerk: Zugestellt durch die Post
am 21.6. 1973

Absender:
Geschäftsstelle des Amtsgerichts
6550 Bad Kreuznach, Postfach

Geschäftsnummer und Anschrift:

2 C 1000/73

Herrn
Willi B e c h t h o l d
Kaufmann

6 Frankfurt(M)
Mainzer Straße 20

A2

Abschrift

Geschäftsnummer: B 2 B 1600/73
Bitte bei allen Eingaben angeben!

Kostenberechnung:

Ger.-Geb. f. Mahnverfahr.	DM	Pf
Zustellungskosten	„	„
Vertretergebühr	„	„
Umsatzst./Ausgl.-Betrag	„	„
Postgeb. d. Gläub.	„	„
Auslagen	„	„
Sa	DM	Pf

Zu beachten!

An den Gläubiger zahlen und nicht an das Gericht!

1. Erheben Sie nur dann Widerspruch, wenn Sie den geforderten Betrag nicht schulden, oder wenn er noch nicht fällig ist. Ein grundloser Widerspruch kann sehr hohe Kosten zur Folge haben.
2. Wenn Sie den Betrag schulden, aber nicht zahlen können, ersuchen Sie den Gläubiger oder dessen Vertreter um Stundung oder um die Bewilligung von Teilzahlungen. Erfahrungsgemäß hat ein solches Gesuch am ehesten Aussicht auf Erfolg, wenn zugleich eine Teilzahlung geleistet wird.
3. Für den Fall, daß Sie Widerspruch erheben, werden Sie aufgefordert, dem Gericht unverzüglich Ihre Einwendungen und Beweismittel mitzuteilen.

An das

Amtsgericht ....

Ich erhebe Widerspruch

...................., den ....

....
(Unterschrift)

Formularverlag Emil Sommer, Grünstadt

Zahlungsbefehl

Auf Antrag des/~~der~~
Kaufmännischen Angestellten Gerhard A d a m s,
655 Bad Kreuznach, Ringstraße 18,

...................., Gläubiger~~s~~ — ~~in~~ —

~~vertreten durch~~ ....

wird Ihnen — ~~als Gesamt-Schuldner~~ — aufgegeben, innerhalb einer vom Tage der Zustellung dieses Befehls laufenden Frist von — einer Woche — ~~drei Tagen — 24 Stunden~~ — bei Vermeidung sofortiger Zwangsvollstreckung den obenbezeichneten Gläubiger wegen des fälligen Anspruchs auf Zahlung von 756 DM --- Pf — in Worten: siebenhundert-sechsundfünfzig Deutsche Mark — nebst den geforderten Zinsen zu 8 1/2 % — seit dem 18. Mai 1973 (wegen Inanspruchnahme von Bankkredit) ~~aus — wegen — für~~ als Schadensersatz für den durch Sie am 18. Mai 1973 verursachten Auffahrunfall (vgl. Rechnung des Autohauses von Hoff vom 23. Mai 1973)

~~DM außergerichtliche Mahnauslagen~~

sowie wegen der Kosten des Verfahrens mit 17 DM 50 Pf zu befriedigen oder, wenn Sie Einwendungen gegen den Anspruch haben, bei dem unterzeichneten Gericht, Zimmer Nr. – — Widerspruch zu erheben.

~~Nach der Behauptung des Gläubigers ist ... als Erfüllungsort/Gerichtsstand vereinbart.~~

655 Bad Kreuznach, den 19. Juni 1973

Amtsgericht

(gez.) Bauer
Rechtspfleger

Beglaubigt:
Mai
Justizangestellter
als Urkundsbeamter der Geschäftsstelle des Amtsgerichts

~~Eheleute~~ ~~Firma~~ ~~Herrn~~ ~~Frau~~ Kaufmann
Willi Bechthold
in 6 Frankfurt/Main
Mainzer Straße 208

Geschäftsstelle des Amtsgerichts ________ ________ Datum des Poststempels

Geschäftsnummer: Ihre Nr. ________ 4

2 B 1600/73 In Sachen

(Bei allen Eingaben anzugeben)

Adams

gegen

Bechthold

ist der auf Ihren Antrag erlassene Zahlungsbefehl dem Schuldner am ________ 21. Juni 1973 zugestellt worden. Die Widerspruchsfrist beträgt 1 Woche XXXXXXXXXXXXXXX

Wenn der Schuldner Widerspruch erhebt, werden Sie benachrichtigt. Erhebt er keinen Widerspruch, dann können Sie nach Ablauf der Widerspruchsfrist binnen 6 Monaten Vollstreckungsbefehl beantragen. Mit diesem Antrag kann auch der Antrag verbunden werden, einen Gerichtsvollzieher mit der Zwangsvollstreckung zu beauftragen.

Der Urkundsbeamte der Geschäftsstelle wird die Zustellung des Vollstreckungsbefehls vermitteln, sofern Sie nicht erklären, selbst einen Gerichtsvollzieher mit der Zustellung beauftragen zu wollen.

Sie können für Ihre Anträge den umseitigen Vordruck benutzen.

Müller JA

Vorderseite

Absender:

Gerhard Adams

655 Bad Kreuznach

Ringstraße 18

Ich beantrage,
Vollstreckungsbefehl zu erteilen,
die Zustellung — und Zwangsvollstreckung — zu vermitteln.*)
~~Ich erteile selbst den Zustellungsauftrag.*)~~

Bad Kreuznach 27.6.73
(Ort und Datum)

Adams
(Unterschrift)

*) Nicht Zutreffendes durchstreichen.

An das Amtsgericht

in Bad Kreuznach

Briefannahmestelle
Land- u. Amtsgericht
Bad Kreuznach

Herrn XXXXXXXX

XXXXXXXX Eing.: 28. JUNI 1973

Anl.: ________ Abschr.: ________

________ DM Kostenmarken

Gerhard Adams

655 Bad Kreuznach
(Postleitzahl)

Ringstraße 18

"P 42 f Benachrichtigung des Gläubigers von der Zustellung eines Zahlungsbefehls (§ 693 Abs. 2 ZPO) — Postkarte —
Formularverlag Emil Sommer, Grünstadt — O —

Rückseite

C

Zustellungs-Urkunde

Rolf CRAMER
Gerichtsvollzieher
600 Frankfurt/M.
Hanauer Landstr.

Beglaubigte Abschrift ~~xxxxxxxxx~~ vorstehenden Schriftstückes Zahl.u.Vollstr.Bef.
Gesch.-Nr.: 2 B 1600/73 habe ich heute im Auftrage des Herrn ~~xxxxxxxxxxxxx~~
Gerhard Adams in 655 Bad Kreuznach, Ringstrasse 18
zum Zwecke der Zustellung an Herrn Willi Bechtold,
6 Frankfurt/M., Mainzer Str. 208

de Empfänger – **Firmeninhaber** – de **Vorsteher** – gesetzlichen **Vertreter** – vertretungsberechtigten **Mitinhaber**
selbst in – der Wohnung – dem Geschäftsraum **übergeben.**

da ich de^m^ Empfänger – ~~Firmeninhaber~~
in der Wohnung – ~~dem besonderen Geschäftsraum~~ – **nicht angetroffen** habe,
dort a) de ~~Bürovorsteher – Gewerbe-Gehilfen – Gehilfin de~~ selben
b) dem zur Familie gehörigen erwachsenen **Hausgenossen**, nämlich de^r^ – ~~Ehemann~~ – **Ehefrau** – ~~Sohne – Tochter~~ – Margot **Mutter** Bechtold
c) ~~de in der Familie dienenden erwachsenen~~ **übergeben.**
d) un~~d die Zustellung weder an einen Hausgenossen, noch an eine dienende Person ausführbar~~ war,
de ~~in demselben Hause wohnenden Hauswirt – Vermieter, nämlich de~~
~~welche zur Annahme bereit war, übergeben~~.

da in dem Geschäftsraum während der gewöhnlichen Geschäftsstunden der – **Vorsteher** – gesetzliche Vertreter – vertretungsberechtigte Mitinhaber – an der Annahme verhindert – nicht anwesend – war, dort de beim Empfänger angestellten **übergeben.**

und die Zustellung weder an einen Hausgenossen, noch an eine dienende Person, noch an den Hauswirt oder Vermieter ausführbar war, auf der Geschäftsstelle des Amtsgerichts – bei der Postanstalt – bei dem Gemeindevorsteher – Polizeivorsteher – zu **niedergelegt.**

Über die Niederlegung habe ich eine an den Empfänger gerichtete schriftliche Mitteilung – in der bei gewöhnlichen Briefen üblichen Weise abgegeben – an der Tür der Wohnung befestigt – einer in der Nachbarschaft wohnenden Person zur Weitergabe an den Empfänger ausgehändigt.

Da der bezeichnete Empfänger die Annahme verweigerte, habe ich die Schriftstücke am Orte der Zustellung zurückgelassen.

Kostenrechnung: (GVKostG)

Gebühr		DM
Zustellung	§ 16	
Versuchte Zustellung	§ 16	
Beglaubig. Gebühr(S)	§ 16	
Auslagen		
Schreibgeb. (Seiten)	§ 36	
Reisekosten (km)	§ 37	
Wegegeld	§ 38	
Vordrucke	§ 35	
ZU. - Porto	§ 35	
Postnachn.	§ 35	
Telefon	§ 35	
Summe		

R. Nr. 979/73

Den Tag der Zustellung habe ich auf dem übergebenen Schriftstück vermerkt.

6 Frankfurt den 7. Juli 1973

Cramer

~~Ober~~-Gerichtsvollzieher

Gerichtsvollzieher beim Amtsgericht Frankfurt

GG-101

B

Rolf CRAMER
Gerichtsvollzieher
Eing. 02. JULI 1973
DR./M.-Nr. 979/73

Ausfertigung

Geschäftsnummer: B 2 B 1600/73
Bitte bei allen Eingaben angeben!

Kostenberechnung:

Ger.-Geb. f. Mahnverfahr.	DM	Pf
Zustellungskosten	"	"
Vertretergebühr	"	"
Umsatzst./Ausgl.-Betrag	"	"
Postgeb. d. Gläub.	"	"
Auslagen	"	"
Sa	DM	Pf

Zahlungsbefehl

Auf Antrag des/der
Kaufmännischen Angestellten Gerhard A d a m s,
655 Bad Kreuznach, Ringstraße 18,

, Gläubigers — in —

~~vertreten durch~~ XXXXXXXXXX

wird Ihnen — ~~als Gesamt-Schuldner~~ — aufgegeben, innerhalb einer vom Tage der Zustellung dieses Befehls laufenden Frist von — einer Woche — ~~drei Tagen — 24 Stunden~~ — bei Vermeidung sofortiger Zwangsvollstreckung den obenbezeichneten Gläubiger wegen des fälligen Anspruchs auf Zahlung von 756 DM --- Pf — in Worten: siebenhundertsechsundfünfzig Deutsche Mark — nebst den geforderten Zinsen zu 8 1/2 % — seit dem 18. Mai 1973 (wegen Inanspruchnahme von Bankkredit) ~~wegen~~ ~~für~~ als Schadensersatz für den durch Sie am 18. Mai 1973 verursachten Auffahrunfall (vgl. Rechnung des Autohauses von Hoff vom 23. Mai 1973)

~~DM außergerichtliche Mahnauslagen~~

sowie wegen der Kosten des Verfahrens mit 17 DM 50 Pf zu befriedigen oder, wenn Sie Einwendungen gegen den Anspruch haben, bei dem unterzeichneten Gericht, Zimmer Nr. — Widerspruch zu erheben.

~~Nach der Behauptung des Gläubigers ist als Erfüllungsort/Gerichtsstand vereinbart~~

655 Bad Kreuznach, den 19. Juni 1973

Amtsgericht

(gez.) Bauer, Rechtspfleger
Rechtspfleger

~~Eheleute~~ ~~Firma~~ Herrn ~~Frau~~ Kaufmann
Willi Bechthold
in 6 Frankfurt/Main
Mainzer Straße 208

Beglaubigt:

Just.Angest.
als Urkundsbeamter der Geschäftsstelle des Amtsgerichts

Gerichtsvollzieher beim Amtsgericht 2 Frankfurt/Main

B ....

Antragsgemäß
~~— Gläubiger — Vertreter —~~

....

mxmxm
— zur Zustellung — und Pfändung —
— die Geschäftsstelle des Amtsgerichts

6 Frankfurt

mit dem Ersuchen um Vermittlung der Zustellung — und Pfändung —

Bad Kreuznach, den 29.6.73

Geschäftsstelle des Amtsgerichts:

Mais

Justizangestellter

DR ....

Gebühren:

1. Gebühr für - versuchte - Zustellung (§ 16 Abs. ..... GV-KostG) . . . . DM ..... Pf
2. Beglaubigungsgebühr für ..... Seiten (§ 16 Abs. 7 GV-KostG) . . . . DM ..... Pf
3. Schreibgebühr für ..... Seiten (§ 35 Abs. 1 Nr. 1, § 36 GVKostG) . . . . DM ..... Pf
4. Reisekostenpauschbetrag - Wegegeld - (§ 37—38 GVKostG) .... DM ..... Pf
5. Auslagen für Vordrucke (§ 35 Abs. 1 Nr. 2 GVKostG) . ... DM ..... Pf
6. Postgebühren (§ 35 Abs. 1 Nr. 3 GV-KostG) . . . . DM ..... Pf
7. Kosten der Postnachnahme (§ 35 Abs. 1 Nr. 3 GV-KostG) . . . . DM ..... Pf

.... DM ..... Pf

Sa. .... DM ..... Pf

Vollstreckungsbefehl

Der umstehende dem Schuldner am ~~21. Juni 1973~~
zugestellte Zahlungsbefehl wird in Höhe der darin angegebenen Beträge

mxmxmxm mxmxmxmxmxmxmxmxmxmxmxmxmxm
~~sowie wegen ..... DM ..... Pf Postgebühren des Gläubigers~~
~~..... DM ..... Pf Vertretergebühr mit Umsatzsteuer / Ausgleichsbetrag für Gesuch um Vollstreckungsbefehl ..... nebst ..... Zinsen aus den vorstehenden und ..... den umseitig berechneten Kosten seit .....~~
— hiermit für vorläufig vollstreckbar erklärt.

~~Der Vertreter des Gläubigers ist zum Geldempfang bevollmächtigt.~~

Bad Kreuznach ...., den 29. Juni 1973.

Amtsgericht

(gez.) Bauer ....
Rechtspfleger

Für den Gleichlaut der Ausfertigung mit der Urschrift

Bad Kreuznach ...., den 29. Juni 1973

Der Urkundsbeamte der Geschäftsstelle
des Amtsgerichts

Mais Justizangestellter

Amtsgericht ... Bad Kreuznach

Zustellungsurkunde

Beglaubigte Abschrift vorstehenden Zahlungs- und Vollstreckungsbefehls — und dieser Zustellungsurkunde — habe ich heute hier im Auftrage des im vorbezeichneten Schriftstück bezeichneten Gläubigerteils ....

....

zum Zwecke der Zustellung an ....

....

.... übergeben.

in einem mit meinem Dienstsiegel verschlossenen mit der Geschäfts-Nr. DR Nr. .... bezeichneten und mit folgender Adresse: An

....

versehenen Briefumschlag zum Zwecke der Zustellung an den bezeichneten Empfänger der Postanstalt hier mit dem Ersuchen übergeben, die Zustellung einem Postboten des Bestimmungsortes aufzutragen Den Namen meines Auftraggebers habe ich auf dem für den bezeichneten Empfänger bestimmten Schriftstück vermerkt

...................., den ....

Gerichtsvollzieher beim Amtsgericht ....

D1

Rolf Cramer
Gerichtsvollzieher
6000 Frankfurt/Main
-.-.-.-.-.-.-.-.-.-.-
Hanauer Landstrasse 123

Vermerk

Fkft., den 2.Juli 19 73

Auftrag zur Zwangsvollstreckung und gleichzeitiger Zustellung – [redacted] – ist durch Vermittlung der Geschäftsstelle eingegangen.

.-.-. Anlagen ______ Cramer
Gerichtsvollzieher

Pfändungsprotokoll

Gleichzeitige Vollstreckung mit DR -.-.

6000 Frankfurt, den 7. Juli 1973

In Sachen de s

- vertr. durch

Herrn
Gerhard A d a m s
kaufm.Angestellter
655 Bad Kreuznach
-.-.-.-.-.-.-.-.-.-.-.
Ringstrasse 18

Gläubiger

habe ich mich heute 16 [Uhrzeit handschriftlich] Uhr auf Grund der vollstreckbaren Ausfertigung d. s ~~Vorbehalts~~ dem Schuldner -heute -xxxx zugestellten ~~Vollstreckungsbescheids~~ - Zahlungs- u. Vollstreckungsbefehls

des Amts- – ~~Arbeits~~- – xxxx-Gerichts in 655 Bad Kreuznach
Aktenz. 2 B 1600 /73 vom
19.Juni / 29.Juni 1973

in die Wohnung - ~~die Geschäftsräume~~ - de s Schuldner s

Herrn
Willi Bechtold
Kaufmann
6000 Frankfurt/Main
-.-.-.-.-.-.-.-.-.-.-
Mainzer Strasse 208

Kostenrechnung nach dem GVKostG

Wertgegenstand: 8.9.20,— DM

		DM	Pf
I. Gebühren für			
1. persönliche Zustellung	§ 16[1]	1	50
2. versuchte Zustellung (Rückn.)	§ 16[4]		
3. Zustellung durch die Post	§ 18[1]		
4. Beglaubigung (S.)	§ 16[7]		
5. Rücknahme vor Antritt	§ 16[8]		
6. Hebegebühr (DM)	§ 27		
7. Einstellung an Ort u. Stelle	§ 20[3]		
8. Pfändung (– Std.)	§ 17[1]	10	–
9. erfolglose Pfändung (Std.)	§ 17[4]		
II. Bare Auslagen			
1. Abschr. des Schuldtitels (3 S.)	§ 36[1]	2	–
2. Abschrift des Protokolls (S.)	§ 36[1]		
a) Gläubiger (– S.)			
b) Schuldner (4 S.)		4	–
3. Hinterlegungsanzeige (S.)	§ 36[1]		
4. Reisekosten – Pauschbetrag (km)	§ 37		
5. Wegegeld 27	§ 38	2	00
6. Postgeb. für Protokollabschr.	§ 35	–	60
7. Postgebühr für Mitteilung	§ 35		
8. Postgebühr für Geldsendung	§ 35		
9. Postgebühr für Zustellung	§ 35		
10. Vordrucke (2 Stück)	§ 35	0	60
11. Fernsprechgebühren	§ 35		
12. Nachnahme (Brief- und Vorzeigegebühr	§ 35	1	50
13.			
zusammen		22	60
Postgebühr für Nachnahmebetrag		–	50
Summe		23	10

KB II Nr. 1821

begeben, um

a) Haupt- – ~~Teilzins~~ ~~Rest~~ – Forderung	756	DM 00	Pf
nebst Zinsen 8,5 v. H. 756,- DM von 18.5. bis 7.7.73	8	DM 98	Pf
..... v. H. ...... DM von ...... bis		DM	Pf
b) Wechselkosten		DM	Pf
c) Kosten des Zahlungsbefehls – Vollstreckungsbef.	17	DM 50	Pf
d) sonstige Zwangsvollstreckungsk. de Gläubiger		DM	Pf
e) Kosten d. Prozeßbevollmächtigten f. d. Auftrag (einschl. Umsatzsteuer)		DM	Pf
zusammen	782	DM 48	Pf
abzüglich am ...... gezahlter		DM	Pf
		DM	Pf

sowie die weiteren Kosten der Zwangsvollstreckung und Zinsen bis zum Zahlungstage im Wege der Zwangsvollstreckung einzuziehen.

~~Der – Die – Schuldner ist sind unter der angegebenen Anschrift nicht zu ermitteln – unbekannt wohin – nach – verzogen und hat – haben – Pfandstücke nicht zurückgelassen.~~

Sch. nicht angetroffen am: 5.Juli 73

~~Gerichtsvollzieher~~

VT. 5/8.73

1. Diese Abschrift erhalten Sie zur gefl. Kenntnisnahme. Obige Gebühren und Auslagen erhebe ich hiermit durch Nachnahme.
2. Falls die Sache bis am ...... bei mir nicht erledigt oder Stundung nachgewiesen ist, entstehen weitere Kosten.

, den ......

Gerichtsvollzieher

Vfg. Es enthält:

1. Auftraggeber - ~~Gläubiger~~ - Mitteilg. - ~~Abschrift~~ über erfolgte Zw. V. ~~mit Schuldtitel~~ – ~~mit Anlagen~~ unter Erhebung der Gebühren durch Nachnahme. | gef. ab:
2. Schuldner ~~Mitteilung~~ – Abschrift –

Fkft., den 9.Juli 1973

Cramer
Gerichtsvollzieher

DR II 979/73

(Es wird gebeten, bei Anfragen die vorstehende DR. Nr. anzugeben.)

GFV GmbH Wanne-Eickel Nr. 178 b

Abwesenheit des Schuldners usw.

Da ich – weder d........ Schuldner........ noch eine zur Familie de..... Schuldner........ gehörige oder in dieser Familie angestellte erwachsene Person antraf, – die Wohnung – das Geschäftslokal – verschlossen vorfand – Widerstand – leistete – androhte –, habe ich zwei erwachsene Personen, nämlich

1. .... 2. ....

als Zeugen hinzugezogen und die Wohnung – das Geschäftslokal – durch den Schlosser .... öffnen lassen.

Zahlungs-Aufforderung

Ich habe d.ie.. Schuldner........ – ~~Firmeninhaber – Geschäftsführer – Vorsteher~~ – selbst – nicht –, sondern d.ie... Ehegatte... ~~Angestellte – Sohn – Tochter – Vater – Mutter – Vermieter~~ ....

....

angetroffen, ~~ihn~~ – sie – mit dem Zwecke meines Erscheinens bekannt gemacht und aufgefordert, zur Vermeidung sofortiger Pfändung den vorseitig berechneten Betrag sowie die Gebühren und Auslagen zu zahlen.

Zahlungsnachweis

Hierauf hat er – sie – Quittung – Postschein – Zahlkartenabschnitt – Posteinlieferungsbuch – Lastschriftzettel des Postscheckamts .... vorgelegt, wonach am ....

.... DM .... Pf an d........................

.... gezahlt sind – zur Auszahlung an d...... Gläubiger........ bei der Postanstalt

Zahlung

zu .... auf Postanweisung – Zahlkarte – eingezahlt sind – und den Rest – die angegebene – Teil – Forderung – von .... DM .... Pf

sowie die Gebühren und Auslagen mit ....

zusammen .... DM .... Pf

an mich gezahlt.

....

....

....

Gem. § 775 Ziffer 4, 5 ZPO habe ich die Vollstreckung – insoweit – einstweilen eingestellt.

Vorgelesen, – Zur Durchsicht vorgelegt, – genehmigt und unterschrieben.

....

...., Gerichtsvollzieher

Ausbleiben der Zahlung

D.ie.. Angetroffene erklärte, ...

zur – ~~weiteren~~ – Zahlung außerstande zu sein. Nunmehr forderte ich ~~ihn~~ – sie – auf, mir zum Zwecke der Pfändung ~~seine – ihre~~ – d.es... Schuldners..... bewegliche Habe zunächst die entbehrlichsten Sachen, vorzuzeigen, sowie alle Räumlichkeiten und Behältnisse, soweit erforderlich, zu öffnen.

Pfändung

Sodann habe ich .... ~~DM bzw. Geld sowie~~ d.ie... in dem nachstehenden Verzeichnis aufgeführten Gegenstand.e.... für ~~alle~~ Gläubiger ~~gleichzeitig~~ – ~~im Anschluß~~ – gepfändet, – ~~nachgepfändet~~ – indem ich ~~ihn~~ – sie – in Besitz genommen habe.

Den Wert de.r... gepfändeten Gegenstand.e.... habe ich nach § 813 ZPO geschätzt.

Auf Befragen erklärte d.ie.. Angetroffene, daß d.ie.. gepfändete.n.... Gegenstand.e.... ~~seiner~~ – ihres – Wissens durch andere Vollstreckungsbeamte nicht gepfändet sei.en....

D.ie.. Pfandstück.e.. Nr. ..1-2.... habe ich gemäß § 808 Abs. 2 ZPO im Gewahrsame de.s.... Schuldner.s.... belassen, weil hierdurch die Befriedigung d.es... Gläubiger.s.... nicht gefährdet wird.

~~D...... Pfandstück...... Nr. .... habe ich sogleich in meine Verwahrung genommen.~~

D........ Pfandstück........ Nr. .... habe ich alsbald nach .... dem Pfandlokal geschafft, weil ....

....

und daher der weitere Gewahrsam de........ Schuldner........ die Befriedigung de........ Gläubiger........ gefährden könnte.

Pfandzeichen

Die Pfändung d.er.. Gegenstand.e.... Nr. ....1 - 2........ habe ich je durch Anlegung einer Siegelmarke ersichtlich gemacht.

Pfandanzeige

Da sich wegen der Beschaffenheit de........ Pfandstücke........ Nr. .... ein Pfandzeichen – nicht anlegen ließ – nicht ausreichte – um die Pfändung erkennbar zu machen, habe ich – d........ Pfandstück........ von anderen Sachen getrennt und – an dem Orte, an dem sich d........ Pfandstück........ befinde........, nämlich ....

........................, eine mit meiner Unterschrift und meinem – Dienststempel – versehene Pfandanzeige des aus der Anlage ersichtlichen Inhalts an einer für jeden leicht sichtbaren Stelle, nämlich an ....

.... befestigt.

D2

Anschlußpfändung

D...... – weiteren – Gegenstand...... – zu Nr. .... des Verzeichnisses ist – sind bereits – von – mir – dem Ober-Gerichtsvollzieher .... in ....
nach Angabe de...... Angetroffenen – und nach den vorhandenen Pfandzeichen –
1. für .... am .... wegen .... DM (D.-R. Nr. ....)
2. „ .... „ .... „ .... „ („ ....)
3. „ .... „ .... „ .... „ („ ....)
4. „ .... „ .... „ .... „ („ ....)
5. „ .... „ .... „ .... „ („ ....)
gepfändet. Ich habe ihn – sie – daher anschlußweise für meine...... Auftraggeber...... gleichfalls heute um ...... Uhr gepfändet – und dies d...... Angetroffenen mitgeteilt. Ferner habe ich darauf hingewiesen, daß soweit im Anschluß gepfändet ist, der Auftrag auf den erstpfändenden Gerichtsvollzieher übergeht.

Versteigerungstermin

Zur öffentlichen Versteigerung der Pfandstücke habe ich Termin – angesetzt auf – ....
Donnerstag, **den** 9. Aug. 1973, 13^{00} **Uhr,** ....
im Versteigerungslokal, ~~hier~~, Eschborner Weg 14 .... **~~an Ort und Stelle~~ –**
~~gemäß § 142 GVGA nicht angesetzt, weil~~ ....
....
~~Wegen der Verpfändung steht bereits am~~ .... **– ~~am gleichen Tage – Versteigerungstermin an.~~**

Mitteilung an den Schuldner

Den Angetroffenen habe ich mitgeteilt, daß der Besitz der Pfandstücke...... auf mich übergegangen ist, und daß deshalb ~~er~~ – sie – sowie jeder andere zur Vermeidung der gesetzlichen Strafen jede Störung oder Entziehung des Besitzes, wie die Veräußerung, die Wegschaffung oder den Verbrauch der gepfändeten Sachen, desgleichen auch jede Beschädigung oder Zerstörung der Pfandzeichen zu unterlassen habe.

Da der Schuldner...... die Bewilligung von Zahlungsfristen unter Aussetzung der Verwertung der gepfändeten Sache(n) – beantragen will, wurde ~~er~~ – sie – belehrt, daß der Antrag binnen 2 Wochen nach der Pfändung in doppelter Ausfertigung unter Beifügung einer Abschrift des Pfändungsprotokolls beim Vollstreckungsgericht einzureichen sei und ein verspäteter Antrag ohne rechtliche Prüfung zurückgewiesen werden könne.

Ich habe – ~~ihm~~ – ihr – ferner mitgeteilt, daß ich die öffentliche Bekanntmachung des Versteigerungstermins – und die Abholung der Pfandstücke – veranlassen werde, falls die Angelegenheit nicht spätestens drei Tage vor dem Versteigerungstermin durch Zahlung oder in anderer Weise geregelt werde.

D...... Schuldner...... ha...... die kostenfreie Fütterung und Pflege de...... gepfändeten Tiere...... übernommen; dafür habe ich ih...... die gewöhnliche Nutzung d...... Tiere überlassen. Ich habe – ihn – sie – angewiesen, eine Erkrankung d...... Tiere...... und eine etwa erforderliche Notschlachtung mir sofort anzuzeigen.

Anspruch Dritter

D...... Angetroffene...... erklärte...... auf Befragen, daß d...... Pfandstück...... Nr. .... Eigentum des – der – .... sei.

Ich habe ihn – sie – darauf hingewiesen, daß d...... Eigentümer...... der Pfandsache...... sich wegen ihrer Freigabe an d...... Gläubiger......, nötigenfalls an das Gericht wenden und daß ich das Vollstreckungsverfahren einstweilen fortsetzen müsse.

Erfolglose Pfändung

Bei der Durchsuchung der Wohnung – des Geschäftslokals – und Behältnisse d...... Schuldner...... habe ich, abgesehen von den für – ihn – sie – und seine(r) – ihre(r) – aus ...... Personen bestehende(n) Familie – notwendigen Kleidungs- und Wäschestücken, – sonst noch – nichts – nur – vorgefunden, aber nicht gepfändet:

I. a) an Haus- und Küchengeräten, insbesondere: ...... Kleiderschrank......, ... Wäscheschrank......, ... Tisch......, ... Stühle, ... Kommode......, ... Bettstellen, ... Betten, ... Uhr......, ... Spiegel, ... Radio......, ... Nähmaschine......, ... Ruhebett......, ... Waschtoilette......, ... Küchenschrank, ... Küchenanrichte, ... Küchenstühle, ... Heizofen, ... Küchenherd, ... Küchentisch, notwendiges Geschirr, ...
....

b) an Gegenständen zur persönlichen Fortsetzung der Erwerbstätigkeit d...... Schuldner...... als .... insbesondere: ....
....

c) an Vorräten und Vieh: ....
....
....

weil sämtliche vorhandenen Gegenstände usw. für d...... Schuldner...... und .... Familie unentbehrlich sind (§ 811 ZPO), insbesondere auch zu I c ein größerer als der im Gesetze (§ 811 Nr. 2, 3, 4 ZPO) bezeichnete Bestand nicht vorhanden ist.

II. folgende zum gewöhnlichen Hausrat gehörende und im Haushalt gebrauchte Gegenstände: ....
....

weil deren Verwertung keinen Überschuß über die Kosten der Zwangsvollstreckung (§ 803 Abs. 2 ZPO) oder nur einen Erlös ergeben würde, der zu dem Werte außer allem Verhältnisse steht (§ 812 ZPO).

III. ....
....
....
....

Ich ermittelte, daß Schuldner...... keinen eigenen Hausstand ha......, sondern in der Wohnung – seiner – ihrer – Eltern .... wohn......, ein...... möblierte...... Wohnung – Zimmer – bei .... – inneha...... und darin nur die notwendigen Kleidungs- und Wäschestücke besitz......

Die Zwangsvollstreckung war hiernach – teilweise – ohne Erfolg.

D...... Schuldner...... – Gläubiger...... – erklärte: Ich – Wir – beantrage...... die Erteilung einer ...... Abschrift...... dieses Protokolls – auf meine – unsere – Kosten. Mir – Uns – ist bekannt, daß sich die Vollstreckungskosten hierdurch um .... DM erhöhen. Vorgelesen, – Zur Durchsicht vorgelegt, – genehmigt und unterschrieben.

....

....

Gerichtsvollzieher

Nachricht an den abwesenden Schuldner

Von der Vollstreckungshandlung werde – ~~habe~~ – ich den Schuldner...... – ~~mündlich~~ – schriftlich – durch Übersendung einer Abschrift dieses Protokolls – in Kenntnis setzen – gesetzt.

Die ~~Wohnung – Das Geschäftslokal – wurde wieder verschlossen.~~

Cramer, W.

Nr.	Anzahl	Verzeichnis der Gegenstände	Bewertung: Gewöhnl. Verkaufswert DM	Bewertung: Voraussichtlicher Erlös DM	Nr.	Anzahl	Verzeichnis der Gegenstände	Bewertung: Gewöhnl. Verkaufswert DM	Bewertung: Voraussichtlicher Erlös DM
1	1	Farbfernsehgerät "Grundig"	1400,–	700,–					
2	1	Sideboard "Eiche"	–	–					
		2,40 m. Breit	300,–	150					
			1700,–	850,–					

~~Vorgelesen~~, – Zur Durchsicht vorgelegt, – genehmigt und unterschrieben.
~~D... Angetroffene verweigerte die Unterschrift ohne Angabe eines Grundes.~~

.... M. Bechtold ....

Gerichtsvollzieher

Cramer ......, Gerichtsvollzieher in Ffm.

Niederschrift über erfolgte Zahlung

.............................., den .... 19......

Schuldner...... zahlte in meinem Geschäftslokal – nach versuchter Pfandabholung – an Ort und Stelle – durch ....

Kostenberechnung
(nach dem GVKostG)

Wert: .... DM

	DM	Pf
Gebühr § 19	......	......
Gebühr § 27	"	"
Gebühr § 21	"	"
Porto für Geldsendung	"	"
Porto für Nachricht	"	"
Insertion s. D. R.	"	"
Transportversuch	"	"
Pfandlokalmiete	"	"
Fernsprecher	"	"
Reisekosten (......km), Wegegeld	"	"
Vordrucke	"	"
	...... DM	...... Pf

1. Haupt-Teil-Forderung einschl. Zinsen und Kosten laut Pfändungsprotokoll, Bl. .... DM ...... Pf
2. weitere Zinsen von ...... DM vom .... bis heute ...... " ...... "
3. Pfändungskosten-Bl. .... " ...... "
4. weitere Vollstreckungskosten laut Akten-Bl. .... " ...... "

zusammen .... DM ...... Pf

5. die unten berechneten Zwangsvollstreckungskosten mit ...... " ...... "

zusammen .... DM ...... Pf

D...... Pfandstück...... ist – sind – freigegeben mit der ausdrücklichen Ermächtigung zur Entfernung d...... Pfandzeich...... – nicht freigegeben, weil weitere Pfändung besteht.

....

Gerichtsvollzieher

Vfg.

1. Geldablieferung:
   a) an Gläubiger .... DM
   b) an Vertreter .... DM
2. Pfändung aufgehoben
3. Nachricht der Parteien
4. Titel — Wechsel — Scheck — an Schuldner übersenden

....

Gerichtsvollzieher

Rolf Cramer
Gerichtsvollzieher
6ooo Frankfurt/Main
Hanauer Landstrasse 123

Tag
9.Juli 1973

DR II 979/73
Bitte bei allen Schreiben und Zahlungen angeben

Herrn

Gerhard Adams
kaufm.Angestellter
655 Bad Kreuznach
-.-.-.-.-.-.-.-.-.-.
Ringstrasse 18

Ihr Zeichen
ohne

Ihr Schreiben vom

In der Zwangsvollstreckungssache

eigene gegen Willi Bechtold

habe ich am 7.7.73 beim Schuldner [redacted]/ mehrere Gegenstände

im Schätzwert von etwa 1700.- DM — [redacted] für

Sie [redacted] — gepfändet. — [redacted]

[redacted]

Termin zur Versteigerung steht an am 9.Aug.73 um 13,00 Uhr

[redacted]im Versteigerungslokal 6oo Fkft.,Eschborner Weg 15

Eine Abschrift des Pfändungsprotokolls erhalten Sie nur auf besonderen Antrag; ich muß dafür eine Schreibgebühr von 4,00 DM erheben. Die umseitig berechneten Kosten im Betrage von 23,1o DM — erlaube ich mir, durch Nachnahme / [redacted] zu erheben. — [redacted]

Cramer
Ober-Gerichtsvollzieher

Kölnische Verlagsdruckerei GmbH. GV 54 Mitteilung an Gläubiger über Pfändung (1. 64)

Bitte wenden!

Vorderseite

E

Kostenrechnung

Wert: bis 900,- DM

	GVKostG		
1. Zustellung	§ 16 Abs. 2	1,5o	DM
2. Beglaubigung (...... Seiten)	§ 16 Abs. 7		DM
3. Pfändung (...... Stunden)	§ 17 Abs. 1,3	1o,oo	DM
4. Schreibgebühren (6 Seiten)	§ 36	6,oo	DM
5. Reisekostenpauschbetrag (...... km)	§ 37		DM
6. Wegegeld 2.x	§ 38	2,oo	DM
7. Vordruckpauschsatz	§ 35	o,6o	DM
8. Porto, Fernsprechgebühren	§ 35	o,6o	DM
9. Zeugen und Sachverständige	§ 35		DM
10. Transportkosten	§ 35		DM
11. Arbeitshilfe	§ 35		DM
12. Benutzung von eigenen Beförderungsmitteln			
a) für ...... Personen (...... km)	§ 35		DM
b) für Sachen	§ 35		DM
13.			DM
14. Nachnahmeporto		2,4o	DM
Zusammen:		23,1o	DM

Rückseite

F

Absender:

Rolf CRAMER
Gerichtsvollzieher
6ooo Frankfurt/Main
Hanauer Landstr.123

DR. II NR. 979/73

In Sachen

Adams

ca.

Bechtold

Nr.____
Nachnahme
Remboursement

Nachnahme --23-- **DM** 1p **Pf**

Postscheckdienstkonto Nr. 7o 585

Postscheckamt Ffm.

GV-Formularvertrieb Nr. 403 ohne Namen
Nr. 404 mit Namen

G

Rolf Cramer
Gerichtsvollzieher
6000 Frankfurt/Main
Hanauer Landstrasse 123

Vermerk
Fkft., den 2. Juli 19 73
Auftrag zur Zwangsvollstreckung und gleichzeitiger Zustellung – ist durch Vermittlung der Geschäftsstelle eingegangen.
m. Anlagen
Cramer
Gerichtsvollzieher

Pfändungsprotokoll

Gleichzeitige Vollstreckung mit DR -.-.

6000 Frankfurt, den 7. Juli 1973

In Sachen des

– vertr. durch

Herrn
Gerhard A d a m s
kaufm. Angestellter
655 Bad Kreuznach
Ringstrasse 18

Gläubiger

habe ich mich heute 16[15] Uhr auf Grund der vollstreckbaren Ausfertigung des ~~Vertrages~~ dem Schuldner heute ~~xxx~~ zugestellten ~~Urteils / Vergleichs~~ – Zahlungs- u. Vollstreckungsbefehls

des Amts- – ~~Arbeits~~ – ~~xxxx~~-Gerichts in 655 Bad Kreuznach
Aktenz. 2 B 1600 /73 vom
19. Juni / 29. Juni 1973

in die Wohnung – ~~das Geschäftslokal~~ – des Schuldners

Herrn
Willi Bechtold
Kaufmann
6000 Frankfurt/Main
Mainzer Strasse 208

KB II Nr. 1621

begeben, um

a) Haupt- – ~~Teil-~~ ~~Rest~~ – Forderung			756	DM 00	Pf
nebst Zinsen					
8,5 v. H. 756,- DM von 18.5. bis 7.7.73			8	DM 98	Pf
... v. H. ... DM von ... bis ...				DM	Pf
b) Wechselkosten				DM	Pf
c) Kosten des Zahlungsbefehls – Vollstreckungsbef.			17	DM 50	Pf
d) sonstige Zwangsvollstreckungsk. de Gläubiger				DM	Pf
e) Kosten d. Prozeßbevollmächtigten f. d. Auftrag (einschl. Umsatzsteuer)				DM	Pf
zusammen			782	DM 48	Pf
abzüglich am ... gezahlter				DM	Pf
				DM	Pf

sowie die weiteren Kosten der Zwangsvollstreckung und Zinsen bis zum Zahlungstage im Wege der Zwangsvollstreckung einzuziehen.

~~Der – Die – Schuldner – ist – sind – unter der angegebenen Anschrift nicht zu ermitteln – unbekannt wohin – nach – verzogen und hat – haben – Pfandstücke nicht zurückgelassen.~~

Sch. nicht angetroffen am: 5. Juli ~~Gerichtsvollzieher~~

VT. 9/8.73

Kostenrechnung nach dem GVKostG

Wertgegenstand: ca. 920.– DM

I. Gebühren für		DM	Pf
1. persönliche Zustellung	§ 16[3]	1	50
2. versuchte Zustellung (Rückn.)	§ 16[4,5]		
3. Zustellung durch die Post	§ 16[1]		
4. Beglaubigung (S.)	§ 16[7]		
5. Rücknahme vor Antritt	§ 16[8]		
6. Hebegebühr (____ DM)	§ 27		
7. Einstellung an Ort u. Stelle	§ 20[3]		
8. Pfändung (Std.)	§ 17[1,3]	10	–
9. erfolglose Pfändung (Std.)	§ 17[4]		
II. Bare Auslagen			
1. Abschr. des Schuldtitels (3 S.)	§ 36[1]	2	–
2. Abschrift des Protokolls (S.)	§ 36[1]		
a) Gläubiger (– S.)			
b) Schuldner (4 S.)		4	–
3. Hinterlegungsanzeige (S.)	§ 36[3]		
4. Reisekosten – Pauschbetrag (km)	§ 37		
5. Wegegeld 22	§ 38	2	00
6. Postgeb. für Protokollabschr.	§ 35	–	60
7. Postgebühr für Mitteilung	§ 35		
8. Postgebühr für Geldsendung	§ 35		
9. Postgebühr für Zustellung	§ 35		
10. Vordrucke (2 Stück)	§ 35	0	60
11. Fernsprechgebühren	§ 35		
12. Nachnahme (Brief- und Vorzeigegebühr)	§ 35	1	90
13.			
zusammen		22	60
Postgebühr für Nachnahmebetrag		–	50
Summe		23	10

1. Diese Abschrift erhalten Sie zur gefl. Kenntnisnahme. ~~Obige Gebühren und Auslagen erhebe ich hiermit durch Nachnahme.~~
2. Falls die Sache bis am 2. Aug. 73 bei mir nicht erledigt oder Stundung nachgewiesen ist, entstehen weitere Kosten.

Ffm., den 9. Juli 73
Cramer
Gerichtsvollzieher

Vfg. Es enthält:
1. Auftraggeber - ~~Gläubiger~~ - Mitteilg. - ~~Abschrift~~ über erfolgte Zw. V. ~~mit Schuldtitel~~ – ~~mit Anlagen~~ unter Erhebung der Gebühren durch Nachnahme.
2. Schuldner ~~Mitteilung~~ – Abschrift –

gef. ab:

Fkft., den 9. Juli 1973
Cramer
Gerichtsvollzieher

DR II 979/73
(Es wird gebeten, bei Anfragen die vorstehende DR. Nr. anzugeben.)

GFV GmbH Wanne-Eickel Nr. 170 b

5

Dr.A.Schwarz
Rechtsanwalt

6 Frankfurt/M., den 13. Juli 1973

Briefannahmestelle
Land- u. Amtsgericht
Bad Kreuznach
Eing.: 16. JULI 1973
Anl.: - Abschr.: 1
- DM Kostenmarken

An das
Amtsgericht

Bad Kreuznach

In Sachen

Adams ./. Bechthold

- 2 B 1600/73 -

lege ich namens und in Vollmacht des Schuldners - Vollmacht nachzureichen versprechend - gegen den am 7. Juli 1973 zugestellten Vollstreckungsbefehl des Amtsgerichtes Bad Kreuznach vom 29. Juni 1973

E i n s p r u c h

ein.

Gleichzeitig beantrage ich,

die Zwangsvollstreckung aus dem vorgenannten Vollstreckungsbefehl einstweilen und ohne Sicherheitsleistung einzustellen.

Weiteres Vorbringen und weitere Anträge bleiben ausdrücklich vorbehalten. Der Gläubiger möge seinen Anspruch zunächst begründen.

Dr. Schwarz
Rechtsanwalt

(Bemerkungen zu Bl. 1 bis 5 d. A.)

A. Das Mahnverfahren

1. Die Voraussetzungen des Zahlungsbefehls

104 Der Zahlungsbefehl vom 19. Juni 1973 (Bl. 2 des Aktenfalles – d. A. –) setzte ein vom Gläubiger Adams mündlich oder schriftlich zu stellendes Gesuch an das ohne Rücksicht auf den Streitwert sachlich allein zuständige Amtsgericht voraus (§ 689 Abs. 1 ZPO), und zwar hier an das gemäß § 689 Abs. 2 ZPO in Verbindung mit § 20 StVG bzw. § 32 ZPO örtlich zuständige Amtsgericht Bad Kreuznach, weil sich der Auffahrunfall in Bad Kreuznach ereignet hat.

Das Mahngesuch hatte die in § 690 ZPO genannten Erfordernisse zu enthalten, insbesondere

> die Bezeichnung der Parteien und deren Wohnort und die bestimmte Angabe des Betrages oder Gegenstandes und des Grundes des Anspruchs (die Praxis begnügt sich meist mit zu knappen Angaben, beispielsweise „wegen Warenlieferung").
>
> Üblicherweise werden für das Mahngesuch im Schreibwarenhandel oder bei Gericht erhältliche Vordrucke verwandt, die aus drei Exemplaren bestehen. Das erste Exemplar (hier Bl. 2 d. A.) bleibt als Urschrift in den Gerichtsakten, das dritte Exemplar (hier Bl. A 2) dient der Zustellung an den Schuldner und das zweite Exemplar (hier Bl. B) ist für die Ausfertigung des Vollstreckungsbefehls bestimmt, falls ein solcher erlassen wird.

105 Vor dem Erlaß des beantragten Zahlungsbefehls hatte der funktionell zuständige Rechtspfleger (vgl. oben Randz. 15) zu prüfen, ob

a) die allgemeinen Prozeßvoraussetzungen vorlagen

> – insbesondere Partei- und Prozeßfähigkeit, Zulässigkeit des Rechtsweges, örtliche Zuständigkeit (vgl. dazu *Herbst* u. *Vollkommer* in Rpfleger 1974, 246/249), gesetzliche Vertretung, nicht jedoch (wenn das Gesuch von einem Anwalt gestellt worden wäre) das Vorliegen einer Vollmacht, § 703 ZPO –

b) das Mahnverfahren nach § 688 ZPO zulässig ist

> (ob also ein Anspruch auf Zahlung einer bestimmten Geldsumme erhoben wird oder die Leistung einer bestimmten Menge anderer vertretbarer Sachen oder Wertpapiere verlangt wird, der geltend gemachte Anspruch nicht von einer noch nicht erfolgten Gegenleistung abhängt und die Zustellung im Inland ohne öffentliche Zustellung erfolgen kann),

c) das Vorbringen den geltend gemachten Anspruch einschließlich der Nebenforderungen rechtfertigt (Schlüssigkeitsprüfung, § 690 Z. 3 ZPO),

d) der Gebührenvorschuß nach §§ 111 Abs. 2, 38 Abs. 1, 92 Z. 2 GKG gezahlt worden ist.

Die vorgenannten Voraussetzungen dürften hier vorgelegen haben. Der Gebührenvorschuß, den der Kostenbeamte errechnet hatte (vgl. Bl. 1 d. A., links oben), ist in Kostenmarken eingezahlt worden. (Seit 1. Juli 1974 betragen die Zustellungskosten 3,– DM.)

Wenn eine der vorgenannten Voraussetzungen nicht vorgelegen hätte, wäre vom Rechtspfleger das Mahngesuch nach § 691 ZPO zurückzuweisen gewesen; es sei denn, der festgestellte Mangel wäre behebbar gewesen (dann entsprechender Hinweis an den Gläubiger).

Die Zurückweisung ist entgegen § 691 Abs. 3 ZPO anfechtbar, und zwar mit der Rechtspflegererinnerung, § 11 RPflG. Über sie hat gemäß § 11 Abs. 2 S. 2 RPflG der Amtsrichter zu entscheiden. Dessen Entscheidung ist nach § 691 Abs. 3 ZPO unanfechtbar.

Rechtliches Gehör war dem Schuldner Bechthold vor Erlaß des Zahlungsbefehls nicht zu gewähren gewesen, § 702 ZPO.

106 Der vom Rechtspfleger auf das Gesuch des Gläubigers Adams zu erlassende Zahlungsbefehl mußte außer den notwendigen Erfordernissen des Mahngesuchs auch noch den von § 692 ZPO vorgeschriebenen Inhalt haben,

also einen Leistungsbefehl an den Schuldner enthalten,

eine bestimmte Widerspruchsfrist (die hier nach §§ 692, 499 Abs. 1 ZPO richtig mit einer Woche angegeben worden ist) nennen

und vom Rechtspfleger unterschrieben sein.

Dem Schuldner steht gegen den vom Rechtspfleger erlassenen Zahlungsbefehl nicht etwa die Rechtspflegererinnerung nach § 11 RPflG zu, sondern nur der Widerspruch.

Nach dem Erlaß des Zahlungsbefehls hatte der Rechtspfleger ferner dessen Zustellung an den Schuldner zu verfügen.

Die entsprechende Verfügung des Rechtspflegers befindet sich auf Bl. 1 d. A., links unten.

Für die **Bewirkung der Zustellung**, die nach § 693 Abs. 1 ZPO von Amts wegen zu erfolgen hatte, hatte die Geschäftsstelle Sorge zu tragen, vgl. dazu oben Randz. 39. Deren Aufgabe war es zuvor, das Aktenzeichen des Mahnverfahrens (hier 2 B 1600/73) auf dem Zahlungsbefehl zu vermerken.

In Mahnsachen wird das Aktenzeichen nach § 12 Abs. 1 AktO aus dem Registerbuchstaben B, der jahrgangsweise fortlaufenden Nummer des Verfahrens und der Jahreszahl gebildet, nötigenfalls unter Voranstellung der Abteilungsnummer der Geschäftsstelle (hier: 2).

Ein Register kann, muß jedoch in Mahnsachen nicht geführt werden, § 12 Abs. 1 AktO. Regelmäßig werden die Mahnsachen in eine besondere Hülle genommen, die je 50 Mahnsachen enthält, und – der Reihenfolge nach – in Aktenfächern aufbewahrt (vgl. dazu auch *Baumbach-Lauterbach*, Vorbem. 3 vor § 688).

107 Wie hat nun die Geschäftsstelle entsprechend § 209 ZPO „für die Bewirkung der Zustellung . . . Sorge" getragen?

Sie hat dem Schuldner Bechthold gemäß §§ 210, 170 ZPO eine beglaubigte Abschrift des Zahlungsbefehls zugestellt, vgl. Bl. A 2. Daß sie sich dabei gemäß § 211 ZPO der Post bediente, ergibt sich schon aus den Ausführungsvermerken („Abvermerken") auf Bl. 1 d. A., rechte Hälfte.

Aufgabe des Postbediensteten bei der Zustellung war es, dem Schuldner Bechthold bzw. – da er den nicht angetroffen hat – im Wege der Ersatzzustellung der Ehefrau des Schuldners (vgl. Bl. 3 d. A.) den verschlossenen Brief Bl. A 1, der die beglaubigte Abschrift des Zahlungsbefehls (Bl. A 2) enthielt, auszuhändigen. Auf der „Sendung" hatte er gemäß § 212 Abs. 2 ZPO zuvor das Zustellungsdatum zu vermerken (vgl. Bl. A 1; die mit Buchstaben bezeichneten Blätter dieses Aktenfalles sind sämtlich keine regelmäßigen Bestandteile der Gerichtsakten; es sind vielmehr die den Parteien, Zeugen etc. auszuhändigenden Schriftstücke, die hier zum besseren Verständnis des tatsächlichen Ablaufs eines Zivilprozesses auch vorgestellt werden sollen). Der Postbedienstete hatte ferner nach Maßgabe der §§ 195 Abs. 2, 191 Nr. 1, 3 bis 5, 7 ZPO eine Zustellungsurkunde aufzunehmen und diese dann nach § 212 Abs. 2 ZPO an die Geschäftsstelle des Amtsgerichtes Bad Kreuznach zu „überliefern".

Welche Aufgabe hatte die Geschäftsstelle nach Rückkehr der Zustellungsurkunde?

Die Zustellungsurkunde gelangte am 22. Juni 1973 an das Amtsgericht zurück, vgl. Bl. 3 d. A., oben rechts (der dort befindliche Eingangsstempel ist nicht vorgeschrieben, bei vielen Gerichten jedoch zu Kontrollzwecken üblich).

Nunmehr war gemäß § 693 Abs. 3 ZPO der Gläubiger Adams von der erfolgten Zustellung in Kenntnis zu setzen. Entsprechend Ziffer 2 der Verfügung des Rechtspflegers vom 19. Juni 1973 (vgl. Bl. 1 d. A. unten links) ging diese Benachrichtigung am 25. Juni 1973 heraus (vgl. Bl. 1 d. A. links, Mitte), und zwar mit der Karte Bl. 4 d. A. Rückseite („R“).

2. Die Voraussetzungen des Vollstreckungsbefehls

108 Unter Benutzung der Rückseite der amtsgerichtlichen Benachrichtigung vom 25. Juni 1973, die am 28. Juni 1973 wieder an das Amtsgericht Bad Kreuznach zurückgelangte (vgl. den Eingangsstempel auf Bl. 4 d. A.), beantragte der Gläubiger Adams dann den Erlaß des Vollstreckungsbefehls.

Vor dem Erlaß des Vollstreckungsbefehls hatte der Rechtspfleger, dem gemäß § 26 RPflG auch die in § 699 Abs. 1 S. 2 ZPO genannten Aufgaben des Urkundsbeamten der Geschäftsstelle übertragen worden sind, zunächst zu prüfen, ob

die allgemeinen Prozeßvoraussetzungen und die besonderen Prozeßvoraussetzungen des Mahnverfahrens vorlagen,

Widerspruch noch nicht eingelegt worden war,

die Widerspruchsfrist abgelaufen und der Zahlungsbefehl noch in Kraft war, vgl. § 701 ZPO.
(Hätte ein Rechtsanwalt den Erlaß des Vollstreckungsbefehls beantragt, hätte auch dessen Vollmacht vorliegen müssen, § 703 ZPO.)

Am Tage des Eingangs des Antrages auf Erlaß eines Vollstreckungsbefehls, am 28. Juni 1973, war die Wiederspruchsfrist gegen den am 21. Juni 1973 zugestellten Zahlungsbefehl noch nicht abgelaufen; sie lief vielmehr erst am Eingangstag um 24 Uhr ab, vgl. §§ 222 Abs. 1 ZPO, 187, 188 BGB. Der Rechtspfleger durfte daher zwar noch nicht am Eingangstag, doch – wie geschehen – am 29. Juni 1973 den beantragten Vollstreckungsbefehl erlassen.

109 Wie wäre es gewesen, wenn der Schuldner Bechthold erst nach Ablauf der Widerspruchsfrist, beispielsweise am 29. Juni 1973, Widerspruch eingelegt hätte, der Antrag des Gläubigers Adams, einen Vollstreckungsbefehl zu erlassen, jedoch erst am 2. Juli 1973 beim Amtsgericht Bad Kreuznach eingegangen wäre?

Ein Vollstreckungsbefehl hätte nicht erteilt werden dürfen. Denn nach §§ 694 Abs. 1, 699 Abs. 1 S. 1 ZPO kann der Schuldner auch nach Ablauf der Widerspruchsfrist noch wirksam Widerspruch einlegen, solange der Vollstreckungsbefehl noch nicht erteilt ist.

Einer ausdrücklichen Zurückweisung bedarf im übrigen ein verspätet eingelegter Widerspruch nicht, § 694 Abs. 3 ZPO.

Wie wäre zu verfahren gewesen, wenn der Schuldner Bechthold tatsächlich Widerspruch eingelegt hätte?

Der Gläubiger Adams wäre dann von der Widerspruchseinlegung zu benachrichtigen gewesen, § 694 Abs. 2 ZPO.

Ein Termin zur mündlichen Verhandlung hätte nur bestimmt werden dürfen, wenn dies von einer der Parteien beantragt worden wäre, § 696 Abs. 1 ZPO. Auf Antrag des Gläubigers wäre ein Termin zur mündlichen Verhandlung überdies nur dann zu bestimmen gewesen, wenn er außerdem die zweite Hälfte der Prozeßgebühr eingezahlt gehabt hätte, § 111 Abs. 1 S. 2 GKG (Ausnahme § 111 Abs. 6 GKG).

(Bei nur vom Kläger behaupteter Gerichtsstandsvereinbarung ist nach § 696 a ZPO zu verfahren.)

110 Im vorliegenden Falle Adams ./. Bechthold hat der Schuldner jedoch keinen Widerspruch eingelegt,

auch keinen verspäteten, der nach Erlaß des Vollstreckungsbefehls als Einspruch umzudeuten gewesen wäre,

so daß der Rechtspfleger am 29. Juni 1973 den Vollstreckungsbefehl zu Recht erlassen hat.

Mit dem Erlaß des Vollstreckungsbefehls wurde gemäß § 700 S. 1 HS 2 ZPO der vom Gläubiger geltend gemachte Anspruch rückwirkend ab Zustellung des Zahlungsbefehls rechtshängig.

Wegen der Rechtshängigkeit bei Widerspruchseinlegung vgl. § 696 Abs. 2 ZPO (ab Zustellung des Zahlungsbefehls nur dann, wenn nach Erhebung des Widerspruchs „alsbald" Termin bestimmt wird).

Hätte der Gläubiger übrigens schon mit dem Gesuch um Erlaß des Zahlungsbefehls den Antrag auf Erteilung eines Vollstreckungsbefehls verbinden können?

Diese Frage ist sehr umstritten. Während die Literatur die Anspruchsverbindung überwiegend zuläßt (vgl. die Übersicht bei Barnbeck, NJW 1973 S. 792f.), verlangt die Praxis aus Gründen der Rechtssicherheit (der Schuldner kann ja, ohne daß dies dem Gericht mitgeteilt worden ist, bereits gezahlt haben) und der Geschäftsvereinfachung (Fristenkontrolle!) meist einen besonderen Antrag (vgl. *Zöller-Karch*, § 699 Anm. 1 a).

111 Auf Antrag des Gläubigers Bl. 4 d. A. hat der Rechtspfleger auf Bl. 2 R d. A. verfügt, daß eine Ausfertigung des Vollstreckungsbefehls zur Vermittlung der Zustellung und der Zwangsvollstreckung an die Gerichtsvollzieherverteilungsstelle des Amtsgerichtes Frankfurt/Main zu senden sei.

Der entsprechende Ausführungsvermerk der Kanzlei befindet sich wiederum auf Bl. 1 d. A., rechte Hälfte.

Trotz dieser Anordnung des Rechtspflegers erfolgt die Zustellung des Vollstreckungsbefehls auf Betreiben der Parteien (§§ 166ff. ZPO), vgl. § 699 Abs. 1 S. 4 ZPO. Gemäß §§ 168, 699 Abs. 1 S. 5 ZPO wäre die Zustellung (allerdings nur die) von der Geschäftsstelle auch zu vermitteln gewesen, wenn der Gläubiger Adams keinen besonderen Antrag gestellt hätte.

B. Die Zustellung des Vollstreckungsbefehls und die Zwangsvollstreckung hieraus

1. Die Zustellung des Vollstreckungsbefehls

112 Durch Vermittlung der Geschäftsstelle des Amtsgerichtes Bad Kreuznach und der Gerichtsvollzieherverteilungsstelle des Amtsgerichtes Frankfurt/Main gelangte die Ausfertigung des dem Schuldner zuzustellenden Vollstreckungsbefehls zur Zustellung und Vollstreckung an den zuständigen Gerichtsvollzieher in Frankfurt/Main. Was hatte der nunmehr zu tun?

Gemäß § 170 Abs. 1 und 2 ZPO eine Abschrift der Vollstreckungsbefehls-Ausfertigung herzustellen, die zu beglaubigen und dem Schuldner zuzustellen.

Über die Zustellung hatte der Gerichtsvollzieher gemäß § 190 Abs. 1 ZPO eine Zustellungsurkunde aufzunehmen, die auf die Urschrift der zuzustellenden Ausfertigung oder – wie hier (vgl. Bl. B/C) – auf einen mit ihr zu verbindenden Bogen zu setzen war, § 190 Abs. 2 ZPO. Gemäß § 190 Abs. 3 ZPO hatte auch der Gerichtsvollzieher den Tag der Zustellung auf der zu übergebenden beglaubigten Abschrift der Vollstreckungsbefehls-Ausfertigung zu vermerken (oder dem Schuldner eine beglaubigte Abschrift der Zustellungsurkunde zu erteilen).

Ist der Gerichtsvollzieher nach der erfolgten Zustellung des Vollstreckungsbefehls (wiederum durch Ersatzzustellung an die Ehefrau des Schuldners, § 181 Abs. 1 ZPO) gemäß § 190 Abs. 4 ZPO zur Rücksendung der Zustellungsurkunde an den Gläubiger Adams verpflichtet gewesen?

Nein. Außer zur Zustellung war er hier auch mit der Vollstreckung des Vollstreckungsbefehls beauftragt. Solange die aber noch läuft (vgl. Bl. D 1/D 2), muß der Gerichtsvollzieher im Besitz des Vollstreckungstitels sein. Nach § 757 ZPO hat er nämlich im Falle des Empfangs der Leistungen dem Schuldner die vollstreckbare Ausfertigung des Titels nebst einer Quittung auszuhändigen bzw. bei einer Teilleistung dies auf dem Titel zu vermerken.

2. Die Zwangsvollstreckung aus dem Vollstreckungsbefehl

113 Konnte aus dem Vollstreckungsbefehl jedoch überhaupt schon vollstreckt werden?

Der Vollstreckungsbefehl ist ein gemäß § 794 Abs. 1 Z. 4 ZPO zur Zwangsvollstreckung geeigneter Titel,

der nach § 796 Abs. 1 ZPO im vorliegenden Falle keiner besonderen Vollstreckungsklausel (§§ 724, 725 ZPO) bedurfte (der Vollstreckungsbefehl ist der für vollstreckbar erklärte Zahlungsbefehl)

und aus dem bei Zustellung sogleich vollstreckt werden konnte (eine Wartefrist besteht nach § 798 ZPO nur in den dort genannten Fällen).

114 Wie ist der Gerichtsvollzieher bei der Vollstreckung vorgegangen?

Der Gerichtsvollzieher hatte nach Erhalt des Titels darauf zunächst den Eingang bei ihm vermerkt, dann den Auftrag in seinem Dienstregister eingetragen (vgl. die Dienstregister-Nummer, „DR-Nr.", im Eingangsstempel auf der Ausfertigung des Vollstreckungsbefehls, Bl. B) und schließlich am 7. Juli 1973 die Zustellung und Vollstreckung vorgenommen.

Nach dem – gemäß § 762 ZPO über jede Vollstreckungshandlung aufzunehmenden – Protokoll (vgl. Bl. D 1/D 2 d. A.) hat der Gerichtsvollzieher dabei

> die Ehefrau des Schuldners zunächst zur Bezahlung der Hauptforderung, der von ihm bis zum Tage der Pfändung errechneten Zinsen und der Kosten der Rechtsverfolgung (einschließlich seiner eigenen Kosten, vgl. die Berechnung auf Bl. D 1 rechts oben) aufgefordert (§ 763 Abs. 1 ZPO),
>
> als diese sich dazu außerstande erklärte, zwei nach § 811 Z. 1 ZPO pfändbare Hausratsgegenstände gemäß §§ 803, 808 ZPO gepfändet (vgl. Bl. D 1 R und D 2 R),
>
> diese Hausratsgegenstände gemäß § 813 ZPO geschätzt,
>
> außerdem gemäß §§ 814, 816 ZPO einen Versteigerungstermin bestimmt.

Ferner hat der Gerichtsvollzieher

> den Gläubiger Adams mit Bl. E von der erfolgten Pfändung und dem Versteigerungstermin in Kenntnis gesetzt,
>
> wobei er per Nachnahme sogleich seine auf Bl. D 1 und E Rückseite errechneten Kosten von diesem anforderte (Bl. F). Nach § 3 Abs. 1 Z. 1 GVKostG ist auch der Gläubiger Kostenschuldner des Gerichtsvollziehers. Zahlt der Gläubiger nicht und sind auch beim Schuldner die Kosten des Gerichtsvollziehers nicht beizutreiben, so hat der Gerichtsvollzieher bei der für den Wohnsitz des Gläubigers zuständigen Gerichtskasse die zwangsweise Einziehung der Kosten zu beantragen.

Dem Schuldner Bechthold hat der Gerichtsvollzieher eine Abschrift des Pfändungsprotokolls übersandt, § 763 Abs. 2 ZPO (vgl. Bl. G; wiedergegeben ist hier nur die erste Seite des abgelichteten Pfändungsprotokolls).

C. Der Einspruch des Schuldners gegen den Vollstreckungsbefehl und sein Antrag auf einstweilige Einstellung der Zwangsvollstreckung aus diesem Titel

1. Die geschäftsmäßige Behandlung des Einspruchs

115 Nach der Einspruchseinlegung war nach § 12 Abs. 7 AktO das Verfahren nunmehr in das Zivilprozeßregister der zuständigen Geschäftsstellen-Abteilung 2 des Amtsgerichtes Bad Kreuznach einzutragen. Es erhielt dort das Aktenzeichen 2 C 841/73 und einen festen Aktendeckel (vgl. oben vor Bl. 1 d. A.).

116 Nach Erledigung dieser, der Geschäftsstelle obliegenden Aufgaben (vgl. dazu oben Randz. 8 bis 13) ist es nunmehr gemäß den §§ 700 S. 2, 340a, 341 ZPO Aufgabe des Richters, von Amts wegen einen Termin zur mündlichen Verhandlung über Einspruch und Hauptsache zu bestimmen.

Von einer Prüfung der Zulässigkeit des Einspruchs (im schriftlichen Verfahren) ist die Terminsbestimmung nicht abhängig. Der Einspruchsprüfungstermin hat nach § 700 S. 3 ZPO auch dann stattzufinden, wenn der Anspruch sachlich nicht vor die Amtsgerichte gehört und Verweisungsantrag an das Landgericht gestellt worden oder der Einspruch offensichtlich unzulässig ist.

Die Terminsbestimmung ist auch nicht – anders als bei der Terminsbestimmung nach Einlegung des Widerspruchs gegen einen Zahlungsbefehl (vgl. oben Randz. 109) – von der vorherigen Zahlung der 2. Hälfte der Prozeßgebühr abhängig zu machen, § 111 Abs. 1 S. 2 GKG.

Welche der oben unter den Randz. 26f. genannten Fristen ist nun vom Richter bei der Bestimmung des Einspruchsprüfungs-Termines zu beachten?

Nur die Ladungsfrist, § 217 ZPO, nicht auch die Einklassungsfrist (vgl. *Thomas-Putzo* Anm. zu § 340a; *Zöller-Karch*, § 696 Anm. 2).

Was galt es aber bei der Terminsbestimmung noch zu beachten?

Daß am 16. Juli 1973, als der Einspruch eingelegt wurde (vgl. den Eingangsstempel auf Bl. 5 d. A.), gerade die Gerichtsferien begonnen hatten (§ 199 GVG) und der vorliegende Schadensersatz-Prozeß keine „geborene" Feriensache im Sinne des § 200 Abs. 2 ZPO ist.

Die Terminsbestimmung selbst kann jedoch während der Gerichtsferien erfolgen, vgl. z. B. *Thomas-Putzo*, Anm. 4 zu § 200 GVG.

(Wegen der Ladung der Parteien und des dabei zu beobachtenden Verfahrens vgl. oben Randz. 37f.).

2. Der Antrag auf einstweilige Einstellung der Zwangsvollstreckung – Form und Inhalt des Beschlusses

117 Mit dem Einspruch gegen den Vollstreckungsbefehl verband der Beklagte jedoch auch den Antrag auf **einstweilige Einstellung der Zwangsvollstreckung** aus diesem Titel. Wer hat über diesen Antrag zu entscheiden und wodurch?

Gemäß §§ 700, 719, 707 ZPO hat der Richter über den Einstellungsantrag zu entscheiden (nicht etwa der Rechtspfleger der Vollstreckungsabteilung), und zwar durch Beschluß.

Dieser Beschluß kann nach § 202 GVG auch während der Gerichtsferien erlassen werden.

118 Was wird der Richter bei der Fassung und dem Erlaß des Einstellungsbeschlusses zu beachten haben? Was bestimmt die ZPO zur **Form** und zum **Inhalt** von **Beschlüssen**?

Die ZPO enthält über den Beschluß nur unvollständige Bestimmungen, so vor allem in § 329 ZPO.

In der gerichtlichen Praxis gilt, daß

Beschlüsse, die ohne mündliche Verhandlung ergehen, schriftlich abzufassen sind,

verkündete Beschlüsse, die nicht dem Protokoll schriftlich beigefügt werden, gemäß § 160 Abs. 2 Z. 5 ZPO durch Aufnahme in das Protokoll festzustellen sind,

der schriftlich abgefaßte Beschluß die Parteien des Rechtsstreites erkennen lassen muß (ein volles Rubrum ist erforderlich, wenn der Beschluß einen Vollstreckungstitel bildet, z. B. gemaß § 91a oder § 104 ZPO),

der Beschluß einen bestimmten Ausspruch enthalten muß,

das erkennende Gericht und der Zeitpunkt der Entscheidung ersichtlich sein müssen,

der Beschluß vom Richter oder Rechtspfleger mit vollem Namenszug zu unterschreiben ist.

Eine Begründung des Beschlusses ist vielfach nur Anstandspflicht; sie ist Rechtspflicht dann, wenn der Beschluß mit einem Rechtsmittel anfechtbar ist (vgl. §§ 126 Abs. 1, 127 S. 2 ZPO). Tatbestand und Entscheidungsgründe des Beschlusses werden dann üblicherweise zu „Gründen" zusammengefaßt.

Ferner bestimmt § 329 ZPO unter anderem,

daß die auf Grund einer (notwendigen oder freigestellten) mündlichen Verhandlung ergehenden Beschlüsse zu verkünden sind,

nicht verkündete Beschlüsse gemäß § 329 Abs. 3 ZPO von Amts wegen förmlich zuzustellen sind, sofern sie der sofortigen Beschwerde oder der befristeten Erinnerung gemäß § 577 Abs. 4 ZPO unterliegen, einen Vollstreckungstitel bilden, eine Terminsbestimmung enthalten oder eine Frist in Lauf setzen,

in allen anderen Fällen die formlose Mitteilung des Beschlusses genügt.

119 Was gilt demnach für den nach den §§ 700, 719, 707 ZPO zu erlassenden Einstellungsbeschluß?

Er ist, da nach § 707 Abs. 2 S. 1 ZPO eine Anfechtung des Einstellungsbeschlusses nicht stattfindet, weder zu begründen noch förmlich zuzustellen, sofern er – was üblich ist – ohne mündliche Verhandlung ergeht.

Der Beklagte hat den Einstellungsantrag nicht näher begründet, insbesondere nicht vorgetragen, daß die Zwangsvollstreckung schon begonnen hat. Ist sein Antrag dann zulässig?

Der Einstellungsantrag kann schon vor Beginn der Zwangsvollstreckung ab Erteilung der Klausel gestellt werden, jedoch nicht mehr nach Beendigung der Zwangsvollstreckung (vgl. z. B. *Thomas-Putzo*, § 707 Anm. 4b). Daß dem Kläger hier bereits die vollstreckbare Ausfertigung eines Titels erteilt worden ist, ist für den Richter aus Bl. 2 R d. A. ersichtlich.

Ist des Beklagten Antrag jedoch im vollen Umfange begründet?

Nein. Der Beklagte hat nicht glaubhaft gemacht, daß ihm die Vollstreckung einen nicht zu ersetzenden Nachteil bringen würde. Deshalb kann nur die Einstellung der Zwangsvollstreckung gegen Sicherheitsleistung in Betracht kommen, so daß der weitergehende Antrag des Beklagten zurückgewiesen werden muß.

Die Höhe der Sicherheitsleistung hat sich danach zu richten, was der Beklagte aus dem Titel zu leisten verpflichtet ist: 756,– DM Hauptforderung, 17,50 DM Kosten und ca. 9,– DM Zinsen, zusammen also ca. 800,– DM.

(Daß die Zwangsvollstreckung schon begonnen hatte und bereits 23,10 DM Vollstreckungskosten angefallen sind, ist dem Gericht nicht bekannt.)

Anders wäre möglicherweise zu entscheiden gewesen, wenn der Schuldner mitgeteilt hätte, daß die vom Gläubiger bereits gepfändeten Gegenstände diesem ausreichende Sicherheit bieten (vgl. *Zöller-Scherübl*, § 707 Anm. 1c und 1d).

Rechtliches Gehör muß dem Kläger vor der Entscheidung über den Einstellungsantrag nicht in jedem Falle gewährt werden, vgl. *Thomas-Putzo*, § 707 Anm. 5.

120 **Was kann der Beklagte mit einem Beschluß, durch den die Einstellung der Zwangsvollstreckung von einer Sicherheitsleistung abhängig gemacht wird, anfangen?**

Gemäß §§ 775 Z. 2, 776 ZPO kann er die Einstellung (nicht Aufhebung!) der Zwangsvollstreckung – hier also die noch ausstehende öffentliche Versteigerung der beiden gepfändeten Hausratsgegenstände – verhindern, sofern er dem Gerichtsvollzieher nachweist, daß er gemäß §§ 108ff. ZPO den festgesetzten Betrag der Sicherheitsleistung hinterlegt hat.

Wie aber kann der Beklagte die drohende Versteigerung der Hausratsgegenstände verhindern, wenn er zu einer Sicherheitsleistung nicht in der Lage sein sollte?

Er kann einen neuen Antrag nach den §§ 700, 719, 707 ZPO stellen und darin glaubhaft machen, daß ihm die Zwangsvollstreckung einen nicht zu ersetzenden Nachteil bringen würde. Er kann aber auch beim Vollstreckungsgericht (das wäre nach § 764 Abs. 2 ZPO das Amtsgericht Frankfurt/Main) Verwertungsaufschub nach § 813a ZPO beantragen, eventuell auch Vollstreckungsschutz gemäß § 765a ZPO.

Muß der Kläger, falls im weiteren Verfahren der Vollstreckungsbefehl bestätigt werden sollte, die Aufhebung des Einstellungsbeschlusses beantragen oder ist darüber vom Gericht von Amts wegen zu entscheiden? Oder ist der Einstellungsbeschluß zu befristen?

Weder noch. Die einstweilige Anordnung nach §§ 700, 719, 707 ZPO tritt außer Kraft, wenn die neue Entscheidung die alte bestätigen oder wenn der Vollstreckungstitel oder dessen Vollstreckbarkeit entfallen sollte (*Baumbach-Lauterbach*, § 707 Anm. 3 G).

2. Kapitel: Terminsbestimmung, Klageerweiterung, Armenrecht, Vorbereitung des Einspruchsprüfungstermins

Blatt 6 bis 18 der Akten

6

- 2 C 841/73 -

Vfg.

1) Termin zur mündlichen Verhandlung über Einspruch und Hauptsache wird bestimmt auf

Dienstag, den 18. September 1973, 9 Uhr.

2) Laden:

a) Kl. mit ZU, begl. Abschr. der Einspruchsschrift (Bl. 5) und Ausf. von Zif. 3) mit Zusatz: Sie werden gebeten, Ihre Klageforderung bis zum 15. August 1973 zu begründen (unter Angabe der Beweismittel) und die Zustellung des Vollstreckungsbefehls nachzuweisen.

b) Bekl.-Vertr. mit EB, Ausf. von Zif. 3) und Zusatz: Sie werden gebeten, Ihre Vollmacht bis zum 15. August 1973 nachzureichen.

3) Beschluß

In dem Rechtsstreit pp.

wird auf Antrag des Beklagten die Zwangsvollstreckung aus dem Vollstreckungsbefehl des Amtsgerichtes Bad Kreuznach vom 29. Juni 1973 gemäß §§ 700, 719, 707 ZPO einstweilen eingestellt, wenn der Beklagte in Höhe von 800,--DM Sicherheit leistet.

Der weitergehende Antrag, die Zwangsvollstreckung ohne Sicherheitsleistung einzustellen, wird zurückgewiesen, weil der Beklagte nicht glaubhaft gemacht hat, daß die Zwangsvollstreckung ihm einen nicht zu ersetzenden Nachteil bringen würde (§ 707 Abs. 1 Satz 2 ZPO).

4) Abschr. v. Zif. 3) als Leseschr. z. d. A.

5) Kalender

6) Wvl.: 16. 8. 73 (vgl. Zif. 2)

Bad Kreuznach, den 17. Juli 1973
Das Amtsgericht
Bender, RAG

7

Abschrift. für die Akten

- 2 C 841/73 -

B e s c h l u ß

In dem Rechtsstreit

des kaufmännischen Angestellten Gerhard A d a m s ,
655 Bad Kreuznach, Ringstraße 18,

Klägers,

g e g e n

den Kaufmann Willi B e c h t h o l d , 6 Frankfurt/M.,
Mainzer Straße 208,

Beklagten,

- Prozeßbevollmächtigter: Rechtsanwalt Dr. Schwarz, Frankfurt/M. -

wird auf Antrag des Beklagten die Zwangsvollstreckung aus dem Vollstreckungsbefehl des Amtsgerichtes Bad Kreuznach vom 29. Juni 1973 gemäß §§ 700, 719, 707 ZPO einstweilen eingestellt, wenn der Beklagte in Höhe von 800.-- DM Sicherheit leistet.

Der weitergehende Antrag, die Zwangsvollstreckung ohne Sicherheitsleistung einzustellen, wird zurückgewiesen, weil der Beklagte nicht glaubhaft gemacht hat, daß die Zwangsvollstreckung ihm einen nicht zu ersetzenden Nachteil bringen würde (§ 707 Abs.1 Satz 2 ZPO).

Bad Kreuznach, den 17. Juli 1973
Das Amtsgericht
B e n d e r
Richter am Amtsgericht

Postzustellungsurkunde

über die Zustellung eines Schriftstücks mit der Aufschrift:

8

Geschäfts-Nr.:

2 C 841/73

Kurze Bezeichnung des Schriftstücks:

L.z.18.9.73
Schr.v. 13.7.73
B.v.17.7.73

Briefannahmestelle
Land- u. Amtsgericht
Bad Kreuznach
Eing.: 20. JULI 1973
Anl.: Abschr.:

Anschrift:

Herrn
Gerhard A d a m s

655 Bad Kreuznach

Ringstraße 18

Absender wie umseitige Rückanschrift

DM Kostenmarken

Anbei ein Vordruck zur Zustellungsurkunde. Vereinfachte Zustellung

655 Bad Kreuznach
Postleitzahl

Zustell-Postamt

Das vorstehend bezeichnete Schriftstück habe ich in meiner Eigenschaft als Postbediensteter zu Bad Kreuznach heute hier — zwischen .... Uhr und .... Uhr (Zeitangabe nur auf Verlangen) —

	(Vordruck für die Zustellung an Einzelpersonen, Einzelfirmen, Rechtsanwälte, Notare und Gerichtsvollzieher usw.)	(Vordruck für die Zustellung an Behörden, juristische Personen, Gesellschaften und Gemeinschaften [Vereinigungen])
1. An den Empfänger oder Vorsteher usw. in Person	dem – Empfänger – ~~Firmeninhaber (Vor- und Zuname)~~: Gerhard Adams selbst in – der Wohnung – ~~dem Geschäftslokal~~ .... übergeben.	dem – Vorsteher – gesetzlichen Vertreter – vertretungsberechtigten Mitinhaber – .... in Person in – der Wohnung – dem Geschäftslokal – .... übergeben.
2. An Gehilfen, Angestellte, Beamte usw.	da ich in dem Geschäftslokal den – Empfänger – Firmeninhaber (Vor- und Zuname): .... selbst nicht angetroffen habe, dort de.... – Gehilf.... – Angestellten – .... übergeben.	da in dem Geschäftslokal während der gewöhnlichen Geschäftsstunden a) der angetroffene – Vorsteher – gesetzliche Vertreter – vertretungsberechtigte Mitinhaber – an der Annahme verhindert war, b) der – Vorsteher – gesetzliche Vertreter – vertretungsberechtigte Mitinhaber – nicht anwesend war, dort dem beim Empfänger angestellten .... übergeben.
3. An a) ein Familienmitglied b) eine dienende Person	da ich den – Empfänger – Firmeninhaber (Vor- und Zuname): .... selbst in der Wohnung nicht angetroffen habe, dort a) dem zu seiner Familie gehörenden erwachsenen Hausgenossen, nämlich – der Ehefrau – dem Ehemann – dem Sohne – der Tochter – .... übergeben. b) de.... in der Familie dienenden erwachsenen .... übergeben.	da ein besonderes Geschäftslokal nicht vorhanden ist und ich auch den – Vorsteher – gesetzlichen Vertreter – vertretungsberechtigten Mitinhaber – .... in der hiesigen Wohnung .... nicht selbst angetroffen habe, dort a) dem zu seiner Familie gehörenden erwachsenen Hausgenossen, nämlich – der Ehefrau – dem Ehemann – dem Sohne – der Tochter – .... übergeben. b) de.... in der Familie dienenden erwachsenen .... übergeben.
4. An den Hauswirt oder Vermieter	da ich den – Empfänger – Firmeninhaber (Vor- und Zuname): .... selbst in der Wohnung nicht angetroffen habe, auch die Zustellung an einen zur Familie gehörenden erwachsenen Hausgenossen oder an eine in der Familie dienende erwachsene Person nicht ausführbar war, de.... in demselben Hause wohnenden – Hauswirt.... – Vermieter.... –, nämlich de ...., d........ zur Annahme bereit war, übergeben.	da ein besonderes Geschäftslokal nicht vorhanden ist und ich den – Vorsteher – gesetzlichen Vertreter – vertretungsberechtigten Mitinhaber – .... in der Wohnung .... nicht angetroffen habe, auch die Zustellung an einen zur Familie gehörenden erwachsenen Hausgenossen oder an eine in der Familie dienende erwachsene Person nicht ausführbar war, de.... in demselben Haus wohnenden – Hauswirt – Vermieter .... –, nämlich de ...., d........ zur Annahme bereit war, übergeben.
5. Verweigerte Annahme (kommt nur in den Fällen 1, 2 und 3 in Betracht)	zu übergeben versucht und, da die Annahme des Schriftstücks verweigert wurde, am Ort der Zustellung zurückgelassen.	

Den Tag der Zustellung habe ich auf dem zugestellten Schriftstück vermerkt.

655
Postleitzahl

Bad Kreuznach, den 19 Juli 1973

Kurz

Hess Braunschweig

AVR 4 Postzustellungsurkunde (10. 72)

(Fortsetzung umseitig)

Das vorseitig bezeichnete Schriftstück habe ich in meiner Eigenschaft als Postbediensteter zu ....

.... **heute hier** – zwischen .... Uhr und .... Uhr (Zeitangabe nur auf Verlangen) –,

	(Vordruck für die Zustellung an Einzelpersonen, Einzelfirmen, Rechtsanwälte usw. [Nur gültig bei Durchstreichung der Zustellungsvermerke auf der vorstehenden Seite].)	(Vordruck für die Zustellung an Behörden, juristische Personen, Gesellschaften und Gemeinschaften [Vereinigungen]. [Nur gültig bei Durchstreichung der Zustellungsvermerke auf der vorstehenden Seite].)
6. Niederlegung	da ich den – Empfänger – Firmeninhaber (Vor- und Zuname): .... selbst in der Wohnung **nicht** angetroffen habe und die Zustellung weder an einen zur Familie gehörenden erwachsenen Hausgenossen noch an eine in der Familie dienende erwachsene Person, noch an den Hauswirt oder Vermieter ausführbar war, auf der Geschäftsstelle des Amtsgerichts zu .... niedergelegt. bei der Postanstalt zu .... niedergelegt. bei dem Gemeindevorsteher zu .... niedergelegt. bei dem Polizeivorsteher zu .... niedergelegt. Eine schriftliche Mitteilung über die Niederlegung unter der Anschrift des Empfängers – ist in der bei gewöhnlichen Briefen üblichen Weise abgegeben worden. – ist, da die Abgabe in der bei gewöhnlichen Briefen üblichen Weise nicht tunlich war, – an der Tür der Wohnung des Empfängers befestigt worden – dem/der in der Nachbarschaft des Empfängers wohnenden .... zur Weitergabe an den Empfänger ausgehändigt worden.	da ein besonderes Geschäftslokal **nicht** vorhanden ist und ich auch den – Vorsteher – gesetzlichen Vertreter – vertretungsberechtigten Mitinhaber – .... in der Wohnung .... **nicht** angetroffen habe und die Zustellung weder an einen zur Familie gehörenden erwachsenen Hausgenossen noch an eine in der Familie dienende erwachsene Person, noch an den Hauswirt oder Vermieter ausführbar war, auf der Geschäftsstelle des Amtsgerichts zu .... niedergelegt. bei der Postanstalt zu .... niedergelegt. bei dem Gemeindevorsteher zu .... niedergelegt. bei dem Polizeivorsteher zu .... niedergelegt. Eine schriftliche Mitteilung über die Niederlegung unter der Anschrift des Empfängers – ist in der bei gewöhnlichen Briefen üblichen Weise abgegeben worden. – ist, da die Abgabe in der bei gewöhnlichen Briefen üblichen Weise nicht tunlich war, – an der Tür der Wohnung des Empfängers befestigt worden. – dem/der in der Nachbarschaft des Empfängers wohnenden .... zur Weitergabe an den Empfänger ausgehändigt worden.

Den Tag der Zustellung habe ich auf dem zugestellten Schriftstück vermerkt.

.................., den .... 19......

Postleitzahl

Postzustellungsurkunde

vollzogen zurück:

An die

Geschäftsstelle des Amtsgerichts

6550 Bad Kreuznach

Postfach

[redacted]

H

Die Geschäftsstelle des Amtsgerichts

Geschäftsnummer: 2 C 841/73

Bitte bei allen Schreiben angeben!

Bad Kreuznach, den 17. Juli 1973
Fernsprecher: 0671/630 71

An Herrn
Gerhard A d a m s
in 655 Bad Kreuznach
Ringstraße 18

ZP 47 (fr. ZP 7) Ladung zur mündlichen Verhandlung über den Einspruch (§§ 340 a, 497, 700 ZPO) — Amtsgericht —
Nr. 5464. Formularverlag Emil Sommer, Grünstadt — O —

Ladung

in dem Rechtsstreit

Adams gegen Bechthold

Am 16. Juli 1973 ist eine Einspruchsschrift eingegangen.

Zur mündlichen Verhandlung über den Einspruch und die Hauptsache werden Sie auf

den Dienstag, den 18. September 1973 ,9.oo Uhr

vor das Amtsgericht in Bad Kreuznach Ring- straße — platz Nr.

— ~~Stockwerk~~ — Erdgeschoß — Zimmer Nr. 38 geladen.

— Beglaubigte Abschrift der Einspruchsschrift liegt bei. —

Bitte wenden!

Vorderseite

Zusatz: Sie werden gebeten, Ihre Klageforderung bis zum 15. August 1973 zu begründen (unter Angabe der Beweismittel) und die Zustellung des Vollstreckungsbefehls nachzuweisen.

Neue Tatsachen und Beweismittel müssen Sie unverzüglich vor dem Termin mitteilen, da verspätetes Vorbringen vom Gericht zurückgewiesen werden kann. Die Mitteilung ist in 2 Stücken hierher einzureichen. Sie können diese Angaben aber auch zur Niederschrift der Geschäftsstelle des Amtsgerichts erklären.

Ihr Erscheinen im Termin wird jedoch hierdurch nicht entbehrlich.

Wenn Sie nicht erscheinen und sich auch nicht durch eine schriftlich bevollmächtigte volljährige Person vertreten lassen, kann auf Antrag entweder Versäumnisurteil ergehen oder nach Lage der Akten entschieden werden.

Falls der Einspruch durch Versäumnisurteil verworfen wird, ist hiergegen ein weiterer Einspruch nicht zulässig.

Der Nachweis für eine etwaige Zustellung des Versäumnisurteils — Vollstreckungsbefehls — und die sonstigen Schriftstücke, die für die Sache von Bedeutung sind, müssen im Termin vorgelegt werden.

Justizangestellte

Rückseite

I

Abschrift!

Dr.A.Schwarz
Rechtsanwalt

6 Frankfurt/M., den 13. Juli 1973

Briefannahmestelle
Land- u. Amtsgericht
Bad Kreuznach
Eing.: 16. JULI 1973
Anl.: - Abschr.: 1
- DM Kostenmarken

An das
Amtsgericht
Bad Kreuznach

In Sachen

Adams ./. Bechthold

\- 2 B 1600/73 -

lege ich namens und in Vollmacht des Schuldners - Vollmacht nachzureichen versprechend - gegen den am 7. Juli 1973 zugestellten Vollstreckungsbefehl des Amtsgerichtes Bad Kreuznach vom 29. Juni 1973

E i n s p r u c h

ein.

Gleichzeitig beantrage ich,

> die Zwangsvollstreckung aus dem vorgenannten Vollstreckungsbefehl einstweilen und ohne Sicherheitsleistung einzustellen.

Weiteres Vorbringen und weitere Anträge bleiben ausdrücklich vorbehalten. Der Gläubiger möge seinen Anspruch zunächst begründen.

gez. u. beglaubigt:

A. Schwarz

Rechtsanwalt

J

Ausfertigung

- 2 C 841/73 -

B e s c h l u ß

In dem Rechtsstreit

des kaufmännischen Angestellten Gerhard A d a m s ,
655 Bad Kreuznach, Ringstraße 18,

Klägers,

g e g e n

den Kaufmann Willi B e c h t h o l d , 6 Frankfurt/M.,
Mainzer Straße 208,

Beklagten,

- Prozeßbevollmächtigter: Rechtsanwalt Dr. Schwarz, Frankfurt/M. -

wird auf Antrag des Beklagten die Zwangsvollstreckung aus dem Vollstreckungsbefehl des Amtsgerichtes Bad Kreuznach vom 29. Juni 1973 gemäß §§ 700, 719, 707 ZPO einstweilen eingestellt, wenn der Beklagte in Höhe von 800.-- DM Sicherheit leistet.

Der weitergehende Antrag, die Zwangsvollstreckung ohne Sicherheitsleistung einzustellen, wird zurückgewiesen, weil der Beklagte nicht glaubhaft gemacht hat, daß die Zwangsvollstreckung ihm einen nicht zu ersetzenden Nachteil bringen würde (§ 707 Abs.1 Satz 2 ZPO).

Bad Kreuznach, den 17. Juli 1973
Das Amtsgericht
B e n d e r
Richter am Amtsgericht

9

Geschäftsnummer: 2 C 841/73
Bitte bei allen Schreiben angeben!

Briefannahmestelle
Land- u. Amtsgericht
Bad Kreuznach **Persönlich!**

Eing.: 23. JULI 1973

Abschr.: ______
______ DM Kostenmarken

Empfangsbekenntnis

In Sachen Adams

gegen Bechthold habe ich heute vom

Amts- — ~~Land-~~ ~~Oberlandes-~~ — Gericht ~~hier~~ Bad Kreuznach Ausfertigung — Ladung zum Termin vom

18. September 1973 nebst ~~Abschrift der Klage — Berufung mit Begründung~~ —

~~Kostenfestsetzungsbeschluß~~ — Beschluß — ~~Fristbestimmung~~ vom

17. Juli 1973 ausgehändigt erhalten.

Ffm., den 20. Juli 1973
(Ort und Tag)

Herrn Rechtsanwalt Dr. Schwarz, Frankfurt
~~dahier~~

Nach der Vollziehung zurück
an
die Geschäftsstelle
des Amts- — ~~Land-~~ ~~Oberlandes-~~ — Gerichts ~~dahier~~. Bad Kreuznach

Dr. Schwarz
Rechtsanwalt

StP 170 (StS 288) Empfangsbekenntnis § 212a ZPO.
JVA Diez 1106 672 20000

K

Die Geschäftsstelle des Amtsgerichts

Geschäftsnummer: 2 C 841/73

Bitte bei allen Schreiben angeben!

Bad Kreuznach, den 17. Juli 1973

Fernsprecher: 0671/630 71

An Herrn
Rechtsanwalt
Dr. Schwarz
in 6 Frankfurt/Main

Ladung

in dem Rechtsstreit

Adams gegen Bechthold

Am 16. Juli 1973 ist eine Einspruchsschrift eingegangen.

Zur mündlichen Verhandlung über den Einspruch und die Hauptsache werden Sie auf

den Dienstag, den 18. September 1973 , 9.00 Uhr

vor das Amtsgericht in Bad Kreuznach Ring- straße — platz Nr.

— ~~Stockwerk~~ — Erdgeschoß — Zimmer Nr. 38 geladen.

— Beglaubigte Abschrift der Einspruchsschrift liegt bei. —

ZP 47 (fr. ZP 7 Ladung zur mündlichen Verhandlung über den Einspruch (§§ 340 a, 497, 700 ZPO) — Amtsgericht —

Nr. 5464. Formularverlag Emil Sommer, Grünstadt — O —

Bitte wenden!

Vorderseite

Zusatz: Sie werden gebeten, Ihre Vollmacht bis zum 15. August 1973 nachzureichen.

Neue Tatsachen und Beweismittel müssen Sie unverzüglich vor dem Termin mitteilen, da verspätetes Vorbringen vom Gericht zurückgewiesen werden kann. Die Mitteilung ist in s Stücken hierher einzureichen. Sie können diese Angaben aber auch zur Niederschrift der Geschäftsstelle des Amtsgerichts erklären.

Ihr Erscheinen im Termin wird jedoch hierdurch nicht entbehrlich.

Wenn Sie nicht erscheinen und sich auch nicht durch eine schriftlich bevollmächtigte volljährige Person vertreten lassen, kann auf Antrag entweder Versäumnisurteil ergehen oder nach Lage der Akten entschieden werden.

Falls der Einspruch durch Versäumnisurteil verworfen wird, ist hiergegen ein weiterer Einspruch nicht zulässig.

Der Nachweis für eine etwaige Zustellung des Versäumnisurteils — Vollstreckungsbefehls — und die sonstigen Schriftstücke, die für die Sache von Bedeutung sind, müssen im Termin vorgelegt werden.

Justizangestellte

Rückseite

L

Ausfertigung

- 2 C 841/73 -

B e s c h l u ß

In dem Rechtsstreit

des kaufmännischen Angestellten Gerhard A d a m s ,
655 Bad Kreuznach, Ringstraße 18,

Klägers,

g e g e n

den Kaufmann Willi B e c h t h o l d , 6 Frankfurt/M.,
Mainzer Straße 208,

Beklagten,

- Prozeßbevollmächtigter: Rechtsanwalt Dr. Schwarz, Frankfurt/M. -

wird auf Antrag des Beklagten die Zwangsvollstreckung aus dem Vollstreckungsbefehl des Amtsgerichtes Bad Kreuznach vom 29. Juni 1973 gemäß §§ 700, 719, 707 ZPO einstweilen eingestellt, wenn der Beklagte in Höhe von 800.-- DM Sicherheit leistet.

Der weitergehende Antrag, die Zwangsvollstreckung ohne Sicherheitsleistung einzustellen, wird zurückgewiesen, weil der Beklagte nicht glaubhaft gemacht hat, daß die Zwangsvollstreckung ihm einen nicht zu ersetzenden Nachteil bringen würde (§ 707 Abs.1 Satz 2 ZPO).

Bad Kreuznach, den 17. Juli 1973
Das Amtsgericht
B e n d e r
Richter am Amtsgericht

Amtsgericht 23 Bad Kreuznach

Ausgefertigt
Justizangestellter
als Urkundsbeamter der Geschäftsstelle
des Amtsgerichts

10

Briefannahmestelle
Land- u. Amtsgericht
Bad Kreuznach
Eing.: 26. JULI 1973
Anl.: – Abschr.: 1
– DM Kostenmarken

Gerhard Adams 655 Bad Kreuznach, den 25.Juli 1973
Ringstraße 18

An das
Amtsgericht
Bad Kreuznach

In Sachen

Adams ./. Bechthold
- 2 C 841/ 73 -

26.7.73

begründe ich meine Forderung wie folgt:
Am 18. Mai 1973 befuhr ich mit meinem PKW in Bad Kreuznach die Bosenheimer Straße, und zwar stadtauswärts fahrend. Vor der Ampel an der Kreuzung mit der Dürerstraße mußte ich halten, weil die Ampel rot zeigte. Ich stand bereits, da fuhr der Beklagte mit seinem Mercedes auf meinen VW 1300, Baujahr 1972, amtliches Kennzeichen KH-A 804,auf. Der Beklagte räumte gleich seine Schuld an diesem Unfall ein und beschwor mich, nur nicht die Polizei hinzuzuziehen. Er versprach mir, den Schadensbetrag sofort aus eigener Tasche ersetzen zu wollen. Als ich ihm dann aber die Rechnung zusandte, ließ er nichts mehr von sich hören.

Durch das Verschulden des Beklagten waren an meinem PKW erhebliche Schäden entstanden. Beschädigt wurden die hintere Stoßstange, der linke hintere Kotflügel, die Motorhaube und die linke hintere Rückleuchte. Ich brachte noch am Unfalltage meinen PKW in die VW-Werkstatt von Hoff in Bad Kreuznach, wo er bis einschließlich 23. Mai 1973 zur Reparatur war.

Die über 756,- DM lautende Reparaturrechnung habe ich dem Beklagten am 24. Mai 1973 mit der Bitte um alsbaldige Erstattung übersandt. Als er hierauf nichts von sich hören ließ, habe ich ihn am 2. Juni 1973 per Einschreiben und unter Fristsetzung bis zum 15. Juni 1973 nochmals zur Bezahlung des Rechnungsbetrages aufgefordert. Da der Beklagte aber wiederum nicht reagierte, mußte ich die Hilfe des Gerichts in Anspruch nehmen.

Adams

11

Dr. A.Schwarz
Rechtsanwalt

Frankfurt/M., den 3. Aug. 1973

Briefannahmestelle
Land- u. Amtsgericht
Bad Kreuznach
Eing.: 7. AUG. 1973
Anl.: Abschr.: 2
DM Kostenmarken

An das
Amtsgericht

Bad Kreuznach

In Sachen

Adams ./. Bechthold

- 2 C 841/73 -

werde ich im Termin zur mündlichen Verhandlung beantragen,

die Klage kostenpflichtig abzuweisen.

Die Angaben des Klägers werden, soweit sie im Nachstehenden nicht ausdrücklich zugestanden sind, bestritten.
Richtig ist zwar, daß es am 18. Mai 1973 an dem vom Kläger bezeichneten Ort zu einem Unfall kam, an dem die Fahrzeuge der Parteien beteiligt waren. Die - zumindest überwiegende - Schuld an diesem Unfall trifft jedoch eindeutig den Kläger. Als nämlich bei seinem Herannahen an die Kreuzung Bosenheimer/Dürerstraße die dort installierte Ampel von grün auf gelb umschaltete, bremste der Kläger so unvermutet und unvermittelt scharf ab, daß ein Auffahrunfall für den Beklagten unvermeidbar war.
Beweis: Zeugnis der Ehefrau Margot Bechthold, zu laden bei dem Beklagten.

Eine solche abrupte Reaktion des Klägers war für den großstädtischen Verkehr gewöhnten Beklagten nicht voraussehbar.
Den Kläger trifft deshalb an dem für ihn vermeidbaren Unfall ein ganz erhebliches Mitverschulden.
Die Geltendmachung des dem Beklagten entstandenen Sachschadens im Wege der Widerklage bleibt ausdrücklich vorbehalten.

Dr. Schwarz
Rechtsanwalt

Anlage: Vollmacht

12

Soweit Zustellungen statt an den Bevollmächtigten auch an die Partei unmittelbar zulässig sind (z. B. § 16 FGG, § 8 VwZG), bitte ich diese nur an meinen Bevollmächtigten zu bewirken.

Prozeßvollmacht

Herrn Rechtsanwalt Dr. A. Schwarz, 6 Frankfurt/M.

wird hiermit in Sachen Adams

gegen Bechthold

wegen Schadenersatzes

Prozeßvollmacht erteilt.

Die Vollmacht ermächtigt zu allen den Rechtsstreit betreffenden Prozeßhandlungen, insbesondere auch zur Erhebung der Widerklage – auch in Ehesachen –, zur Vornahme und Entgegennahme von Zustellungen, zur Bestellung eines Vertreters, zur Beseitigung des Rechtsstreits durch Vergleich, Verzicht und Anerkenntnis, zur Einlegung und Zurücknahme von Rechtsmitteln und zum Verzicht auf solche, ferner zur Empfangnahme von Geldern und Wertsachen, insbesondere des Streitgegenstandes und der vom Gegner, der Justizkasse oder anderen Stellen zu erstattenden Kosten sowie zur Verfügung darüber ohne die Beschränkung des § 181 BGB.

Die Vollmacht erstreckt sich auch auf Nebenverfahren, z. B. Arrest und einstweilige Verfügung, Kostenfestsetzung, Zwangsvollstreckung einschl. der aus ihr erwachsenden besonderen Verfahren (z. B. ZPO §§ 726–732, 766–774, 785, 805, 872 ff. u. a.), Zwangsversteigerung und Zwangsverwaltung, Hinterlegungsverfahren, Vergleichsverfahren und Konkurs.

Etwaige Kostenerstattungsansprüche sind mit der Vollmachterteilung an den Bevollmächtigten abgetreten.

Erfüllungsort und Gerichtsstand für alle Ansprüche aus dem der Vollmacht zugrunde liegenden Rechtsverhältnis ist der Ort der Kanzlei des Bevollmächtigten.

6 Frankfurt/M., den 2. August 1973 Bechthold

(Unterschrift)

V 184 A. F. Prozeßvollmacht. Fassung 8218. Nachdruck nicht gestattet.

Vorderseite

Vfg.

1) Abschr. von Bl. 11 an Kl. zur eventuellen Stellungnahme bis 15. Aug. 1973

2) Wvl.: 16.8.73

7.8.73

B.

Rückseite

13

Rechtsanwalt Weiß 655 Bad Kreuznach, den 15. Aug.1973

Briefannahmestelle
Land- u. Amtsgericht
Bad Kreuznach
Eing.: 16. AUG. 1973
Anl.: 2 Abschr.: 2
- DM Kostenmarken

An das
Amtsgericht
655 Bad Kreuznach

In Sachen

Adams ./. Bechthold

- 2 C 841/73 -

bestelle ich mich für den Kläger. Auf mich lautende Vollmacht anbei.

Der Darstellung des Unfallgeschehens durch den Beklagten wird energisch widersprochen. Richtig ist vielmehr folgendes:
Die Ampel an besagter Kreuzung schaltete bereits von grün auf gelb, als der Kläger noch 20 bis 30 m von der Ampel entfernt war. Als er dann nach keineswegs abruptem Abbremsen vor der Ampel hielt, zeigte diese jedenfalls rot. Es dauerte auch noch mindestens 1 bis 2 Sekunden, bis der Beklagte auf den PKW des Klägers auffuhr.

Beweis: 1) Zeugnis der Ehefrau Kate Evans, 655 Bad Kreuznach, Korellengarten 60

2) Zeugnis des Rentners Erich Reuter, 655 Bad Kreuznach, Matthias-Grünewald-Str. 104.

Es bleibt demnach festzuhalten, daß der PKW des Klägers bereits geraume Zeit vor der roten Ampel hielt, als der Beklagte aus Unachtsamkeit auf dieses Fahrzeug auffuhr. Von einem Mitverschulden oder gar überwiegendem Verschulden des Klägers kann gar keine Rede sein. Der Unfall war für ihn vielmehr unvermeidbar, so daß ihm der Beklagte die gesamten Unfallschäden zu ersetzen hat, die

14

- 2 -

sich wie folgt errechnen:

a) Reparaturkosten laut Rechnung des Autohauses von Hoff vom 23. Mai 1973	756,-- DM,
b) Nutzungsentschädigung für die Zeit vom 18. bis 23. Mai 1973 (5 Tage à 15,- DM)	75,-- DM,
c) Merkantiler Minderwert (das Fahrzeug des Klägers hat Metallic-Lackierung, die erfolgte Teillackierung weist Farbunterschiede auf; Beweis: Augenschein, Sachverständigengutachten)	100,-- DM,
d) Auslagen-Pauschale (für Telefonate, Fahrtkosten, Post etc.)	30,-- DM,
	961,-- DM.

Ich werde darum nunmehr beantragen zu erkennen:

1) Der Beklagte wird verurteilt, an den Kläger 961,- DM nebst 8 1/2 % Zinsen seit dem 18. Mai 1973 zu zahlen.

2) Der Beklagte hat die gesamten Kosten des Rechtsstreits zu tragen.

3) Das Urteil ist vorläufig vollstreckbar.

Unter gleichzeitiger Vorlage eines Armenrechtszeugnisses **beantrage** ich ferner,

dem Kläger unter meiner Beiordnung das Armenrecht zu gewähren.

Greif
Rechtsanwalt

Vfg.
ab 16.1. ✓ 1) Abschr. von Bl. 13/14 an Bekl. Vertr.
1 x EB hin. gegen EB
2) Wvl.: z.T. 16. Aug. B
B

15

Das anliegende Zeugnis ist mit dem Gesuche um Bewilligung des Armenrechts bei dem Prozeßgericht einzureichen. In diesem Gesuche ist nach § 118 ZPO. das Streitverhältnis eingehend unter Angabe der Beweismittel darzustellen. Das Gesuch kann von d. Geschäftsstelle des Gerichts zu Protokoll erklärt werden.

Zeugnis zur Erlangung der einstweiligen Kostenbefreiung

Antrag

I. Personalien und Familienverhältnisse des Antragstellers:

a) Zu- und Vorname Gerhard A d a m s

b) Beruf kaufmännischer Angestellter c) Alter 39 Jahre

d) Wohnort und Wohnung 655 Bad Kreuznach, Ringstraße 18 Str./Platz Nr.

e) Familienstand ,verheiratet Wenn verheiratet: Seit wann 1960

f) Staatsangehörigkeit deutsch

g) Im gemeinsamen Haushalt mit dem Antragsteller lebende Angehörige, die von ihm unterhalten werden:

Zu- und Vorname	Alter Jahre	Verwandtschaftsverhältnis	Familienstand	Beruf
Renate Adams geb. Gerg	35	Ehefrau	verh.	Hausfrau
Beate Adams	12	Tochter	ledig	Schülerin
Claudia Adams	9	Tochter	ledig	Schülerin

h) Außerhalb des Haushalts lebende Angehörige, die der Antragsteller zu unterhalten hat:

Zu- und Vorname	Alter Jahre	Verwandtschaftsverhältnis	Familienstand	Beruf	Wohnung
entfällt					

II. Vermögens- und Einkommensverhältnisse	Antragsteller DM	Ehegatte DM	Minderjährige Kinder DM	DM	DM
a) Vermögen:					
Kapitalvermögen					
Grundvermögen					
Forderungen usw.					
zusammen	--	--	--	--	
Ab Schulden					
Reinvermögen					
b) Einkommen (monatlich):					
Netto-Einkommen aller Art	1.154,-	--	--	--	
Wert der Naturalbezüge					
Mithin Einkommen	1.154,-	--	--	--	
c) Steuern (monatlich):					
Einkommensteuer					
Vermögensteuer					
Grundsteuer					
Gewerbesteuer					
d) Miete (monatlich)	345,-				

Dr. E. W. Müssener-Verlag, Köln Form. Nr. 394 (Zeugnis zur Erlangung des Armenrechts) 101/02 22

III. Kurze Bezeichnung des Rechtsstreites und Wert des Streitgegenstandes:

Klage gegen den Kaufmann Willi bechthold aus Frankfurt/Main wegen Schadensersatzes aus einem Verkehrsunfall, und zwar auf Zahlung von insgesamt 961,- DM.

IV. Bemerkungen:

V. Erklärung des Antragstellers:

Ich, der Antragsteller ~~[illegible]~~ erkenne die vorstehend von mir gemachten Angaben als richtig an und ermächtige die Steuerbehörden, dem Gericht und den mit der Erteilung dieses Zeugnisses befaßten Behörden Auskunft über meine Steuerverhältnisse zu erteilen.

Bad Kreuznach, den 10. August 1973

(Unterschrift des Antragstellers)

VI. Prüfungsergebnis:

Die Angaben des Antragstellers sind durch Vorlage eines Gehaltszettels nachgewiesen worden.

Zeugnis

VII. Zeugnis der Behörde, der die Ausstellung des Zeugnisses zusteht:

a) für den Antragsteller:

Der ~~Die~~ oben bezeichnete Antragsteller .... – ist ohne Beeinträchtigung des für ihn ~~sie~~ und seine ~~ihre~~ Familie notwendigen Lebensunterhalts

nicht in der Lage, irgendeinen Betrag zur Bestreitung der Prozeßkosten zu tragen *)

~~nur in der Lage, einen~~ Teil der Prozeßkosten zu ~~bestreiten und zwar~~

.... DM *)

b) ~~für den Ehemann, falls eine Frau Antragsteller ist:~~ **)

c) ~~für den Vater, falls dieser verstorben, die Mutter:~~ **)
(Nur ausfüllen, falls ein minderjähriges eheliches Kind der Antragsteller ist)

Bad Kreuznach, den 12. August 1973

Stadtverwaltung - Sozialamt -

Amtsrat

(Unterschrift und Amtsbezeichnung)

*) Nichtzutreffendes streichen.

**) Zu b) und c) ist ggf. genau anzugeben, inwieweit der Ehemann, der Vater oder die Mutter zur Bestreitung der Prozeßkosten in der Lage ist.

16

Prozeßvollmacht

Soweit Zustellungen statt an Bevollmächtigten auch an die Partei unmittelbar zulässig sind (z. B. § 16 FGG, § 8 VwZG), bitte ich diese nur an meinen Bevollmächtigten zu bewirken.

Herrn Re chtsanwalt W e i ß, 655 Bad Kreuznach,

wird hiermit zur Führung des Rechtsstreits Adams ./. Bechthold

wegen eines Verkehrsunfalles

Prozeßvollmacht mit folgenden Befugnissen erteilt:

1. Übertragung der Vollmacht auf andere.
2. Annahme von Geld, Urkunden und zu erstattenden Gerichtskosten.
3. Vertretung im Vergleichs- und Konkursverfahren über das Vermögen des Gegners und in Freigabeprozessen sowie im Zwangsversteigerungs- und Zwangsverwaltungsverfahren.
4. Erledigung des Rechtsstreits durch Vergleich, Verzicht oder Anerkenntnis.
5. Einlegung und Rücknahme von Rechtsmitteln und Entgegennahme aller Zustellungen sowie Erklärung und Entgegennahme eines Rechtsmittelverzichts.
6. Erhebung der Widerklage, auch in Ehesachen.

Sämtliche anfallenden Kostenerstattungsansprüche gegenüber Behörden und Dritten werden hiermit unwiderruflich an den/die Bevollmächtigten abgetreten. Diese Vollmacht gilt auch für das Kostenfestsetzungsverfahren. Mehrere Vollmachtgeber haften als Gesamtschuldner.
Für die aus dem Vollmachtsverhältnis entstehenden Verpflichtungen ist Erfüllungsort der Sitz der Kanzlei und Gerichtsstand das zuständige Amtsgericht für den/die Bevollmächtigten.

Bad Kreuznach, den 13. Aug. 1973

Adams
(Unterschrift)

W. Sicius KG · Neustadt a. Rbge.
Vordruck 25 a (Prozeßvollmacht)

17

Geschäftsnummer: 2 C 841/73
Bitte bei allen Schreiben angeben!

Briefannahmestelle
Land- u. Amtsgericht
Bad Kreuznach
Eing.: 21. AUG. 1973
DM Kostenmarken

Persönlich!

Empfangsbekenntnis

In Sachen Adams

gegen Bechthold habe ich heute vom

Amts- ~~Land- Ober-~~ Gericht ~~hier~~ Bad Kreuznach ~~Ausfertigung Ladung zum Termin am~~

~~nebst Abschrift der Klage – Berufung mit Begründung~~ –

~~Kostenfestsetzungsbeschluß – Beschluß – Fristbestimmung~~ Abschrift des Schriftsatzes des Klägers vom 15. August 1973 ausgehändigt erhalten.

Ffm., 18. August 1973
(Ort und Tag)

Herrn Rechtsanwalt Dr. A. Schwarz, Frankfurt
~~dahier~~

Nach der Vollziehung zurück an

die Geschäftsstelle

des Amts- ~~Land- Ober-~~ Gerichts ~~dahier~~ Bad Kreuznach

A. Schwarz
Rechtsanwalt

StP 170 (StS 288) Empfangsbekenntnis § 212a ZPO.
JVA Diez 1106 672 20000

18

Dr.A. Schwarz
Rechtsanwalt

Frankfurt/M., den 20. Aug. 1973

An das
Amtsgericht
Bad Kreuznach

Briefannahmestelle
Land- u. Amtsgericht
Bad Kreuznach
Eing.: 21. AUG. 1973
Anl.: – Abschr.: 2
DM Kostenmarken

In Sachen

Adams ./. Bechthold

\- 2 C 841/73 -

wird auf den Schriftsatz der Gegenseite vom 15. August 1973 erwidert, daß der Beklagte bei seiner Schilderung des Unfallherganges bleibt, wie er sie mit Schriftsatz vom 3. August 1973 gegeben hat.

Im übrigen wird nun auch die Höhe des geltend gemachten Schadens mit Nichtwissen bestritten. Die neuerdings geforderte Nutzungsentschädigung und die Auslagenpauschale dürften in jedem Falle übersetzt sein.
Der Kläger mag auch den behaupteten Zinssatz unter Beweis stellen.

Dr. Schwarz

Rechtsanwalt

(Bemerkungen zu Bl. 6 bis 18 d. A.)

A. Die Terminsbestimmung und die damit verbundenen richterlichen Aufgaben

121 In Ziffer 1 der richterlichen Verfügung vom 17. Juli 1973 (Bl. 6 d. A.) ist gemäß § 340a ZPO zutreffend Termin zur mündlichen Verhandlung über Einspruch und Hauptsache bestimmt worden.

In Ziffer 2 der Verfügung gibt der Amtsrichter nähere Anweisungen zur Ladung der Parteien, die er nach § 497 Abs. 1 S. 3 ZPO auch der Geschäftsstelle hätte überlassen können.

Der Anlaß für diese Anordnungen des Richters ist wohl der, daß er gemäß § 272b ZPO schon bei der Terminsbestimmung dem Kläger zur Verfahrensbeschleunigung eine Frist zur Klagebegründung setzen und den Beklagtenvertreter im Hinblick auf § 88 Abs. 2 ZPO zur Nachreichung der Prozeßvollmacht auffordern will. Im übrigen hatte er ohnehin die Mitteilung des Einstellungsbeschlusses an die Parteien zu veranlassen.

War jedoch die förmliche Ladung des Klägers zum Termin geboten?

Die förmliche Ladung des Klägers zum Einspruchsprüfungstermin war zwar gemäß § 497 Abs. 1 S. 4 ZPO nicht geboten, dafür aber nach § 340a S. 2 ZPO die förmliche Zustellung der Einspurchsschrift. Damit war aus Kosten- und Zeitersparnisgründen die Übersendung der übrigen Schriftstücke zu verbinden.

Ziffer 3 der Verfügung enthält den Einstellungsbeschluß, der in die Verfügung des Richters einbezogen werden konnte.

Der Einstellungsbeschluß hätte der Verfügung auch vorangestellt und die Mitteilung des Beschlusses an die Parteien in der Verfügung veranlaßt werden können.

Eine Mitteilung des Einstellungsbeschlusses an den Gerichtsvollzieher brauchte hier nicht zu erfolgen, weil der Beschluß keine unmittelbaren Rechtswirkungen hatte (vgl. oben Randz. 120) und dem Gericht weder der Gerichtsvollzieher noch überhaupt bekannt war, daß die Zwangsvollstreckung schon begonnen hatte.

Ziffer 4 der Verfügung ist dann sinnvoll, wenn – wie in der Praxis meist üblich – die Verfügung vom Richter handschriftlich getroffen wurde, vgl. dazu *Bull* S. 197.

Ziffer 5 der Verfügung enthält die – nach § 6 Abs. 3 AktO nicht gebotene, bei vielen Gerichten dennoch übliche – ausdrückliche Anweisung an die Geschäftsstelle, den Termin zur mündlichen Verhandlung in den Verhandlungskalender einzutragen.

In Ziffer 6 wird die Wiedervorlage der Akten zutreffend erst am 16. August 1973 begehrt, weil die Parteien den ihnen in Ziffer 2 der Verfügung gemachten Auflagen bis einschließlich 15. August 1973 nachkommen dürfen. (Zum Klammerzusatz vgl. unten Randz. 158.)

Die – sonst regelmäßig gebotene – Benachrichtigung der Parteien von den nach § 272b ZPO getroffenen Anordnungen war hier nach § 272b Abs. 4 S. 2 ZPO entbehrlich.

Die Verfügung vom 17. Juli 1973 mußte der Richter mit vollem Namenszug unterschreiben, weil in ihr der Einstellungsbeschluß enthalten war (vgl. im übrigen oben Randz. 35).

Wann die Verfügung ausgeführt wurde, darüber gibt der von der Kanzlei ausgefüllte Stempelaufdruck auf Bl. 6 d. A. (links unten) nähere Aufschlüsse.

B. Die Ausführung der Verfügung – welche Schriftstücke gehen den Parteien zu?

122 Blatt 7 d. A. ist die mit Ziffer 4 der Verfügung vom 17. Juli 1973 geforderte Leseschrift des Einstellungsbeschlusses.

Auf das „pp." in Ziffer 3 der Verfügung hat die Kanzlei aus den Akten das (bisherige) Rubrum des Rechtsstreites eingesetzt (vgl. oben Randz. 19).

Blatt 8 d. A. ist die an den Kläger adressierte Zustellungsurkunde, die der Postbedienstete nach § 212 Abs. 2 ZPO an die Geschäftsstelle des Amtsgerichtes Bad Kreuznach zurückzusenden hatte (vgl. Bl. 8 R d. A.).

123 Was mit dieser Zustellungsurkunde dem Kläger zugestellt worden ist, ist aus den Eintragungen auf dieser Urkunde rechts oben zu ersehen (vgl. § 195 Abs. 2 ZPO), nämlich:

a) Die Terminsladung (siehe Bl. H) mit den nach § 498 Abs. 2 ZPO vorgeschriebenen und weiteren Hinweisen und den Zusätzen, wie sie in Ziffer 2 der Verfügung Bl. 6 d. A. angeordnet worden waren.

Der in Ziffer 2 der Verfügung gemäß § 272b ZPO angeordnete nochmalige Hinweis auf die Verpflichtung des Klägers, den Nachweis der Zustellung zu führen, erscheint trotz der auf Bl. H Rückseite ohnehin enthaltenen allgemeinen Belehrungen nicht entbehrlich. Der Kläger ist nicht anwaltlich vertreten. Die Erfahrung der Praxis lehrt, daß aufgedruckten Belehrungen in Formularen, die zudem noch vielseitig verwandt werden können, nicht die genügende Aufmerksamkeit gewidmet wird. Der nochmalige, besondere Hinweis an den Kläger, daß er zum Nachweis der Zustellung verpflichtet ist, ist daher nach § 139 ZPO durchaus geboten.

Der Kläger wird nunmehr vom Gerichtsvollzieher die mit dem Titel verbundene Zustellungsurkunde (Bl. B/C) zum Einspruchsprüfungstermin zurückzufordern haben. Diesem Begehren wird der Gerichtsvollzieher auch nachkommen, weil er selbst bei noch andauernden Zwangsvollstreckungsmaßnahmen nicht ständig im Besitze des Titels zu sein braucht (*Zöller-Scherübl* § 754 Anm. 5).

b) Die beglaubigte Abschrift der Einspruchsschrift (Bl. I).

Die Abschrift der Einspruchsschrift war wegen der §§ 340a S. 2, 170 Abs. 1 ZPO zu beglaubigen, vgl. oben Randz. 43. Nach allgemeiner Meinung darf der Rechtsanwalt die Abschriften seiner Schriftsätze selbst beglaubigen, vgl. *Thomas-Putzo*, Anm. zu § 210.

c) Die **Ausfertigung**,

das ist nach dem Sprachgebrauch der ZPO die amtlich erstellte Abschrift von einer in den Prozeßakten verbleibenden Urschrift (*Zöller-Stephan*, § 170 Anm. II 1), die im Verkehr diese Urschrift ersetzen soll,

des Einstellungsbeschlusses vom 17. Juli 1973, Bl. J.

Die Ausfertigung trägt ordnungsgemäß den Ausfertigungsvermerk, die Unterschrift des Urkundsbeamten der Geschäftsstelle und das Dienstsiegel.

124 Bl. 9 d. A. ist das Empfangsbekenntnis (EB, § 212a ZPO), durch das der Prozeßbevollmächtigte des Beklagten bekennt, die Terminsladung (Bl. K) und die Ausfertigung des Einstellungsbeschlusses (Bl. L) erhalten zu haben.

C. Die Behandlung vorbereitender Schriftsätze

125 Mit Bl. 10 hat der Kläger noch vor Ablauf der ihm gesetzten Frist die Begründung seiner Klage vorgenommen.

Die Geschäftsstelle hat daraufhin am Eingangstage (nicht erst 16. August 1973, vgl. oben Randz. 48) den Eingang dem Richter vorgelegt. Der verfügte, daß die Abschrift der Klagebegründung (daß eine solche beigelegen hat, ist aus dem Eingangsstempel auf Bl. 10 ersichtlich) dem Prozeßbevollmächtigten des Beklagten zur Stellungnahme zuzuleiten sei, und zwar formlos (also mit einfacher Post), jedoch unter Setzung einer Frist zur Stellungnahme.

Zu dieser prozeßleitenden Verfügung – und das gilt auch für die Verfügung vom 17. Juli 1973, Bl. 6 d. A. – war der Richter auch während der Gerichtsferien befugt. Allerdings kann die Versäumung dieser Frist wegen § 223 Abs. 1 ZPO nicht die sonst nach § 272 ZPO in Verbindung mit § 279a ZPO möglichen Folgen haben (vgl. *Zöller-Gummer*, Anm. 1a zu § 200 GVG).

Die nunmehr in Ziffer 2 der Verfügung Bl. 10 d. A. gesetzte Wiedervorlagefrist „2 Wochen" (soll heißen: Wiedervorlage in 2 Wochen nach voraussichtlichem Zugang der Abschrift der Klagebegründung beim Beklagtenvertreter) ersetzt auch ohne ausdrückliche Anordnung die in Ziffer 6 der Verfügung Bl. 6 d. A. gesetzte Wiedervorlagefrist.

Auf Bl. 11 folgt die Klageerwiderung des Beklagten.

Anträge, auch Beweisanträge, werden von den Rechtsanwälten durch Einrücken im Text besonders hervorgehoben.

Der Beklagtenvertreter reicht nunmehr auch seine Prozeßvollmacht zu den Akten, Bl. 12.

126 Auf Bl. 13/14 bestellt sich für den Kläger ebenfalls ein Rechtsanwalt. Die Klage wird erweitert und für den Kläger unter Vorlage eines Zeugnisses gemäß § 118 Abs. 2 ZPO (Bl. 15 d. A.) das Armenrecht begehrt.

Konnte das Armenrechtsgesuch vom Amtsgericht gleich beschieden werden?

Nein. Abgesehen davon, daß während der Gerichtsferien auch keine Armenrechtsentscheidungen ergehen dürfen (vgl. *Zöller-Gummer*, Anm. 1a zu § 200 GVG), wäre dem Beklagten vor der Entscheidung über das Armenrechtsgesuch zunächst auch noch das rechtliche Gehör zu gewähren gewesen, § 118a Abs. 1 S. 2 ZPO.

Ist dann die richterliche Verfügung auf Bl. 14 unten korrekt?

Nach § 281 ZPO kann zwar eine Klageerweiterung außer durch Geltendmachung in der mündlichen Verhandlung (beim Amtsgericht also durch Stellung eines entsprechenden Antrages) auch durch Zustellung des die Klageerweiterung enthaltenden Schriftsatzes erfolgen. Es ist deshalb auch richtig, daß der „bestimmende Schriftsatz" Bl. 13/14 (vgl. dazu oben Randz. 45) der förmlichen Zustellung bedurfte. Nur gebietet § 111 Abs. 1 S. 3 GKG, daß im Falle der Klageerweiterung „vor Zahlung der erforderten Prozeßgebühr keine gerichtliche Handlung vorgenommen werden" soll.

Da der Kläger hier das Armenrecht begehrt, heißt das, daß gemäß § 111 Abs. 1 S. 3, Abs. 6 GKG vor der Bewilligung des Armenrechtes die Zustellung der Klageerweiterung nicht erfolgen durfte. Der Verstoß gegen die Ordnungsvorschrift des § 111 Abs. 1 GKG ist jedoch prozessual belanglos (vgl. *Lauterbach-Hartmann*, Anm. 2 B zu § 111 GKG); er begründet hier lediglich die frühere Rechtshängigkeit der Klageerweiterung.

D. Die Vorbereitung des Einspruchsprüfungstermines

127 Die Geschäftsstelle wird einige Tage vor dem Termin vom 18. September 1973 dem Richter sämtliche auf diesen Sitzungstag terminierten Prozeßakten vorlegen, vgl. oben Randz. 36. Dessen Aufgabe ist es dann, die Akten gründlich durchzuarbeiten und sich

auf die Verhandlung so vorzubereiten, daß er mit den Parteien ein Rechtsgespräch führen, dabei eventuell einen Vergleichsvorschlag unterbreiten und die nach der Sachlage gebotenen Feststellungen und Anordnungen treffen kann (Konzentrationsmaxime!), vgl. dazu auch oben Randz. 49.

1. Prüfung der Zulässigkeit des Einspruchs

128 Im gegebenen Fall wird der Richter zur Vorbereitung des Einspruchsprüfungstermins schon vorweg zu prüfen haben, ob der Einspruch zulässig ist. Diese Prüfung kann er anhand des vom Beklagten auf Bl. 5 d. A. mitgeteilten – im Termin jedoch noch zu überprüfenden – Zustellungsdatums des Vollstreckungsbefehls vornehmen.

Ist, wenn der Kläger im Einspruchsprüfungstermin die Zustellungsurkunde vom 7. Juli 1973 vorlegt (vgl. Bl. C) und damit dem Gericht die gemäß § 341 ZPO gebotenen Feststellungen ermöglicht, der Einspruch des Beklagten als zulässig zu erachten?

Die Einspruchsfrist beträgt beim Amtsgericht eine Woche (§§ 700, 339 Abs. 1, 508 Abs. 2 ZPO). Der Lauf dieser Wochenfrist ist nicht etwa durch die inzwischen eingetretenen Gerichtsferien gehemmt worden. Die Einspruchsfrist ist eine **Notfrist**, auf die die Gerichtsferien keinen Einfluß haben, §§ 223, 339 Abs. 1 ZPO.

Für die Berechnung der Wochenfrist gilt im übrigen § 222 ZPO in Verbindung mit den §§ 187, 188 BGB. Danach lief die Einspruchsfrist, die gemäß § 339 Abs. 1 ZPO mit der Zustellung des Vollstreckungsbefehls am Samstag, dem 7. Juli 1973, begann, am Montag, dem 16. Juli 1973, 24 Uhr, ab. Der am 16. Juli 1973 vom Beklagten eingelegte Einspruch (vgl. den Eingangsstempel auf Bl. 6 d. A.) wäre damit noch rechtzeitig.

Die entsprechende Feststellung kann im Einspruchsprüfungstermin zu Protokoll getroffen werden (§ 160 Abs. 2 Z. 5 ZPO) oder in den Gründen des späteren Endurteils.

2. Welche Entscheidung hat bei Unzulässigkeit des Einspruchs bzw. bei Säumnis der Parteien zu ergehen?

129 Vorsorglich wird der Richter auch zu erwägen haben, wie er zu entscheiden haben wird, wenn sich im Termin

a) in Anwesenheit beider Parteien,
b) bei Säumnis des Beklagten,
c) bei Säumnis des Klägers

die Unzulässigkeit des Einspruchs herausstellen sollte (wobei die Klageerhöhung außer Betracht bleiben soll).

Im Falle a) müßte er ein Endurteil erlassen, durch das der Einspruch verworfen wird (wegen der Tenorierung vgl. § 341 ZPO).

Im Falle b) hätte nach *Thomas-Putzo* (§ 341 Anm. 3) und *Zöller-Stephan* (§ 341 Anm. 2a) ein streitiges Endurteil (unechtes Versäumnisurteil), nach *Baumbach-Lauterbach* (§ 341 Anm. 2B b) ein echtes Versäumnisurteil zu ergehen, das in jedem Falle auf Verwerfung des Einspruchs des Beklagten zu lauten hätte.

Im Falle c) hätte der Richter ein unechtes Versäumnisurteil gegen den Beklagten zu erlassen.

Wie aber ist in den Fällen b) und c) zu entscheiden, wenn der Einspruch des Beklagten zulässig sein sollte?

Im Falle b) hätte ein echtes (zweites) Versäumnisurteil (vgl. § 345 ZPO) gegen den Beklagten zu ergehen, vorausgesetzt, der im Mahnverfahren anhängig gemachte Anspruch ist zulässig und schlüssig (streitig, vgl. *Thomas-Putzo*, § 345 Anm. 2c; *Zöller-Stephan*, § 345 Anm. 3).

Im Falle c) hätte nach Feststellung der Zulässigkeit des Einspruchs und Eintritt in die Verhandlung über die Hauptsache auf Antrag des Beklagten ein Versäumnisurteil gegen den Kläger zu ergehen, durch das der Vollstreckungsbefehl aufgehoben und die Klage abgewiesen wird.

Bei Säumnis des Beklagten hätte wegen des (schlüssigen) Betrages der Klageerhöhung ein echtes (erstes) Versäumnisurteil zu ergehen, falls die Voraussetzungen für den Erlaß eines Versäumnisurteils (auch eines zweiten) vorliegen sollten. Kann das bei Säumnis des Beklagten im Termin vom 19. September 1973 überhaupt der Fall sein?

Nein. Nach § 335 Abs. 1 S. 2 ZPO müßte ein entsprechender Antrag des Klägers zurückgewiesen werden, weil bei der Terminsbestimmung durch Verfügung vom 17. Juli 1973 (Bl. 6 d. A.) die Ladungsfrist außer Acht gelassen worden ist! Nach §§ 217, 223 ZPO hätte der – in den Gerichtsferien bestimmte – Einspruchsprüfungstermin frühestens am 19. September 1973 stattfinden können (vgl. dazu oben Randz. 27, 57, 116).

3. Ist die Einlassungsfrist auch bei der Klageerweiterung zu beachten?

130 In den Gerichtsferien ist außerdem die Klageerweiterung rechtshängig geworden. Ist darum im Termin vom 18. September 1973, der zur mündlichen Verhandlung über Einspruch und Hauptsache bestimmt worden ist, in dem also auch über die Klageerweiterung bereits verhandelt werden kann, außer der Ladungsfrist auch die Einlassungsfrist zu beachten?

Nein, bei im Verlaufe eines Rechtsstreites erfolgten Klageerweiterungen ist die Einlassungsfrist nicht zu beachten (*Baumbach-Lauterbach*, § 281 Anm. 2b; *Thomas-Putzo*, § 281 Anm. 2b).

4. Prüfung des Armenrechtsgesuches

Nach der vorsorglichen Prüfung der Zulässigkeit des Einspruchs wird der Richter ferner zu prüfen haben, ob dem Armenrechtsgesuch des Klägers, über das noch nicht entschieden worden ist, stattgegeben werden kann.

a) Die Voraussetzungen der Armenrechtsbewilligung

131 Zunächst: Wie ist über das Armenrechtsgesuch zu entscheiden und was sind die Voraussetzungen für die Bewilligung des Armenrechtes?

Über das Armenrechtsgesuch ist durch Beschluß bei freigestellter mündlicher Verhandlung zu entscheiden, §§ 126, 127 ZPO.

Die Armenrechtsbewilligung setzt voraus:
1. **Armut.** Wann die gegeben ist, bestimmt § 114 Abs. 1 S. 1 ZPO näher (vgl. dort). Sie liegt auch noch vor, wenn das Einkommen des Antragstellers über der Pfändungsfreigrenze des § 850c ZPO liegt. Arm ist etwa der berufstätige Antragsteller, der eine Ehescheidungsklage anstrebt und für sich allein kein höheres Nettoeinkommen als 450,– DM bis 500,– DM zur Verfügung hat. Unterhält er seinen Ehegatten, ist er auch bei einem Einkommen von 700,– bis 800,– DM noch als arm anzusehen. Gehören Kinder zum Haushalt des Antragstellers, so sind für diese mindestens die Sätze der Regelunterhalts-Verordnung zugrunde zu legen.

Ob der Arme von dem vorgenannten Netto-(Familien-)Einkommen auch noch die Miete zu zahlen hat, hängt von deren Höhe ab. Eine durchschnittliche Miete wird dem Armen bei dem vorgenannten Einkommen nicht in Abzug zu bringen sein.

Auch bei höherem Einkommen kann einem Antragsteller – je nach Höhe des Streitwertes der beabsichtigten Klage – ein **Teil-Armenrecht** gewährt werden oder die Armenrechtsbewilligung mit einer **Raten-Nachzahlungsanordnung** verknüpft werden (vgl. unten Randz. 136). Zur Fassung dieser Beschlüsse vgl. das Formular oben Anhang XV.

Im vorliegenden Falle dürfte der Kläger unter Berücksichtigung der Angaben Bl. 15 d. A. noch als arm zu bezeichnen sein. An die Wertung der das Armenrechts-Zeugnis ausstellenden Behörde ist das Gericht dabei nicht gebunden.

2. **Erfolgsaussicht.**
Der Erfolg der beabsichtigten Rechtsverfolgung (vgl. dazu auch § 118a ZPO) muß eine gewisse Wahrscheinlichkeit haben, wofür die Anforderungen nicht zu überspannen sind (*Baumbach-Lauterbach*, § 114 Anm. 2 C).

In diesem Rahmen dürfte für den Kläger Adams auch die Erfolgsaussicht der von ihm beabsichtigten Rechtsverfolgung zu bejahen sein.

3. Überdies ist die Rechtsverfolgung des Klägers auch nicht **mutwillig**, so daß ihm im Termin vom 18. September 1973 das Armenrecht bewilligt werden könnte.

b) Die Wirkungen der Armenrechtsbewilligung

132 Welche Wirkungen hat die Bewilligung des Armenrechtes für den Kläger?

Ihm wird der von ihm benannte Rechtsanwalt als Armenanwalt beigeordnet werden können (vgl. dazu §§ 115 Abs. 1 Z. 3, 116b Abs. 1 ZPO).

Ein – vom Kläger benannter – auswärtiger Anwalt hätte ihm nur zu den Bedingungen eines ortsansässigen Rechtsanwaltes beigeordnet werden können (also keine Reisekosten; gilt wegen § 78 Abs. 1 ZPO in Verbindung mit §§ 18, 23 BRAO nur für die Amtsgerichte).

Nach Bewilligung des Armenrechtes wäre der Kläger außerdem von der Entrichtung der in § 115 Abs. 1 ZPO genannten Gerichtskosten einstweilen (vgl. dazu jedoch §§ 121, 125 ZPO) befreit.

Der Armenrechtsbewilligung kann das Gericht rückwirkende Kraft beilegen, frühestens jedoch auf den Zeitpunkt ab Antragstellung (vgl. z. B. *Thomas-Putzo*, § 119 Anm. 1a).

133 Hat die Bewilligung des Armenrechtes für den Kläger auch irgendwelche Auswirkungen auf den Beklagten?

Ja. Wenn dem Kläger das Armenrecht gewährt worden ist, genießt auch der Beklagte nach § 120 ZPO einstweilige Befreiung von den in § 115 Abs. 1 Z. 1 ZPO genannten Kosten. Das gilt jedoch nicht umgekehrt auch für den Kläger, wenn nur dem Beklagten das Armenrecht gewährt worden ist.

134 Welche kostenrechtliche Folge hat es für den Kläger Adams, wenn er seinen – im Armenrecht geführten – Rechtsstreit gewinnen sollte?

Sein Anwalt könnte im eigenen Namen vom Beklagten seine Gebühren beitreiben, § 124 Abs. 1 ZPO. Daneben hat der Armenanwalt gemäß § 121 BRAGO auch noch einen öffentlich-rechtlichen Anspruch auf Erstattung der – gemäß § 123 BRAGO teilweise niedrigeren – **Armenanwaltsgebühren** gegen die Staatskasse (vgl. § 130 BRAGO).

Die dem armen Kläger gemäß § 115 Abs. 1 ZPO gestundeten Gerichtskosten wird der Kostenbeamte gemäß § 123 Abs. 1 GKG in Verbindung mit § 9 Abs. 3 KostVfg nach Rechtskraft des Urteils vom Beklagten einziehen.

135 Welche Auswirkungen hätte es, wenn nur dem Beklagten zur Rechtsverteidigung das Armenrecht bewilligt worden und der Beklagte voll unterlegen wäre?

Seine Anwaltskosten und die ihm nach § 115 ZPO gestundeten Gerichtskosten hätte die Staatskasse zu tragen. Die außergerichtlichen Kosten des Klägers trägt jedoch nicht die Staatskasse, sondern gemäß § 117 ZPO der Arme. Sollte der Arme mittellos sein, würden die außergerichtlichen Kosten des Klägers letztlich diesem zur Last fallen, vgl. §§ 16, 19 BRAGO.

Bei Mittellosigkeit des beklagten Armen hätte der Kläger auch die Gerichtskosten zu tragen, die dem Armen nicht gemäß § 115 ZPO gestundet worden sind. Da der Kläger das Verfahren veranlaßt hat, ist zunächst er **Kostenschuldner**, § 95 GKG. Kostenschuldner ist neben ihm auch der in die Kosten verurteilte Arme (§ 99 Z. 1 GKG), und zwar gemäß § 103 Abs. 2 GKG sogar Erstschuldner. Hilfsweise haftet jedoch auch der Kläger nach § 103 Abs. 2 GKG für die Gerichtskosten (vgl. *Zöller-Mühlbauer*, § 123 Anm. 2).

In einem (neuen) Prozeß des Armen gegen den obsiegenden Kläger hätte dieser die Einrede der mangelnden Kostenerstattung nach § 274 Abs. 2 Z. 6 ZPO.

136 Sollte im gegebenen Falle der Richter jedoch zu der Ansicht gelangen, daß der Kläger nicht arm und ihm das nachgesuchte Armenrecht daher zu verweigern ist, hätte der Tenor des vom Amtsgericht zu erlassenden – und gemäß § 126 Abs. 2 ZPO zu begründenden – Beschlusses zu lauten: „Dem Kläger wird das Armenrecht verweigert."
Die Gründe dieses Beschlusses könnten etwa lauten:

> „Dem Kläger ist das nachgesuchte Armenrecht zu verweigern, weil er bei einem Nettoeinkommen von 1154,– DM nicht arm im Sinne des § 114 Abs. 1 ZPO ist. Er ist ohne Beeinträchtigung des für ihn und seine Familie notwendigen Unterhalts in der Lage, die bereits erhobene Schadensersatzklage weiter durchzuführen. Bei einem – nach Abzug des Mietzinses noch verbleibenden – Nettoeinkommen von ca. 800,– DM ist es ihm zumutbar, seinem Anwalt gemäß § 17 BRAGO einen angemessenen Vorschuß zu gewähren (das ist regelmäßig die Prozeß- und die Verhandlungsgebühr) und auch die Differenz-Prozeßgebühr nach § 111 Abs. 1 GKG zu zahlen, insgesamt also etwa 140,– DM. Dem Kläger verbleiben damit für sich, seine Ehefrau und seine beiden 9 und 12 Jahre alten Kinder noch rund 660,– DM und damit in jedem Falle der notwendige Unterhalt im Sinne des § 850c ZPO."

Statthaft wäre es im gegebenen Falle wohl auch, dem Kläger das Armenrecht zu bewilligen, mit der Bewilligung jedoch eine Anordnung der Nachzahlung der gestundeten Beträge in Raten zu verbinden (vgl. z. B. *Zöller-Mühlbauer*, § 114 Anm. 1f).

c) Armenrechtsbewilligung durch den Einzelrichter?

137 Könnte, wenn das Verfahren vor dem Einzelrichter des Landgerichtes (§ 348 ZPO) schweben würde, dieser über ein Armenrechtsgesuch entscheiden?

Nein, es hätte die Kammer zu entscheiden (vgl. z. B. *Baumbach-Lauterbach*, § 126 Anm. 1a). Streitig ist jedoch, ob der Einzelrichter im SO-Verfahren (§§ 627f. ZPO) das Armenrecht bewilligen kann (vgl. dazu *Zöller-Karch*, § 627 Anm. 4).

Was hat darum der Einzelrichter zu tun, wenn beispielsweise in einer R-Sache in der mündlichen Verhandlung vor ihm ein Armenrechtsgesuch gestellt wird?

Er muß entweder das Verfahren zur Entscheidung über das Armenrechtsgesuch zunächst wieder an die Kammer zurückgeben oder er bewilligt der antragstellenden Partei „vorbehaltlich der Zustimmung der Kammer" das Armenrecht, sofern die Voraussetzungen dafür vorliegen.

5. Hat ein Sühneversuch Aussicht auf Erfolg?

138 Wenn sich der Amtsrichter darüber im klaren ist, ob er dem Kläger das Armenrecht zu gewähren hat, wird er ferner zu erwägen haben, ob ein Sühneversuch (§§ 495 Abs. 2, 296 ZPO) Aussicht auf Erfolg hat.

Ein Sühneversuch, also ein Vergleich, dürfte nach der Aktenlage noch wenig Aussicht auf Erfolg haben. Die Schadensersatzforderung des Klägers scheint nur geringfügig übersetzt zu sein, so daß dem Kläger ein größeres Nachgeben im Wege des Vergleiches nicht angeraten werden kann.

Ein nur geringfügiges Nachgeben des Klägers dürfte wegen der höheren Kosten (der Vergleichsgebühr, vgl. oben Randz. 52) für den Beklagten auch nur wenig von Interesse sein.

6. Sind die angekündigten Anträge „sachdienlich"?

139 Der Richter wird hierauf weiterhin zu prüfen haben, ob die von den Parteien angekündigten Anträge sachdienlich sind (vgl. § 139 ZPO), ob sie so auch bei Eintritt in die Verhandlung über die Hauptsache (§ 137 ZPO) gestellt werden können.

Das erscheint zumindest zweifelhaft, weil die Parteien bei der Fassung ihrer Anträge offenbar § 343 ZPO übersehen haben. Es wird daher Aufgabe des Richters sein, im Termin auf eine Anpassung der Anträge der Parteien an den § 343 ZPO hinzuwirken.

Worauf sollte bei der Fassung der Anträge ohnehin stets geachtet werden?

Darauf, ob ein dem Antrag entsprechender Tenor vollstreckbar wäre, ob auch der Gerichtsvollzieher aus ihm ersehen kann, was er zu vollstrecken hat (vgl. dazu auch oben Randz. 82).

Muß der Richter im vorliegenden Falle auch darauf hinwirken, daß die Parteien Anträge zur Kostentragung und zur vorläufigen Vollstreckbarkeit stellen?

Nein, darüber ist gemäß §§ 308 Abs. 2, 708f. ZPO von Amts wegen zu entscheiden.

7. Ist der Rechtsstreit zur Entscheidung reif oder hat noch eine Beweisaufnahme zu erfolgen?

Im Rahmen der Terminsvorbereitung wird der Richter schließlich noch zu prüfen haben, ob im Termin vom 18. September 1973 bereits gemäß § 300 Abs. 1 ZPO ein Endurteil ergehen kann, ob also der Rechtsstreit zur Entscheidung reif ist, oder ob zunächst noch eine Beweisaufnahme zu erfolgen hat.

a) Die Prozeßstoffskizze

140 Wie stellt der Richter am zweckmäßigsten fest, ob der Rechtsstreit schon zur Entscheidung reif ist? Welcher Mittel bedient er sich dabei?

Er wird zunächst auf Grund des schriftsätzlichen Vortrages der Parteien den Stoff sammeln und ordnen, und zwar am besten anhand einer **Prozeßstoffskizze**, die etwa wie folgt aussehen könnte (vgl. auch die Prozeßstoffskizze bei *Berg* S. 159f.):

Bl.	Kläger (Bl. 14)	Bl.	Beklagter (Bl. 11)
2 R	VB v. 29. 6. 73	16	Einspruch am 16. 7. 73
2/10	Auffahrunfall in Bad Kreuznach am 18. 5. 1973. Bekl. fuhr an Kreuzg. Bosenheimer Str./Dürerstr. auf PKW des Kl. auf,		
13	als dieser nach ordngsgem. Abbremsen bereits 1 bis 2 sec. vor dortiger Ampel hielt (Beweis: Zgn.).	11	Kl. bremste beim Umschalten der Ampel von grün auf gelb abrupt ab (Beweis: Ehefrau als Zgn.).
2/10	Dabei wurde PKW des Kl. beschädigt.		
10	Bekl. räumte an Unfallstelle Schuld an Unfall ein u. versprach Schadensersatz.		

13	Unfall sei für Kl. unabwendbares Ereignis gewesen.		11	Unfall sei für Kl. vermeidbar gewesen. Ihn treffe daran die zumindest überwiegende Schuld.
	Unfall habe bedingt:			
2/	Reparaturkosten	756,– DM,		
10	Nutzungsentschädg.	75,– DM,	18	zu hoch
14	(5 Tg. à 15,– DM)			
14	Merk. Minderwert (Bew.: Sachv.-G.)	100,– DM,		
14	Auslagen-Pauschale	30,– DM,	18	zu hoch
2/	8½% Zinsen wegen		18	Zinshöhe bestritten
14	Bankkredit (Mahng. z. 15. 6. 73)			
		961,– DM.		

Eine derartige Prozeßstoffskizze gibt im wesentlichen nur die Aktenfundstelle an, an der die – stichwortartig skizzierten – Behauptungen der Parteien zu finden sind. Sie ermöglicht jedoch bereits einen Überblick über den Sach- und Streitstand, weil nur den bestrittenen Behauptungen in gleicher Zeile die Gegenbehauptung gegenübergestellt ist. (Zweckmäßigerweise sollte dabei gleich vermerkt werden, ob für die einzelnen Behauptungen Beweis angetreten worden ist.)

Eine solche Prozeßstoffskizze sollte nicht schon beim ersten Durchlesen der Akten angelegt werden, sondern erst bei der – mindestens gebotenen – zweiten Aktendurchsicht. Dann vermag der Bearbeiter schon zu überschauen, was von den Parteien (meist über mehrere Schriftsätze) vorgetragen wird, was für ihr Begehren erheblich und was nur belangloses („schmückendes") Beiwerk ist. Der Bearbeiter kann dann bereits bei der Anlegung der Prozeßstoffskizze die notwendige Ordnung des Prozeßstoffes vornehmen. Er erspart dadurch auch besondere Notizen für den Aktenvortrag, wenn er den zur Beratung der Sache zu halten verpflichtet ist.

Schon bei der Anlage der Prozeßstoffskizze wird der Bearbeiter unter Berücksichtigung der Grundsätze des § 138 ZPO zu prüfen haben, welche der Parteibehauptungen als zugestanden angesehen werden können (§ 138 Abs. 3 ZPO) und welche (wirksam) bestritten sind.

Unwirksam ist beispielsweise im vorliegenden Falle das **pauschale Bestreiten** zu Beginn des Schriftsatzes des Beklagten vom 3. August 1973, Bl. 11 d. A. (vgl. dazu z. B. *Berg* S. 128/129, *Schumacher* S. 32f.). Ebenso unwirksam ist das pauschale Bestreiten der vom Kläger geltend gemachten Schäden mit **Nichtwissen** auf Bl. 18 d. A. Daß Schäden an dem Kraftfahrzeug des Klägers entstanden sind, war dem Beklagten aus eigener Anschauung bekannt. Bestreiten konnte er darum nur deren Höhe. Das durfte er jedoch nicht pauschal tun. Werden mehrere Rechnungsposten geltend gemacht, so sind diese **substantiiert** zu bestreiten (vgl. *Thomas-Putzo*, § 138 Anm. III 1 c aa).

Im gegebenen Falle ist es bei der Anlage der Prozeßstoffskizze zweckmäßig, außer der Fundstelle der Anträge (hier vermerkt hinter den Parteibezeichnungen) auch zu vermerken, daß ein Vollstreckungsbefehl vorliegt, gegen den Einspruch eingelegt worden ist, und zwar jeweils unter Angabe der Blattzahl. Ohne eine derartige Notiz könnte sonst die von Amts wegen gebotene Einspruchsprüfung übersehen werden.

b) Relationsmäßige Überprüfung des Begehrens der Parteien

141 Im Rahmen der Terminsvorbereitung würde eine Prozeßstoffskizze dem Amtsrichter auch die nunmehr gebotene relationsmäßige Überprüfung des Begehrens der Parteien erleichtern.

Eine solche Prüfung ist geboten. Sollte das Begehren des Klägers unzulässig oder unschlüssig sein, hätte ohne Prüfung des Begehrens des Beklagten Klageabweisung zu erfolgen. Ist das Vorbringen des Beklagten unerheblich, hat ohne Beweisaufnahme seine Verurteilung zu erfolgen. Eine Beweisaufnahme darf also nur erfolgen bei Schlüssigkeit des Klägervorbringens und Erheblichkeit des Beklagtenvorbringens über solche bestrittenen Tatsachen, ohne die eine Entscheidung nicht möglich ist (vgl. dazu *Schumacher* S. 40, *Thomas-Putzo*, § 282 Anm. 1).

Ist nun im gegebenen Falle die Klage schlüssig? Von welchen Tatsachen ist bei der Schlüssigkeitsprüfung überhaupt auszugehen?

Der Schlüssigkeitsprüfung ist das Unstreitige (der Sachstand) und das streitige Klägervorbringen zugrunde zu legen (*Berg* S. 49, *Schumacher* S. 22).

Die Schlüssigkeitsprüfung, die hier nicht im einzelnen durchgeführt werden soll, führt im gegebenen Fall zu dem **Ergebnis**, daß das Begehren des Klägers sowohl aus § 7 StVG als auch aus § 823 BGB dem Grunde nach schlüssig ist. Zwar ereignete sich der Unfall auch bei dem Betrieb des Fahrzeuges des Klägers, doch hat der dafür selbst unter dem Gesichtspunkt der Betriebsgefahr nicht mitzuhaften, § 17 StVG. Für den bereits ein bis zwei Sekunden vor der roten Ampel haltenden Kläger war der Auffahrunfall ein unabwendbares Ereignis im Sinne des § 7 Abs. 2 StVG. Das schließt auch ein Mitverschulden (§ 254 BGB) des Klägers an der vom Beklagten begangenen fahrlässigen Eigentumsverletzung (§ 823 Abs. 1 BGB) aus. Beide Ansprüche bestehen nebeneinander. Das Straßenverkehrsgesetz schließt nicht etwa Ansprüche aus unerlaubter Handlung (Schmerzensgeld!) aus, vgl. § 16 StVG.

Der Höhe nach sind schlüssig die Reparaturkostenforderung, der merkantile Minderwert und die Auslagenpauschale. Dagegen nicht in voller Höhe die Nutzungsentschädigung (nach der Tabelle von *Sanden-Danner*, VersR 1973 S. 97f., beträgt der Tagessatz für das Fahrzeug des Klägers lediglich 12,– DM) und ebenso nicht die geltend gemachten Zinsen. Denn hinsichtlich der Reparaturkostenforderung hat der Kläger den Beklagten zum 15. Juni 1973 befristet gemahnt. In Verzug befindet sich dieser daher erst seit dem 16. Juni 1973, so daß auch die geforderten 8½% Zinsen als Verzugsschaden erst ab diesem Zeitpunkt schlüssig sind. Der merkantile Minderwert ist als Dauerschaden nach § 849 BGB zwar seit dem Unfalltag zu verzinsen; schlüssig sind jedoch nur 4% Zinsen (§ 246 BGB), weil für diesen Schaden begrifflich kein Kredit aufgenommen worden sein kann. Die restlichen Schäden (Nutzungsentschädigung und Auslagenpauschale) sind zwar in Höhe von 8½% schlüssig, mangels Mahnung jedoch erst seit der Zustellung der Klageerweiterung.

Inwieweit ist nun die vom Vortrag des Klägers abweichende Einlassung des Beklagten gegenüber den schlüssigen Ansprüchen des Klägers erheblich? Von welchem Sachverhalt ist bei der Erheblichkeitsprüfung auszugehen?

Bei der Erheblichkeitsprüfung ist vom Sachstand und dem streitigen Vorbringen des Beklagten auszugehen.

Im gegebenen Falle wäre das Ergebnis der Erheblichkeitsprüfung wohl das: Wenn der Kläger in dem geringere Sicherheitsabstände erfordernden städtischen Verkehr völlig unvorhersehbar scharf abgebremst hat, ist er über § 17 Abs. 1 S. 2 StVG in Verbindung mit § 7 StVG bzw. über § 254 BGB verpflichtet, einen (geringen) Teil seines Schadens selbst zu tragen. Denn dann hat der Kläger nicht jede nach den Umständen des Falles gebotene Sorgfalt beachtet, so daß seine Haftung auch nicht über § 7 Abs. 2 StVG ausgeschlossen ist.

Ebenso erheblich wie das Vorbringen des Beklagten zum Grund des Anspruches des Klägers ist auch sein Vorbringen zur Höhe der Auslagenpauschale und der Zinsen.

Da mithin rechtserhebliche Behauptungen des Beklagten von denen des Klägers abweichen, ist über diese Beweis zu erheben.

Beweisbedürftig ist also der in seinen Einzelheiten umstrittene Unfallhergang, beweisbedürftig sind ferner die Höhe der Auslagenpauschale und der Verzugsschaden durch Inanspruchnahme von Bankkredit.

Ist jedoch für sämtliche beweisbedürftige Tatsachen Beweis angeboten worden? Wen trifft überhaupt die **Beweislast**?

Beweis ist nur für den Unfallhergang angeboten worden, nicht aber für die der Höhe nach bestrittenen Schadensposten.

Nach allgemeiner Beweislastregel (vgl. z. B. *Thomas-Putzo* § 282 Anm. 5b) hat jede Partei die ihr günstigen Tatsachen zu behaupten und zu beweisen. Der Kläger hat also nicht nur die Höhe der von ihm geltend gemachten Schäden zu beweisen, er ist auch beweispflichtig dafür, daß er entgegen der Vermutung der §§ 17 Abs. 1, 7 StVG nicht für den Unfall mithaftet.

Spielt die Beweislast in diesem Verfahrensabschnitt überhaupt schon eine Rolle?

Nur insoweit, als kein **Gegenbeweis** erhoben werden darf, solange nicht der Beweispflichtige Beweis angetreten hat (vgl. *Berg* S. 86, *Schumacher* S. 40).

Da im gegebenen Fall beide Parteien Beweis angeboten haben, kann der Richter im Termin vom 18. September 1973 die Erhebung der zum Unfallhergang angebotenen Beweise, also die Zeugenvernehmung, anordnen.

3. Kapitel: Der Einspruchsprüfungstermin, Beweisbeschluß, Ladung der Zeugen und die Vorbereitung des Beweistermins

Blatt 19 bis 25 der Akten

19

Öffentliche Sitzung des Amtsgerichts

655 Bad Kreuznach, den 18. September 1973

Geschäftsnummer:
- 2 C 841/73 -

In dem Rechtsstreit *)

Gegenwärtig:

Richter am Amtsgericht Bender
als Richter

Justizangestellter Meier
als Urkundsbeamter der Geschäftsstelle

A d a m s

gegen

Bechthold

erschienen bei Aufruf

1. ~~– für~~ der Kläger ~~und – der~~ Rechtsanwalt Weiß,

2. – für den Beklagten ~~und – den~~ Rechtsanwalt Dr. Schwarz, Frankfurt/M., der Rechtsanwalt Klein, Bad Kreuznach, mit Untervollmacht.

Kl.-Vertr. weist nach, daß der Vollstreckungsbefehl des Amtsgerichtes Bad Kreuznach vom 29. Juni 1973 dem Beklagten am 7. Juli 1973 zugestellt worden ist. Es wird festgestellt, daß damit der am 16. Juli 1973 eingelegte Einspruch rechtzeitig ist.

Kl.-Vertr. beantragt, dem Kläger nach Maßgabe des Schriftsatzes vom 15. 8. 1973 (Bl. 14 d. A.) das Armenrecht zu bewilligen. Bekl.-Vertr. gibt hierzu keine Erklärung ab.

B. u. v.:

Dem Kläger wird rückwirkend ab Antragstellung das Armenrecht

*) Wenn das Protokoll einen Vergleich enthält, sind die Parteien ihre gesetzlichen Vertreter u. die Prozeßbevollmächtigten im Rubrum nach Namen, Stand oder Gewerbe genau zu bezeichnen.

ZP 38 (fr. ZP 14) Mündliche Verhandlung – Sitzungsprotokoll – (§ 510 a ZPO) – Amtsgericht –
Nr. 5438. Formularverlag Emil Sommer, Grünstadt – 0 –

20

- 2 -

bewilligt und Rechtsanwalt Weiß, Bad Kreuznach, als Armenanwalt beigeordnet.

Kl.-Vertr. stellt den Antrag:

Den Vollstreckungsbefehl des Amtsgerichtes Bad Kreuznach vom 29. Juni 1973 aufrechtzuerhalten und den Beklagten darüber hinaus zu verurteilen, an den Kläger 205,--DM nebst 8 1/2 % Zinsen seit dem 18. Mai 1973 zu zahlen.

v. u. g.

Bekl.-Vertr. stellt den Antrag:

Die Klage unter Aufhebung des Vollstreckungsbefehls kostenpflichtig abzuweisen.

v. u. g.

Nach Erörterung der Sach- und Rechtslage wurde ein noch abzusetzender Beweisbeschluß seinem wesentlichen Inhalt nach verkündndet.

Bendert Rucci

Vfg.:

1.-3. 2x1. h. ab 19. Sep. 1973 h. (2xZU)

1. Abschr. v. Protok. u. BB an RA + RA
2. Zeugen Evans und Reuter laden
3. Ptn. pers. mit ZU laden
4. Wvl.: 1. 10. 73

K., d. 18. 9. 1973

B.

20 a

Verkündet am 18. September 1973

- 2 C 841/73 -

(Meier), Justizangestellter
als Urkundsbeamter der Geschäftsstelle
des Amtsgerichtes

Aufklärungs- und Beweisbeschluß

in Sachen

Adams ./. Bechthold.

I. Es soll Beweis erhoben werden darüber, ob

1. das Fahrzeug des Klägers am 18. Mai 1973 schon mindestens 1 bis 2 Sekunden vor der roten Ampel an der Kreuzung Bosenheimer Straße/Dürerstraße in Bad Kreuznach gehalten hat, als der Beklagte mit seinem PKW auf das Fahrzeug des Klägers auffuhr;

2. der Kläger, bevor sich am 18. Mai 1973 an der Kreuzung Bosenheimer Straße/Dürerstraße in Bad Kreuznach der Auffahrunfall ereignete, an dem die Fahrzeuge der Parteien beteiligt waren, seinen PKW beim Umschalten der dort installierten Ampel von grün auf gelb abrupt, unvermittelt scharf abgebremst hat,

durch Vernehmung der Zeugen

a) Frau Margot Bechthold, 6 Frankfurt/Main, Mainzer Straße 208, zu I. 2., benannt von dem Beklagten,

b) Frau Kate Evans, 655 Bad Kreuznach, Korellengarten 60,

c) Rentner Erich Reuter, 655 Bad Kreuznach, Matthias-Grünewald-Straße 104,
beide zu I. 1., benannt von dem Kläger.

II. Termin zur Beweisaufnahme und zur Fortsetzung der mündlichen Verhandlung wird bestimmt auf

Donnerstag, den 9. Oktober 1973, 11 Uhr, Saal 38.

Eine Ortsbesichtigung und die Vernehmung der Zeugen an Ort und Stelle bleiben vorbehalten.

III. Zu diesem Termin wird das persönliche Erscheinen der Parteien angeordnet.

20b

- 2 -

IV. Die Ladung der Zeugin Margot Bechthold durch das Gericht wird davon abhängig gemacht, daß der Beklagte bis zum 28. September 1973 die Zahlung eines Zeugengebührenvorschusses von 50,-DM nachweist bzw. eine Zeugengebührenverzichtserklärung zu den Akten reicht.

V. Dem Kläger wird aufgegeben zu erklären, ob

1) die Zeugin Kate Evans der deutschen Sprache mächtig ist,
2) er für den von ihm behaupteten Zinsfuß Beweis antreten kann.

Frist hierzu: 28. September 1973.

AMTSGERICHT BAD KREUZNACH

Bendel

Richter am Amtsgericht

M1

Wichtiger Hinweis!
Sofern Sie Arbeitnehmer sind und als Zeuge Verdienstausfall geltend machen wollen, lassen Sie bitte nachstehende Bescheinigung von Ihrem Arbeitgeber ausfüllen.

Bescheinigung über Verdienstausfall

Herr
Frau .... (Name, Vorname) ....
Fräulein (Wohnort, Straße)

....

ist hier beschäftigt und hat am ....
durch Wahrnehmung des Termins beim Oberlandes-/Land-/Amts-/
gericht .... Verdienstausfall.
Die Arbeitszeit am Terminstag beginnt um .... Uhr und
endet um .... Uhr; darin sind unbezahlte Arbeitspausen
von .... Uhr bis .... Uhr und von .... Uhr
bis .... Uhr enthalten.
— Das Gehalt wird je Stunde der Abwesenheit um .... DM
gekürzt. — Der Stundenlohn/Schichtlohn beträgt brutto ....
DM; — dazu werden an Prämien .... DM und Auslösungen
.... DM gewährt. —*
Eine Teilbeschäftigung am Terminstag ist vor dem Termin
— nicht möglich —
— in der Zeit von .... Uhr bis .... Uhr möglich. —*
Nach dem Termin ist eine Wiederaufnahme der Arbeit
— aus betrieblichen Gründen nicht möglich —
— möglich, wenn der Arbeitnehmer bis spätestens .... Uhr
an die Arbeitsstelle zurückgekehrt ist —*

(Firmenstempel)

(Ort und Tag) (Unterschrift)

....

* Nichtzutreffendes bitte streichen!

HKR 104 (fr. HKR 172 a) Bescheinigung des Arbeitgebers über Verdienstausfall als Anlage zur Zeugenladung
Formularverlag Emil Sommer. Grünstadt — gen. 5. 1972 —

21

Unter-Vollmacht

In Sachen

Adams ./. Bechthold
- 2 C 841/73 AG Bad Kreuznach -

bevollmächtige ich ~~wir~~ den Herrn Rechtsanwalt K l e i n, Bad Kreuznach, mich vor dem Amtsgericht Bad Kreuznach zu vertreten.

Frankfurt/Main, den 20. August 1973

W. Sicius, Neustadt a. Rbge.
Vordruck 28

M

A m t s g e r i c h t 655 Bad Kreuznach, den 18. 9. 1973
- 2 C 841/73 - Ringstraße 79

Frau
Kate E v a n s

655 Bad Kreuznach
Korellengarten 60

Ladung

Sehr geehrte(r) Frau Evans!

In dem Rechtsstreit

Adams gegen Bechthold

sollen Sie nach einem Beweisbeschluß des Prozeßgerichts über die auf der Rückseite dieser Ladung bezeichneten Beweisfragen als Zeuge vernommen werden.

Hierzu ist Termin auf

Wochentag	Tag, Monat, Jahr	Uhrzeit		Geschoß	Zimmer Nr.
Donnerstag	9. Oktober 1973	11.00	im Gerichtsgebäude	E.	38

bestimmt worden. Zu diesem Termin werden Sie hiermit geladen. Bringen Sie diese Ladung bitte mit.

Sie sind gesetzlich verpflichtet, pünktlich zu erscheinen; dies gilt auch dann, wenn Sie in dieser Sache schon einmal vernommen worden sind. Können Sie aus zwingenden Gründen voraussichtlich nicht zum Termin kommen, so teilen Sie dies bitte sofort mit. Geben Sie dabei bitte die Gründe an. Erhalten Sie auf Ihre Mitteilung keinen Bescheid, so müssen Sie zum Termin kommen. Teilen Sie bitte auch Änderungen Ihrer Anschrift sofort mit, damit Sie jederzeit erreichbar bleiben.

Kommen Sie nicht zum Termin, so kann das Gericht Sie zu einer Ordnungsstrafe bis zu einer Höhe von 1 000,— DM und für den Fall, daß diese nicht beigetrieben werden kann, zu einer Haftstrafe bis zu sechs Wochen verurteilen. Außerdem kann es Ihnen die Kosten auferlegen, die durch Ihr Ausbleiben verursacht worden sind.

Sollten Sie eine Entschädigung für Verdienstausfall oder den Ersatz von Auslagen beanspruchen, so bringen Sie bitte Belege dafür mit (Verdienstausfallbescheinigung des Arbeitgebers nach dem beigefügten Muster, Quittung eines Vertreters, Handwerkskarte, Gewerbeschein, Teilbeschäftigtenkarte, Fahrkarte usw.).

Beachten Sie bitte, daß bei Benutzung der Bundesbahn zur Hin- und Rückfahrt nur die Kosten einer Rückfahrkarte erstattet werden können.

Wenn Sie ein Kraftfahrzeug benutzen, werden Ihnen für jeden angefangenen Kilometer des Hin- und Rückweges 0,25 DM erstattet. Bei Fahrstrecken über 200 km gilt dies nur, soweit Ihre Gesamtentschädigung für Verdienstausfall und Auslagen hierdurch nicht höher wird, als sie es bei Be nutzung von öffentlichen, regelmäßig verkehrenden Beförderungsmitteln wäre. Verlangen Sie jedoch bei Fahrstrecken über 200 km lediglich die Fahrtkosten für nicht mehr als 200 km, so werden Ihnen für jeden angefangenen Kilometer des Hin- und Rückweges 0,25 DM bis zum Höchstbetrag von 50,— DM für 200 km erstattet, ohne daß die Gesamtentschädigung um die Mehrkosten gegenüber der Benutzung von öffentlichen, regelmäßig verkehrenden Beförderungsmitteln gekürzt wird.

ZP 5 (fr. ZP 31) Zeugenladung (§ 377 ZPO) – Amtsgericht/Landgericht/Oberlandesgericht – — gen. 8. 1972 —
Formularverlag Emil Sommer, Grünstadt

Bitte benachrichtigen Sie das Gericht sofort, falls Sie von einem anderen als dem umseitig angegebenen Ort anreisen oder zu einem anderen als diesem Ort zurückfahren müssen. Das Gericht wird in diesem Falle entscheiden, ob Sie trotzdem erscheinen sollen. Unterlassen Sie diese Mitteilung, so können Ihnen die Mehrkosten nicht erstattet werden. Erhalten Sie auf Ihre Mitteilung keinen Bescheid, so bleibt es bei diesem Termin.

Der Antrag auf Entschädigung muß binnen einer Frist von drei Monaten gestellt werden, weil der Anspruch sonst erlischt.

Zeugen kann auf Antrag ein Vorschuß gewährt werden, wenn sie nicht über die Mittel für die Reise verfügen oder wenn Ihnen insbesondere wegen der Höhe der entstehenden Reisekosten, nicht zugemutet werden kann, diese aus eigenen Mitteln vorzulegen. Der Antrag ist zu begründen und an das Gericht, das diese Ladung veranlaßt hat, zu richten. Bei der Begründung des Antrages sind die wirtschaftlichen Verhältnisse darzulegen. Die Einkommensverhältnisse sind durch geeignete Unterlagen (z. B. Verdienstbescheinigungen) zu belegen.

Es soll Beweis erhoben werden darüber, ob das Fahrzeug des Klägers am 18. Mai 1973 schon mindestens 1 bis 2 Sekunden vor der roten Ampel an der Kreuzung Bosenheimer Straße/Dürerstraße in Bad Kreuznach gehalten hat, als der Beklagte mit seinem PKW auf das Fahrzeug des Klägers auffuhr.

[Unterschrift]
Justizangestellte

N

AMTSGERICHT Bad Kreuznach, den 18.9.1973
- 2 C 841/73 -

Herrn
Gerhard Adams

655 Bad Kreuznach

Ringstraße 18

Ladung

In dem Rechtsstreit

Adams gegen Bechthold

ist beschlossen worden, daß Sie selbst kommen sollen, um den Sachverhalt aufzuklären.
Hierzu ist Termin auf

Wochentag	Tag, Monat, Jahr	Uhrzeit		Geschoß	Zimmer-Nr.
Donnerstag	9. Oktober 1973	11.00	im Gerichtsgebäude	E.	38

bestimmt worden. Zu diesem Termin werden Sie hiermit geladen. Bringen Sie diese Ladung bitte mit.

Kommen Sie Ihrer Pflicht zum persönlichen Erscheinen nicht nach, so kann das Gericht Sie zu einer Ordnungsstrafe bis zu einer Höhe von 1000,— DM verurteilen und Ihnen die Kosten auferlegen, die durch Ihr Ausbleiben verursacht worden sind. Dies geschieht nicht, wenn Sie einen mit schriftlicher Vollmacht versehenen volljährigen Vertreter entsenden. Dieser muß jedoch **ebenso gut wie Sie selbst** den Sachverhalt aufklären können und ermächtigt sein, die notwendigen Erklärungen abzugeben, insbesondere einen Vergleich zu schließen.

Bitte benachrichtigen Sie das Gericht sofort, falls Sie von einem anderen als dem oben angegebenen Ort anreisen müssen. Das Gericht wird in diesem Falle entscheiden, ob Sie trotzdem erscheinen sollen.

Unterlassen Sie diese Mitteilung, so können Ihnen die Mehrkosten Ihrer Reise auch bei einem für Sie günstigen Ausgang des Rechtsstreits nicht erstattet werden.

Erhalten Sie auf Ihre Mitteilung keinen Bescheid, so bleibt es bei dem Termin.

Personen, deren Erscheinen angeordnet ist und die nicht in der Lage sind, die Kosten der Hin- und Rückreise zu bestreiten, kann auf Antrag eine Reiseentschädigung — auch vorschußweise — gewährt werden. Der Antrag ist an das Gericht, das diese Ladung veranlaßt hat, zu richten und auch dann besonders zu begründen, wenn dem Antragsteller für das Verfahren bereits das Armenrecht bewilligt ist. Dem Antrag ist ein Zeugnis zur Erlangung der einstweiligen Kostenbefreiung beizufügen, wenn ein solches nicht bereits eingereicht ist.

Dieses Zeugnis wird auf Antrag von der Gemeindeverwaltung des Wohn- oder Aufenthaltsortes des Antragstellers ausgestellt.

Justizangestellte

ZP 4 (fr. ZP 9 e) Ladung von vertretenen Parteien, deren persönliches Erscheinen angeordnet ist (§ 141 ZPO) — Amtsgericht/Landgericht/Oberlandesgericht — gen. 3. 1970 —

Formularverlag Emil Sommer, Grünstadt —O—

Postzustellungsurkunde

über die Zustellung eines Schriftstücks mit der Aufschrift:

Kurze Bezeichnung des Schriftstücks:

Briefannahmestelle
Land- u. Amtsgericht
Bad Kreuznach

Eing.: 21. SEP. 1973

Lag. z. T. v. 9.10.1973

Anl.: — Abschr.: —

22

Geschäfts-Nr.:

2 C 841/73

Anschrift:

Herrn
Willi B e c h t h o l d
Kaufmann

6000 Frankfurt/Main

Mainzer Straße 208

Absender wie umseitige Rückanschrift — DM Kostenmarken

Anbei ein Vordruck zur Zustellungsurkunde. Vereinfachte Zustellung

6 Frankfurt/Main

Postleitzahl — Zustell-Postamt

Das vorstehend bezeichnete Schriftstück habe ich in meiner Eigenschaft als Postbediensteter zu Frankfurt ______ heute hier — zwischen ______ Uhr und ______ Uhr (Zeitangabe nur auf Verlangen) —

	(Vordruck für die Zustellung an Einzelpersonen, Einzelfirmen, Rechtsanwälte, Notare und Gerichtsvollzieher usw.)	(Vordruck für die Zustellung an Behörden, juristische Personen, Gesellschaften und Gemeinschaften [Vereinigungen])
1. An den Empfänger oder Vorsteher usw. in Person	dem – Empfänger – ~~Firmeninhaber~~ (Vor- und Zuname): Willi Bechthold ______ selbst in – ~~der Wohnung~~ – dem Geschäftslokal ______ übergeben.	dem – Vorsteher – gesetzlichen Vertreter – vertretungsberechtigten Mitinhaber – ______ in Person in – der Wohnung – dem Geschäftslokal – ______ übergeben.
2. An Gehilfen, Angestellte, Beamte usw.	da ich in dem Geschäftslokal den – Empfänger – Firmeninhaber (Vor- und Zuname): ______ selbst nicht angetroffen habe, dort de...... – Gehilf...... – Angestellten – ______ übergeben.	da in dem Geschäftslokal während der gewöhnlichen Geschäftsstunden a) der angetroffene – Vorsteher – gesetzliche Vertreter – vertretungsberechtigte Mitinhaber – an der Annahme verhindert war, b) der – Vorsteher – gesetzliche Vertreter – vertretungsberechtigte Mitinhaber – nicht anwesend war, dort dem beim Empfänger angestellten ______ übergeben.
3. An a) ein Familienmitglied b) eine dienende Person	da ich den – Empfänger – Firmeninhaber (Vor- und Zuname): ______ selbst in der Wohnung nicht angetroffen habe, dort a) dem zu seiner Familie gehörenden erwachsenen Hausgenossen, nämlich – der Ehefrau – dem Ehemann – dem Sohne – der Tochter – ______ übergeben. b) de...... in der Familie dienenden erwachsenen ______ übergeben.	da ein besonderes Geschäftslokal nicht vorhanden ist und ich auch den – Vorsteher – gesetzlichen Vertreter – vertretungsberechtigten Mitinhaber – ______ in der hiesigen Wohnung ______ nicht selbst angetroffen habe, dort a) dem zu seiner Familie gehörenden erwachsenen Hausgenossen, nämlich – der Ehefrau – dem Ehemann – dem Sohne – der Tochter – ______ übergeben. b) de...... in der Familie dienenden erwachsenen ______ übergeben.
4. An den Hauswirt oder Vermieter	da ich den – Empfänger – Firmeninhaber (Vor- und Zuname): ______ selbst in der Wohnung nicht angetroffen habe, auch die Zustellung an einen zur Familie gehörenden erwachsenen Hausgenossen oder an eine in der Familie dienende erwachsene Person nicht ausführbar war, de...... in demselben Hause wohnenden – Hauswirt...... – Vermieter...... –, nämlich de...... ______, d...... zur Annahme bereit war, übergeben.	da ein besonderes Geschäftslokal nicht vorhanden ist und ich den – Vorsteher – gesetzlichen Vertreter – vertretungsberechtigten Mitinhaber – ______ in der Wohnung ______ nicht angetroffen habe, auch die Zustellung an einen zur Familie gehörenden erwachsenen Hausgenossen oder an eine in der Familie dienende erwachsene Person nicht ausführbar war, de...... in demselben Haus wohnenden – Hauswirt – Vermieter...... –, nämlich de...... ______, d...... zur Annahme bereit war, übergeben.
5. Verweigerte Annahme (kommt nur in den Fällen 1, 2 und 3 in Betracht)	zu übergeben versucht und, da die Annahme des Schriftstücks verweigert wurde, am Ort der Zustellung zurückgelassen.	

Den Tag der Zustellung habe ich auf dem zugestellten Schriftstück vermerkt.

6 Frankfurt
Postleitzahl

den 20. 9. 1973

Dietmar

Hess Braunschweig — AVR 4 Postzustellungsurkunde (10. 72)

(Fortsetzung umseitig)

Das vorseitig bezeichnete Schriftstück habe ich in meiner Eigenschaft als Postbediensteter zu ....

.... **heute hier** – zwischen .... Uhr und .... Uhr (Zeitangabe nur auf Verlangen) –,

6. Niederlegung

(Vordruck für die Zustellung an Einzelpersonen, Einzelfirmen, Rechtsanwälte usw. [Nur gültig bei Durchstreichung der Zustellungsvermerke auf der vorstehenden Seite].)

da ich den – Empfänger – Firmeninhaber (Vor- und Zuname): ....

selbst in der Wohnung **nicht** angetroffen habe und die Zustellung weder an einen zur Familie gehörenden erwachsenen Hausgenossen noch an eine in der Familie dienende erwachsene Person, noch an den Hauswirt oder Vermieter ausführbar war,

auf der Geschäftsstelle des Amtsgerichts zu .... niedergelegt.

bei der Postanstalt zu .... niedergelegt.

bei dem Gemeindevorsteher zu .... niedergelegt.

bei dem Polizeivorsteher zu .... niedergelegt.

Eine schriftliche Mitteilung über die Niederlegung unter der Anschrift des Empfängers

- ist in der bei gewöhnlichen Briefen üblichen Weise abgegeben worden.
- ist, da die Abgabe in der bei gewöhnlichen Briefen üblichen Weise nicht tunlich war,
  - an der Tür der Wohnung des Empfängers befestigt worden.
  - dem/der in der Nachbarschaft des Empfängers wohnenden .... zur Weitergabe an den Empfänger ausgehändigt worden.

(Vordruck für die Zustellung an Behörden, juristische Personen, Gesellschaften und Gemeinschaften [Vereinigungen]. [Nur gültig bei Durchstreichung der Zustellungsvermerke auf der vorstehenden Seite].)

da ein besonderes Geschäftslokal **nicht** vorhanden ist und ich auch den – Vorsteher – gesetzlichen Vertreter – vertretungsberechtigten Mitinhaber – ....

in der Wohnung ....

nicht angetroffen habe und die Zustellung weder an einen zur Familie gehörenden erwachsenen Hausgenossen noch an eine in der Familie dienende erwachsene Person, noch an den Hauswirt oder Vermieter ausführbar war,

auf der Geschäftsstelle des Amtsgerichts zu .... niedergelegt.

bei der Postanstalt zu .... niedergelegt.

bei dem Gemeindevorsteher zu .... niedergelegt.

bei dem Polizeivorsteher zu .... niedergelegt.

Eine schriftliche Mitteilung über die Niederlegung unter der Anschrift des Empfängers

- ist in der bei gewöhnlichen Briefen üblichen Weise abgegeben worden.
- ist, da die Abgabe in der bei gewöhnlichen Briefen üblichen Weise nicht tunlich war,
  - an der Tür der Wohnung des Empfängers befestigt worden.
  - dem/der in der Nachbarschaft des Empfängers wohnenden .... zur Weitergabe an den Empfänger ausgehändigt worden.

Den Tag der Zustellung habe ich auf dem zugestellten Schriftstück vermerkt.

Postleitzahl ...., den .... 19....

....

Postzustellungsurkunde

vollzogen zurück:

An die

Geschäftsstelle des Amtsgerichts

6550 Bad Kreuznach

Postfach

[redacted]

23

Postzustellungsurkunde

über die Zustellung eines Schriftstücks mit der Aufschrift:

Kurze Bezeichnung des Schriftstücks:

Briefannahmestelle
Land- u. Amtsgericht
Bad Kreuznach
21. SEP. 1973

Geschäfts-Nr.:

2 C 841/73

Ldg. z. 9.10.1973

Anschrift:

Herrn
Gerhard Adams
655 Bad Kreuznach
Ringstraße 18

Absender wie umseitige Rückanschrift

Anbei ein Vordruck zur Postzustellungsurkunde.

655 Bad Kreuznach

Postleitzahl

Zustell-Postamt

Das vorstehend bezeichnete Schriftstück habe ich in meiner Eigenschaft als Postbediensteter zu Bad Kreuznach

.... heute hier — zwischen .... Uhr und .... Uhr (Zeitangabe nur auf Verlangen) —

	(Vordruck für die Zustellung an Einzelpersonen, Einzelfirmen, Rechtsanwälte, Notare und Gerichtsvollzieher usw.)	(Vordruck für die Zustellung an Behörden, juristische Personen, Gesellschaften und Gemeinschaften [Vereinigungen])
1. An den Empfänger oder Vorsteher usw. in Person	dem – Empfänger – Firmeninhaber (Vor- und Zuname): .... selbst in – der Wohnung – dem Geschäftslokal .... übergeben.	dem – Vorsteher – gesetzlichen Vertreter – vertretungsberechtigten Mitinhaber – .... in Person in – der Wohnung – dem Geschäftslokal – .... übergeben.
2. An Gehilfen, Angestellte, Beamte usw.	da ich in dem Geschäftslokal den – Empfänger – Firmeninhaber (Vor- und Zuname): .... selbst nicht angetroffen habe, dort de.... – Gehilf.... – Angestellten – .... übergeben.	da in dem Geschäftslokal während der gewöhnlichen Geschäftsstunden a) der angetroffene – Vorsteher – gesetzliche Vertreter – vertretungsberechtigte Mitinhaber – an der Annahme verhindert war, b) der – Vorsteher – gesetzliche Vertreter – vertretungsberechtigte Mitinhaber – nicht anwesend war, dort dem beim Empfänger angestellten .... übergeben.
3. An a) ein Familienmitglied b) eine dienende Person	da ich den – Empfänger – Firmeninhaber (Vor- und Zuname): G. Adams selbst in der Wohnung nicht angetroffen habe, dort a) ~~dem zu seiner Familie gehörenden erwachsenen Hausgenossen, nämlich – der Ehefrau – dem Ehemann – dem Sohne – der Tochter –~~ .... übergeben. b) de.... in der Familie dienenden erwachsenen .... übergeben.	da ein besonderes Geschäftslokal nicht vorhanden ist und ich auch den – Vorsteher – gesetzlichen Vertreter – vertretungsberechtigten Mitinhaber – .... in der hiesigen Wohnung .... nicht selbst angetroffen habe, dort a) dem zu seiner Familie gehörenden erwachsenen Hausgenossen, nämlich – der Ehefrau – dem Ehemann – dem Sohne – der Tochter – .... übergeben. b) de.... in der Familie dienenden erwachsenen .... übergeben.
4. An den Hauswirt oder Vermieter	da ich den – Empfänger – Firmeninhaber (Vor- und Zuname): .... selbst in der Wohnung nicht angetroffen habe, auch die Zustellung an einen zur Familie gehörenden erwachsenen Hausgenossen oder an eine in der Familie dienende erwachsene Person nicht ausführbar war, de.... in demselben Hause wohnenden – Hauswirt.... – Vermieter.... –, nämlich de.... ...., d.... zur Annahme bereit war, übergeben.	da ein besonderes Geschäftslokal nicht vorhanden ist und ich den – Vorsteher – gesetzlichen Vertreter – vertretungsberechtigten Mitinhaber – .... in der Wohnung .... nicht angetroffen habe, auch die Zustellung an einen zur Familie gehörenden erwachsenen Hausgenossen oder an eine in der Familie dienende erwachsene Person nicht ausführbar war, de.... in demselben Haus wohnenden – Hauswirt – Vermieter .... –, nämlich de.... ...., d.... zur Annahme bereit war, übergeben.
5. Verweigerte Annahme (kommt nur in den Fällen 1, 2 und 3 in Betracht)	zu übergeben versucht und, da die Annahme des Schriftstücks verweigert wurde, am Ort der Zustellung zurückgelassen.	

Den Tag der Zustellung habe ich auf dem zugestellten Schriftstück vermerkt.

Postleitzahl Bad Kreuznach

den 20. Sep. 1973 19..

Maaß

Hass Braunschweig AVR 4 Postzustellungsurkunde (10. 72)

(Fortsetzung umseitig)

Das vorseitig bezeichnete Schriftstück habe ich in meiner Eigenschaft als Postbediensteter zu ....

.... **heute hier** – zwischen .... Uhr und .... Uhr (Zeitangabe nur auf Verlangen) –,

	(Vordruck für die Zustellung an Einzelpersonen, Einzelfirmen, Rechtsanwälte usw. [Nur gültig bei Durchstreichung der Zustellungsvermerke auf der vorstehenden Seite].)	(Vordruck für die Zustellung an Behörden, juristische Personen, Gesellschaften und Gemeinschaften [Vereinigungen]. [Nur gültig bei Durchstreichung der Zustellungsvermerke auf der vorstehenden Seite].)
6. Niederlegung	da ich den – Empfänger – Firmeninhaber (Vor- und Zuname): .... selbst in der Wohnung **nicht** angetroffen habe und die Zustellung weder an einen zur Familie gehörenden erwachsenen Hausgenossen noch an eine in der Familie dienende erwachsene Person, noch an den Hauswirt oder Vermieter ausführbar war, auf der Geschäftsstelle des Amtsgerichts zu .... niedergelegt. bei der Postanstalt zu .... niedergelegt. bei dem Gemeindevorsteher zu .... niedergelegt. bei dem Polizeivorsteher zu .... niedergelegt. Eine schriftliche Mitteilung über die Niederlegung unter der Anschrift des Empfängers – ist in der bei gewöhnlichen Briefen üblichen Weise abgegeben worden. – ist, da die Abgabe in der bei gewöhnlichen Briefen üblichen Weise nicht tunlich war, – an der Tür der Wohnung des Empfängers befestigt worden. – dem/der in der Nachbarschaft des Empfängers wohnenden .... zur Weitergabe an den Empfänger ausgehändigt worden.	da ein besonderes Geschäftslokal **nicht** vorhanden ist und ich auch den – Vorsteher – gesetzlichen Vertreter – vertretungsberechtigten Mitinhaber – .... in der Wohnung .... **nicht** angetroffen habe und die Zustellung weder an einen zur Familie gehörenden erwachsenen Hausgenossen noch an eine in der Familie dienende erwachsene Person, noch an den Hauswirt oder Vermieter ausführbar war, auf der Geschäftsstelle des Amtsgerichts zu .... niedergelegt. bei der Postanstalt zu .... niedergelegt. bei dem Gemeindevorsteher zu .... niedergelegt. bei dem Polizeivorsteher zu .... niedergelegt. Eine schriftliche Mitteilung über die Niederlegung unter der Anschrift des Empfängers – ist in der bei gewöhnlichen Briefen üblichen Weise abgegeben worden. – ist, da die Abgabe in der bei gewöhnlichen Briefen üblichen Weise nicht tunlich war, – an der Tür der Wohnung des Empfängers befestigt worden. – dem/der in der Nachbarschaft des Empfängers wohnenden .... zur Weitergabe an den Empfänger ausgehändigt worden.

Den Tag der Zustellung habe ich auf dem zugestellten Schriftstück vermerkt.

Postleitzahl ...., den .... 19......

....

Postzustellungsurkunde

vollzogen zurück:

An die

Geschäftsstelle des Amtsgerichts

6550 Bad Kreuznach

Postfach

[redacted]

24

Rechtsanwalt Weiß

655 Bad Kreuznach, 25. September 73

Briefannahmestelle
Land- u. Amtsgericht
Bad Kreuznach

Eing.: 27. SEP. 1973

Anl.: – Abschr.: 2

– DM Kostenmarken

An das
Amtsgericht

655 Bad Kreuznach

In Sachen

Adams ./. Bechthold
- 2 C 841/73 -

wird gemäß Zif. V 1 des Beschlusses vom 18. September 1973 mitgeteilt, daß die Zeugin Kate Evans Amerokanerin ist und die deutsche Sprache nicht beherrscht.

Zu Punkt 2 der genannten Beschluß-Ziffer bin ich noch ohne Information seitens meiner Partei.

[illegible]
Rechtsanwalt

V[illegible]:

1) Vermerk: Der Kanzleivorsteher hat die Entsendung einer engl. sprechenden Protokollführerin (Frau Friedrich) für den Beweistermin am 9.10.1973 zugesagt.

2) schriftl. [illegible] an [illegible]

3) [illegible] Frist [illegible]

[illegible] 27.9.73

B.

27. Sep. 1973

VORLAGE: [illegible]

V

1) Vermerk: kein Vorschuß

2) [illegible]

[illegible] 1.10.73

B.

25

Dr. A. Schwarz
Rechtsanwalt

Frankfurt/M., den 5. Oktober 1973

Briefannahmestelle
Land- u. Amtsgericht
Bad Kreuznach
Eing.: 8. OKT. 1973
Anl.: — Abschr.: 2
— DM Kostenmarken

An das
Amtsgericht

655 Bad Kreuznach

In Sachen

Adams ./. Bechthold
- 2 C 841/73 -

teile ich mit, daß die Ehefrau des Beklagten bettlägerig erkrankt ist und daher nicnt zum Beweistermin am 9. lo. 1973 in Bad Kreuznach erscheinen kann. Für diese Instanz muß auf ihre Zeugenvernehmung verzichtet werden.

In Anbetracht dieser Sachlage wird daher der Beklagte im nächsten Termin bezüglich der Reparaturkostenforderung des Klägers einen Teilbetrag von 378,-- DM anerkennen.

Dr. Schwarz
Rechtsanwalt

(Bemerkungen zu Bl. 19 bis 25 d. A.)

A. Der Ablauf des Einspruchsprüfungstermins

1. Einspruchsprüfung, Armenrechtsbewilligung, Stellung der Anträge

142 Zum Einspruchsprüfungstermin erschien nach dem Protokoll vom 18. September 1973 (Bl. 19/20 d. A.) der Kläger mit seinem Rechtsanwalt und für den Beklagten und dessen Anwalt der Rechtsanwalt Klein mit Untervollmacht (vgl. Bl. 21 d. A.).

Wegen der Kosten eines unterbevollmächtigten Rechtsanwaltes vgl. § 91 Abs. 2 S. 3 ZPO sowie die §§ 53, 33 Abs. 3 BRAGO.

Zutreffend erfolgte zunächst die Einspruchsprüfung. Das Ergebnis der Einspruchsprüfung, hier also die Feststellung der Zulässigkeit des Einspruchs, wurde im Protokoll festgehalten.

Dies dürfte verfahrensrechtlich nicht zu beanstanden sein. Zwar wird die Ansicht vertreten, daß die Entscheidung, der Einspruch sei zulässig, durch Zwischenurteil oder in den Gründen des späteren Endurteils zu treffen sei (so z. B. *Baumbach-Lauterbach*, § 341 Anm. 2A a; *Thomas-Putzo*, § 341 Anm. 2a). Der Amtsrichter konnte jedoch nicht in die mündliche Verhandlung über die Hauptsache eintreten, solange er nicht die Zulässigkeit des Einspruchs festgestellt hatte. (Relationstechnik: Prozeßstation vor Klägerstation!) Er mußte darum die Feststellung, daß der Einspruch zulässig ist, im Termin in jedem Falle mündlich treffen. Aus Gründen der Klarheit war es dann auch geboten, diese Feststellung im Protokoll festzuhalten (gemäß § 160 Abs. 2 Z. 5 ZPO; so offenbar auch *Zöller-Stephan*, § 341 Anm. 2c).

Die Feststellung der Zulässigkeit des Einspruchs zum Sitzungsprotokoll entbindet den Richter jedoch nicht von der Verpflichtung, sich auch in den Entscheidungsgründen nochmals mit der Prüfung des Einspruchs zu befassen, zumal der Feststellung zum Sitzungsprotokoll keinerlei Bindungswirkung zukommt.

143 Dem in der mündlichen Verhandlung wiederholten Antrag des Klägers, ihm das Armenrecht zu bewilligen, hat der Richter zutreffend erst nach der Feststellung der Zulässigkeit des Einspruchs entsprochen.

Einer Begründung bedurfte dieser Beschluß nicht, § 126 ZPO.

144 Der Bewilligung des Armenrechtes folgte der Eintritt in die mündliche Verhandlung über die Hauptsache (§ 340a ZPO), indem die Parteien die Anträge stellten, § 137 Abs. 1 ZPO.

Die nunmehr zu Protokoll genommenen Anträge berücksichtigen den § 343 ZPO.

Der Amtsrichter hat zutreffend beachtet, daß die neuen Anträge der Parteien nicht nur gemäß § 160 Abs. 2 Z. 2 ZPO zu Protokoll festzustellen, sondern – was in der Praxis vielfach übersehen wird – von ihnen gemäß § 162 ZPO auch zu genehmigen waren.

Die Genehmigung der Anträge wäre allerdings dann nicht erforderlich gewesen, wenn sich die Parteien auf ihre Anträge in den vorbereitenden Schriftsätzen hätten beziehen können (vgl. *Zöller-Stephan*, § 160 Anm. 2). Das gilt nicht für den Anwaltsprozeß, vgl. oben Randz. 50.

Nach „Erörterung der Sach- und Rechtslage“ hat der Amtsrichter dann einen „noch abzusetzenden Beweisbeschluß seinem wesentlichen Inhalt nach“ verkündet.

Der Beweisbeschluß ist damit wirksam verkündet. Der auf Grund der mündlichen Verhandlung ergehende Beweisbeschluß muß nach § 329 Abs. 1 ZPO verkündet werden, und zwar gemäß §§ 329 Abs. 2, 310 Abs. 1 ZPO (Konzentrationsmaxime!) tunlichst noch in demselben Termin.

Dabei konnte auch ein noch nicht schriftlich abgefaßter Beweisbeschluß verkündet werden, weil § 329 Abs. 2 ZPO den § 311 ZPO gerade nicht für entsprechend anwendbar erklärt.

Die Verkündung eines noch nicht abgefaßten Beweisbeschlusses erfolgt in der Regel in der Weise, daß der Richter nach einem Rechtsgespräch mit den Parteien im Zusammenhang darlegt, worüber und mit welchen Beweismitteln Beweis zu erheben ist. Regelmäßig stimmt er dabei den Beweistermin mit den Parteien ab, erörtert eventuell auch, ob die Vernehmung eines auswärtigen Zeugen durch einen ersuchten Richter in Betracht kommt, setzt die Höhe des Auslagenvorschusses (§§ 379, 402 ZPO, 114 GKG) und die Frist für dessen Beibringung fest, sofern nicht – wie hier – im Armenrecht geklagt wird (vgl. §§ 115 Abs. 1, 120 ZPO).

2. Der Aufklärungs- und Beweisbeschluß

145 Der im Termin vom 18. September 1973 verkündete, jedoch erst im Anschluß an den Termin schriftlich abgefaßte Beschluß enthält in Zif. I den durch § 359 ZPO vorgeschriebenen notwendigen Inhalt eines Beweisbeschlusses.

Gemäß § 359 Z. 1 ZPO nennt Ziffer I des Beweisbeschlusses zunächst die Beweisthemen. Aus ihnen folgt, daß (zutreffend) nur über die streitigen Tatsachen des Unfallherganges Beweis erhoben werden soll, nicht über Rechtsansichten (beispielsweise die behauptete Unvermeidbarkeit des Auffahrunfalles). Daß der Richter die gegensätzlichen Behauptungen der Parteien nicht zu einem Beweisthema zusammengefaßt, sondern zwei Themen formuliert hat, erscheint im Hinblick auf die gebotene Substantiierung (§ 359 Z. 3 ZPO!) und die Begrenzung der Beweisaufnahme und des Fragerechts der Parteien (§ 397 ZPO) zumindest vertretbar, vgl. auch *Zöller-Stephan*, § 359 Anm. II.

Unzulässig wäre es gewesen, schlicht „über den Hergang des Unfalls vom 18. Mai 1973" Beweis zu erheben, vgl. dazu näher *Bull* S. 141ff.

Üblicherweise wird in das Beweisthema eingeführt mit Formulierungen wie „Es soll Beweis darüber erhoben werden, daß ..." oder „... darüber, ob ..." (siehe auch *Berg* S. 103). Während im ersteren Falle das Beweisthema im Konjunktiv zu stehen hat, muß auf das „ob" im zweiten Falle der Indikativ folgen. Der zweiten Beweisbeschluß-Fassung ist der Vorzug zu geben, weil eine Beweiserhebung „darüber, daß" einen unsicheren und unbeholfenen Zeugen dazu verleiten könnte, die ja schon „vom Gericht" aufgestellte Behauptung einfach zu bestätigen.

Ziffer I des Beweisbeschlusses bringt gemäß § 359 Z. 2 ZPO auch die „Bezeichnung der Beweismittel unter Benennung der zu vernehmenden Zeugen" und nennt schließlich auch gemäß § 359 Z. 3 ZPO den Beweisführer (z. B. „benannt von dem Kläger").

Nicht erforderlich und sogar unzweckmäßig – in der Praxis dennoch vielfach üblich – wäre es gewesen, im Beweisbeschluß auch die Partei zu nennen, die die bestrittene Behauptung aufgestellt hat. Dem Zeugen ist gemäß § 377 Abs. 2 Z. 2 ZPO bei seiner Ladung der „Gegenstand der Vernehmung" mitzuteilen. Üblicherweise erhält er jedoch nicht eine Abschrift des Beweisbeschlusses; auf seiner Ladung wird ihm vielmehr nur das Beweisthema mitgeteilt, zu dem er vernommen werden soll (vgl. Bl. M Rückseite; siehe auch *Baumbach-Lauterbach*, § 377 Anm. 2, und *Zöller-Stephan*, § 377 Anm. II 2). Wird in dem dem Zeugen mitzuteilenden Beweisthema auch die Partei genannt, die die entsprechende Behauptung aufgestellt hat, so kann das einen am Ausgange des Rechtsstreites interessierten Zeugen verleiten, zugunsten dieser Partei auszusagen (*Berg* S. 103, *Zöller-Stephan* a. a. O.).

Gemäß der Regel des § 355 ZPO ordnet Ziffer II des Beweisbeschlusses die Beweisaufnahme vor dem Prozeßgericht an. Eine Vernehmung der Ehefrau des Beklagten durch den **ersuchten Richter** (§ 362 ZPO) in Frankfurt/Main konnte nicht in Betracht kommen, weil es bei der zu erwartenden Widersprüchlichkeit der Zeugenaussagen auf den persönlichen Eindruck des erkennenden Richters von der Glaubwürdigkeit der Zeugen ankommt, § 286 ZPO. Vgl. dazu auch *Bull* S. 134ff.

Der Zusatz bei der Bestimmung des Beweistermins „und zur Fortsetzung der mündlichen Verhandlung" geht ins Leere, weil nach § 370 Abs. 1 ZPO jeder Termin zur Beweisaufnahme vor dem erkennenden Gericht zugleich auch zur Fortsetzung der mündlichen Verhandlung bestimmt ist.

Ebenso ist der weitere Zusatz in Ziffer II des Beschlusses, daß ein **Ortstermin** und die Vernehmung der Zeugen an Ort und Stelle vorbehalten bleibe, nicht mehr als eine unverbindliche Absichtserklärung des Gerichts. Einen Ortstermin kann das Gericht nach § 144 Abs. 1 ZPO auch ohne entsprechenden Antrag der Parteien von Amts wegen bestimmen. Davon abgesehen ist ein Ortstermin bei komplizierter gelagerten Fällen regelmäßig zweckmäßig, vgl. dazu *Bull* S. 156 ff.

Feststellungen, die anläßlich eines Ortstermins getroffen werden, sind nicht nur in das Protokoll aufzunehmen, sondern den Parteien auch zur Genehmigung vorzulesen, vgl. oben Randz. 73.

In Ziffer III des Beschlusses ist (von Amts wegen, § 141 ZPO) das persönliche Erscheinen der Parteien angeordnet worden, offenbar zur weiteren Sachaufklärung.

Ziffer IV des Aufklärungs- und Beweisbeschlusses enthält zwar eine der in der Praxis üblichen Formulierungen für die Auslagen-Vorschußanordnung in einem Beweisbeschluß – der Vorschuß selbst dürfte auch zutreffend ermittelt sein (vgl. dazu oben Randz. 78) –, doch ist die Vorschußanordnung im gegebenen Falle falsch: Wenn der Kläger im Armenrecht klagt, ist auch der Beklagte von der Zahlung eines Auslagenvorschusses für die Zeugengebühren einstweilen befreit, § 120 ZPO (vgl. auch oben Randz. 133, 144).

Die in Ziffer V begehrte Aufklärung ist berechtigt, soweit das Gericht in Anbetracht des Namens der Zeugin Evans danach fragt, ob diese Zeugin der deutschen Sprache mächtig ist, denn die Gerichtssprache ist gemäß § 184 GVG deutsch. Die Anordnung, Beweis für den begehrten Zinsfuß anzutreten, dürfte bei einer anwaltlich vertretenen Partei kaum noch durch die richterliche Aufklärungspflicht (§ 139 ZPO) gedeckt sein, vgl. dazu *Thomas-Putzo*, § 139 Anm. 2d. Anders *Zöller-Stephan*, § 139 Anm. II 1, unter Berufung auf BGH Urt. v. 8. 1. 1957, VIII ZR 56/56).

Der Beschluß nennt schließlich das erkennende Gericht und trägt auch die Unterschrift des Richters.

Nicht erforderlich – § 329 Abs. 2 ZPO erklärt den § 315 Abs. 3 ZPO nicht für entsprechend anwendbar – ist der Verkündungsvermerk auf dem Beweisbeschluß (vgl. Bl. 22 d. A. rechts oben); er ist in der Praxis dennoch üblich.

146 Wäre ein förmlicher Beweisbeschluß auch erforderlich gewesen, wenn der Richter die in den vorbereitenden Schriftsätzen bereits benannten Zeugen zum ersten Termin gemäß § 272b Abs. 2 Z. 4 ZPO zugeladen und im Termin dann deren Vernehmung für notwendig befunden hätte?

Ein förmlicher Beweisbeschluß ist nach § 358 ZPO nur erforderlich, wenn die Beweisaufnahme nicht sofort erfolgen kann, wenn die Beweisaufnahme eine Terminsvertagung erfordert. Bei **präsenten Beweismitteln** hat gemäß § 357a ZPO die Beweisaufnahme jedoch sofort zu erfolgen. Gemäß § 272b ZPO zugeladene Zeugen sind darum als präsente Zeugen ohne förmlichen Beweisbeschluß sofort zu vernehmen, sofern deren Vernehmung erforderlich sein sollte.

Auch der Vernehmung zugeladener Zeugen hat eine entsprechende Anordnung voranzugehen, und die erfolgt durch formlosen Beschluß (*Thomas-Putzo*, Anm. zu § 358), der etwa wie folgt zu Protokoll genommen werden könnte (§ 160 Abs. 2 Z. 5 ZPO):

> „B. u. v.:
> Die zum heutigen Termin gemäß § 272b ZPO zugeladenen Zeugen . . . sollen vernommen werden."

Auch bei einer derartigen Beweisanordnung empfiehlt es sich, das Beweisthema in das Protokoll aufzunehmen, wenn Zeugen zu verschiedenen Parteibehauptungen benannt worden sind – wegen der gebotenen Begrenzung der Beweisanordnung empfiehlt es sich, das Beweisthema in das Protokoll Richterwechsel vorauszusehen ist.

Wann ist jedoch – von der vorgenannten Regel abweichend – auch bei präsentem Beweismittel ein förmlicher Beweisbeschluß notwendig?

Bei der Parteivernehmung, vgl. oben Randz. 68. Lehnt der Gegner der beweispflichtigen Partei es ab, sich vernehmen zu lassen, so ist dessen Weigerung gemäß §§ 298 Abs. 2, 510a Abs. 1 ZPO zu Protokoll zu nehmen (Genehmigung dieser Erklärung gemäß §§ 160 Abs. 2 Z. 2, 172 ZPO!).

B. Die Ladung der Zeugen und der Parteien zum Beweistermin

147 Durch Verfügung vom 18. September 1973 (Bl. 20 d. A., unten) hat der Richter außer der Übersendung des Terminsprotokolls und des Beweisbeschlusses (gebührenpflichtig, vgl. § 91 GKG) auch die Ladung der Zeugen des Klägers veranlaßt.

(Nach § 377 Abs. 1 ZPO hätte er die Zeugenladung auch der Geschäftsstelle überlassen können.)

Er hat außerdem die förmliche Ladung der Parteien verfügt, deren persönliches Erscheinen er in Ziffer III des Beweisbeschlusses angeordnet hatte.

Ebensowenig wie die förmliche Ladung der Zeugen wäre gemäß § 141 Abs. 2 ZPO die förmliche Ladung der Parteien erforderlich gewesen, s. dazu die Bemerkungen von *Bull* S. 202.

Die durch die nicht gebotene förmliche Ladung der Parteien entstandenen Mehrkosten (Zustellungskosten der Post in Höhe von 2 × 2,50 DM) wären eventuell gemäß § 7 GKG niederzuschlagen.

Eine Ladung auch der Parteienvertreter zum Beweistermin war wegen § 218 ZPO entbehrlich.

Gemäß § 377 Abs. 1 und 2 ZPO erhielten die Zeugen Ladungsausfertigungen (vgl. Bl. M), die außer dem jeweiligen Beweisthema, zu dem der Zeuge benannt war, unter anderem auch die durch § 377 Abs. 2 Z. 3 ZPO vorgeschriebene Belehrung des Zeugen über die Folgen eines unentschuldigten Ausbleibens (vgl. §§ 380, 381 ZPO) enthielten.

Vorsorglich wird der Zeugenladung eine – vom Arbeitgeber auszufüllende – Verdienstausfallbescheinigung beigefügt (vgl. Bl. M_1), sofern nicht der Zeuge auf die Erstattung von Zeugengebühren verzichtet hat (vgl. oben Randz. 78).

Die gemäß Ziffer III des Beweisbeschlusses persönlich geladenen Parteien waren bei der Ladung ebenfalls über die Folgen eines unentschuldigten Ausbleibens zu belehren, vgl. § 141 Abs. 3 ZPO und Bl. N.

Wegen der Folgen des unentschuldigten Ausbleibens (§ 141 Abs. 3 ZPO) vgl. oben Randz. 68 und die Belehrung Bl. N.

Das Gericht kann außerdem das Ausbleiben der Partei gemäß § 286 ZPO frei würdigen (*Thomas-Putzo*, § 141 Anm. 5).

Bl. 22 und 23 d. A. sind die Zustellungsurkunden über die erfolgte persönliche Ladung der Parteien zum Termin vom 9. Oktober 1973.

Bl. 24 d. A. enthält die Mitteilung des Klägers, daß die Zeugin Kate Evans die deutsche Sprache nicht beherrsche. Es war nunmehr gemäß § 185 GVG Aufgabe des Amtsrichters, zur mündlichen Verhandlung einen Dolmetscher hinzuzuziehen. Daß er dieser Verpflichtung nachgekommen ist (nämlich durch Anforderung eines englisch sprechenden Urkundsbeamten), hat er in dem Vermerk in Ziffer 1 der Verfügung vom 27. September aktenkundig gemacht.

Auf die auf Bl. 20/24 d. A. verfügte Wiedervorlagefrist hat die Geschäftsstelle die Akten dann am 1. Oktober 1973 dem Richter vorgelegt (vgl. Bl. 24 d. A. unten rechts). Weil zu diesem Zeitpunkt der angeforderte Zeugengebühren-Vorschuß jedoch nicht eingegangen war, verfügte der – im Hinblick auf die anwaltliche Vertretung des Beklagten – korrekterweise die Wiedervorlage der Akten zum Termin, ohne an die Einzahlung des Vorschusses zu erinnern.

Bl. 25 d. A. enthält zunächst die Ankündigung des Beklagten, daß er wegen einer Erkrankung seiner Ehefrau auf deren Vernehmung „für diese Instanz" verzichte.

Damit will der Beklagte möglicherweise einem Ausschluß des von ihm benannten Beweismittels in dieser Instanz (§ 356 ZPO) zuvorkommen und sich vor allem trotz des § 529 Abs. 2 ZPO die Nachbenennung seiner Ehefrau in der Berufungsinstanz vorbehalten. – Im übrigen hat auf Grund dieses Verzichts der oben Randz. 145 erörterte Fehler des Gerichts keine Auswirkungen.

C. Die Vorbereitung des Beweistermins

148 Der Beklagte hat in seinem Schriftsatz vom 5. Oktober 1973 außerdem angekündigt, daß er einen Teilbetrag der eingeklagten Forderung anerkennen werde. Kann über diesen Betrag im Termin vom 9. Oktober 1973 ein **Teil-Anerkenntnisurteil** ergehen, falls der Kläger einen entsprechenden Antrag stellen sollte?

Ein Teil-Anerkenntnisurteil könnte trotz des Umstandes, daß über diesen Betrag bereits ein Titel, nämlich der Vollstreckungsbefehl, vorliegt, ergehen. Bei der Tenorierung wird jedoch der § 343 ZPO zu beachten sein, damit die mehrfache Titulierung der eingeklagten Forderung verhindert wird.

Weil der Schriftsatz Bl. 25 d. A. erst am Tage vor dem Beweistermin beim Amtsgericht Bad Kreuznach eingegangen ist, hat der Richter davon abgesehen, Schriftsatz-Abschriften an den Kläger-Vertreter weiterzuleiten. Das wird im Termin selbst geschehen.

149 Weniger der Richter, doch der ihm zur Ausbildung zugewiesene Rechtsreferendar wird sich auf den anstehenden Beweistermin vorzubereiten haben, sofern ihm durch seinen Ausbilder gemäß § 10 GVG die Leitung dieses Termines übertragen worden sein sollte.

So wird der Rechtsreferendar vorsorglich zu prüfen haben, was zu geschehen hat, wenn sich nach dem Aufruf der Sache herausstellen sollte, daß zwar die geladenen Zeugen, nicht aber die Parteien erschienen sind.

Nach § 367 Abs. 1 ZPO hat die Beweisaufnahme dann dennoch zu erfolgen, sofern die Parteien von dem Beweistermin ordnungsgemäß benachrichtigt worden waren (z. B. gemäß § 218 ZPO). Wegen der Folgen der Terminsversäumnis für die Parteien vgl. § 367 Abs. 2 ZPO.

Nach Durchführung der Beweisaufnahme könnte im übrigen gemäß § 251 a Abs. 1 ZPO eine **Entscheidung nach Lage der Akten** ergehen. Diese Entscheidung dürfte jedoch frühestens eine Woche nach dem Termin verkündet werden, und dies auch nur deshalb, weil hier bereits einmal mündlich verhandelt worden ist. (Wegen weiterer Einzelheiten vgl. § 251 a Abs. 1 S. 3 u. 4 ZPO.)

Statt einer Entscheidung nach Lage der Akten könnte jedoch auch das Ruhen des Verfahrens angeordnet werden (vgl. § 251 a Abs. 2 ZPO).

Die vorgenannten Entscheidungen obliegen jedoch nicht dem Referendar, sondern seinem Ausbilder, dessen ständige Anwesenheit geboten ist (vgl. dazu *Zöller-Gummer*, Anm. 3 zu § 10 GVG).

150 Könnte, wenn im vorliegenden Rechtsstreit eine der Parteien den Beweistermin versäumen sollte, gegen diese auf Antrag der nicht säumigen Partei ein Versäumnisurteil ergehen? Sind die Parteien zu dem Beweistermin ordnungsgemäß geladen worden?

Nach § 218 ZPO bedarf es zu einem verkündeten Termin keiner Ladung, sofern die Partei zu dem Termin, in dem die Entscheidung verkündet worden ist, richtig geladen war. Im vorliegenden Verfahren war das nicht der Fall (vgl. oben Randz. 129). Dennoch könnte ein Versäumnisurteil ergehen, weil beide Parteien trotz fehlerhafter Ladung zum ersten Termin, in dem der Beweistermin verkündet wurde, erschienen sind und den Mangel nicht gerügt haben (§ 295 ZPO).

Warum ist dennoch die Erörterung der Frage müßig, ob beim Ausbleiben einer der Parteien ein Versäumnisurteil erlassen werden kann?

Weil beide Parteien anwaltlich vertreten sind. Denn wenn sich Rechtsanwalt Dr. Schwarz, der Beklagten-Vertreter, im Beweistermin wiederum durch Rechtsanwalt Klein vertreten läßt, wird bei Säumnis einer der Parteien der Gegenanwalt kaum ein Versäumnisurteil beantragen. Nach § 15 der **„Grundsätze des anwaltlichen Standesrechts“** (Richtlinien gemäß § 177 Abs. 2 Z. 2 BRAO) ist es nämlich „unzulässig, gegen eine von einem Kollegen desselben Landgerichtsbezirks vertretene Partei ein Versäumnisurteil zu erwirken, wenn dies nicht rechtzeitig vorher angedroht ist.“ Bei einem Widerstreit zwischen kollegialer Rücksichtnahme und den Interessen des Auftraggebers gebührt nach § 16 der vorgenannten Richtlinien allerdings den Interessen des Auftraggebers der Vorrang.

151 Was hat zu geschehen, wenn sich im Beweistermin nach dem Aufruf der Sache zwar die Parteien, nicht jedoch die ordnungsgemäß zugeladenen Zeugen melden sollten?

Es wäre – durch den Richter – auch ohne ausdrücklichen Antrag einer der Parteien ein Ordnungsstrafenbeschluß zu verkünden, der etwa lauten könnte:

> „B. u. v.:
> Die trotz ordnungsgemäßer Ladung im heutigen Termin unentschuldigt ausgebliebenen Zeugen X und Y (genaue Anschrift) werden in die durch ihr Ausbleiben verursachten Kosten sowie zu einer Ordnungsstrafe von je 50,– DM und für den Fall, daß diese nicht beigetrieben werden kann, zu einer Strafe von je zwei Tagen Haft verurteilt.“

Durch das Ausbleiben der Zeugen können beispielsweise Reisekosten der Parteien für den vergeblichen Beweistermin anfallen. Der Ordnungsstrafenbeschluß wird durch das verhängende Gericht von Amts wegen vollstreckt (vgl. *Thomas-Putzo*, § 380 Anm. 2d). Im Falle wiederholten Ausbleibens kann der säumige Zeuge nach § 380 Abs. 2 ZPO auch zwangsweise vorgeführt werden.

152 Wie aber geht es weiter, wenn im Beweistermin außer den Parteien auch die Zeugen erscheinen sollten?

Die entsprechende Feststellung wäre zunächst im Protokoll festzuhalten (§§ 159 Abs. 2 Z. 4, 160 Abs. 2 Z. 3 ZPO). Danach hat die **Belehrung der Zeugen** zu erfolgen (vgl. dazu § 395 Abs. 1 ZPO), die im gegebenen Falle etwa wie folgt lauten könnte: „Sie haben aus Ihrer Ladung ersehen, daß Sie wegen des Unfallgeschehens vom 18. Mai 1973 hier vor Gericht Aussagen machen sollen. Sie sind nach dem Gesetz zur Zeugenaussage verpflichtet. Das Gericht kann zu einer gerechten Entscheidung nur kommen, wenn Sie sich nach bestem Wissen und Gewissen bemühen, die Wahrheit zu sagen und nichts zu verschweigen. Tun Sie das auch in Ihrem eigenen Interesse. Denn wenn Sie hier vor Gericht falsche Aussagen machen, machen Sie sich strafbar, und zwar wegen falscher uneidlicher Aussage, die mit Freiheitsstrafe von mindestens 3 Monaten bestraft wird. Wenn Sie auf Ihre Aussage vereidigt werden – was im Zivilprozeß jedoch die Ausnahme ist – und etwas Falsches beschwören sollten, machen Sie sich wegen Meineids strafbar, der noch strenger bestraft wird. Ihre Verpflichtung zur wahrheitsgemäßer Aussage bezieht sich auch auf die von Ihnen noch zu erbittenden Angaben zur Person.“

Sollte der Beklagte entgegen seiner Ankündigung auch seine Ehefrau als Zeugin stellen, wäre die darüberhinaus auch über ihr Zeugnisverweigerungsrecht gemäß § 383 Abs. 1 Z. 2 ZPO zu belehren, § 383 Abs. 2 ZPO. Die Erklärung der Ehefrau des Beklagten auf die an sie zu richtende Frage, ob sie aussagen wolle, wird im Protokoll bei den Angaben zur Person aufgenommen („. . . wohnhaft in . . . Ich bin die Ehefrau des Beklagten, belehrt und zur Aussage bereit“ oder „Die Zeugin erklärte nach Belehrung über ihr Zeugnisverweigerungsrecht: Ich mache keine Aussagen“).

Ein Minderjähriger, zur Aussageverweigerung berechtigter Zeuge bedarf – wenn er von seinem Aussageverweigerungsrecht keinen Gebrauch machen will – zur Aussage der Genehmigung seiner gesetzlichen Vertreter (*Zöller-Stephan*, § 383 Anm. I).

An die Belehrung hat sich die Einzelvernehmung der Zeugen anzuschließen (§ 394 Abs. 1 ZPO), die gemäß § 395 Abs. 2 ZPO mit der **Vernehmung zur Person** beginnt.

Auf die Frage des Gerichts nach der Beziehung des Zeugen zu den Parteien (§ 395 Abs. 2 S. 2 ZPO) finden sich in den Protokollen der Gerichte zuweilen Abkürzungen wie **„n. v. u. n. v.“** (nicht verwandt und nicht verschwägert) und **„s. v.“** (sonst verneinend, nämlich die übrigen Fragen gemäß § 395 Abs. 2 ZPO).

Nach der Vernehmung zur Person hat die Vernehmung des Zeugen **zur Sache** zu erfolgen, § 396 ZPO. Dabei ist der Zeuge zu veranlassen, zu dem ihm mit der Ladung mitgeteilten (oder vom Vorsitzenden eröffneten) Beweisthema zunächst im Zusammenhang zu berichten, § 396 Abs. 1 ZPO.

Nach der Protokollierung dieser Aussage (§ 160 Abs. 2 Z. 3 ZPO) hat das Gericht im Rahmen seiner Aufklärungs- und Fragepflicht dem Zeugen eventuell zur weiteren Klärung der Beweisfrage Fragen zu stellen und Vorhaltungen zu machen, vgl. § 396 Abs. 2 ZPO. Sind auch die Antworten des Zeugen hierauf protokolliert, setzt erst das Fragerecht der Parteien ein, § 397 ZPO.

Nach Abschluß der Zeugenvernehmung ist dem Zeugen seine protokollierte Aussage gemäß §§ 162, 160 Abs. 2 Z. 3 ZPO zur Genehmigung vorzulesen oder vorzulegen. Verweigert der Zeuge die Genehmigung, so ist das gemäß § 162 S. 2 ZPO im Protokoll zu vermerken. Die Versagung der Genehmigung hat das Gericht frei zu würdigen.

153 Ist der Zeuge im Anschluß an seine Vernehmung zu vereidigen?

Die **Vereidigung** ist im Zivilprozeß die Ausnahme. Sie hat nur zu erfolgen, wenn die Parteien nicht auf sie verzichtet haben und das Gericht sie für notwendig hält, § 391 ZPO. Stets uneidlich zu vernehmen sind die unter § 393 ZPO fallenden Personen.

Angenommen, das Gericht (das ist niemals der Rechtsreferendar, siehe § 10 S. 2 GVG) beschließt auf Antrag einer Partei die Beeidigung eines Zeugen. Was hat hierauf zu erfolgen?

Nach der Protokollierung des Beschlusses (etwa: „B. u. v.: Der Zeuge X Y soll auf Antrag des Beklagten zur Herbeiführung einer wahrheitsgemäßen Aussage vereidigt werden") hat gemäß § 480 ZPO die Eidesbelehrung zu erfolgen. Erklärt der Zeuge hierauf, den Eid nicht leisten zu wollen, so kann gegen ihn ebenso, wie wenn er das Zeugnis verweigert hätte, ein Ordnungsstrafenbeschluß ergehen (vgl. § 390 ZPO). Es sei denn, der Zeuge ist zur Zeugnisverweigerung berechtigt (entsprechend § 63 StPO, vgl. *Baumbach-Lauterbach*, § 391 Anm. 4). Dann ist seine Weigerung gemäß § 286 ZPO frei zu würdigen.

Nach der Eidesbelehrung hat das Vorsprechen der **Eides-Eingangsformel** (§ 481 Abs. 1 ZPO) und der **Eidesnorm** zu erfolgen, die für den Zeugen der § 392 S. 2 ZPO enthält. Der Schwurpflichtige hat unter Erhebung der rechten Hand (§ 481 Abs. 3 ZPO) die Worte nachzusprechen „Ich schwöre es", gegebenenfalls mit der religiösen Beteuerung „so wahr mir Gott helfe" (vgl. § 481 Abs. 2 ZPO).

4. Kapitel: Der Beweistermin – Vorbereitung des Schlußurteils (Aktenvortrag)

Blatt 26 bis 31 der Akten

Öffentliche Sitzung des Amtsgerichts

55 Bad Kreuznach, den 9. Oktober 1973

Geschäftsnummer:
2 C 841/73

In dem Rechtsstreit*)

Gegenwärtig:

Richter am Amtsgericht Bender
als Richter

Justizangestellte Friedrich
als Urkundsbeamter der Geschäftsstelle

des kaufmännischen Angestellten
Gerhard A d a m s, 655 Bad Kreuznach,
Ringstraße 18,

Klägers,

– Prozeßbevollmächtigter: Rechtsanwalt
Weiß, Bad Kreuznach –

gegen

den Kaufmann Willi B e c h t h o l d,
6 Frankfurt/M., Mainzer Landstraße 208,

Beklagten,

– Prozeßbevollmächtigter: Rechtsanwalt
Dr. Schwarz, Frankfurt/Main –

Vfg.
1) Protokollabschr. an
RA + RA
2) Der Geschäftsstelle
z. w. V. (bezügl.
Teil-Anerk.Urt)
3) Wvl.: 17.10.73 (Widerr.?)
K., 9. 10. 1973

erschienen bei Aufruf

1. für den Kläger der Rechtsanwalt
Weiß,

2. für den Beklagten der Rechtsanwalt
Dr. Schwarz, Frankfurt/M., der
Rechtsanwalt Klein, Bad Kreuznach,

3. die Zeugen Käte Evans und Erich
Reuter.

Klägervertreter erhält Abschriften des Schriftsatzes der Gegenseite vom 9. Oktober 1973.

Beklagtenvertreter erklärt: Ich erkenne bezüglich der Reparaturkostenforderung des Klägers einen Teilbetrag von 375,-DM an.

v. u. g.

Klägervertreter beantragt den Erlaß eines entsprechenden Teil-Anerkenntnisurteils.

Es ergeht das aus der Anlage ersichtliche Teil-Anerkenntnisurteil.

*) Wenn das Protokoll einen Vergleich enthält, sind die Parteien, ihre gesetzlichen Vertreter u. die Prozeßbevollmächtigten im Rubrum nach Namen, Stand oder Gewerbe genau zu bezeichnen.

27

- 2 -

Die Parteien wiederholen ihre in der Sitzung vom 18. September 1973 gestellten Anträge (Bl. 19/20 d.A.), Kläger-Vertreter abzüglich des durch das heutige Teil-Anerkenntnisurteil erledigten Betrages. Bekl.-Vertr. beantragt hilfsweise Vollstreckungsnachlaß.

v. u. g.

Die Zeugin Evans wurde informatorisch befragt, ob sie die deutsche Sprache beherrsche.
Die Zeugin verneinte das.
Daraufhin wurde der Zeugin erklärt, daß die Protokollführerin die Übertragung ihrer Aussage vornehmen werde.

Sodann wurden die Zeugen - die Zeugin Evans mit Hilfe der Protokollführerin - zur Wahrheit ermahnt, über das Zeugnisverweigerungsrecht und über die Bedeutung des Eides sowie über die strafrechtlichen Folgen einer unrichtigen oder unvollständigen eidlichen oder uneidlichen Aussage belehrt und darauf hingewiesen, daß sich der Eid auch auf Fragen über ihre Person beziehe. Sie wurden darauf einzeln und in Abwesenheit der später zu hörenden Zeugen wie folgt vernommen:

1. Zeuge
Ich heiße Kate Evans geborene Taylor, bin 42 Jahre alt, Hausfrau in 655 Bad Kreuznach, Korellengarten 60, s. v.

Zur Sache:
Ich kann mich an den Unfall noch gut erinnern, weil es der erste war, den ich so unmittelbar miterlebt hatte.
Ich stand damals an der Ampel, um die Bosenheimer Straße zu überqueren. Ich habe beide Fahrzeuge kommen gesehen. Zwar kann ich nicht sagen, ob der Kläger vor der Kreuzung anhielt, weil die Ampel bereits Rotlicht zeigte. Mit Sicherheit weiß ich jedoch, daß der Kläger nach - wie ich meine - vorschriftsmäßigem Abbremsen bereits mehrere Sekunden vor der Ampel hielt, als der Beklagte mit quietschenden Bremsen auf das Fahrzeug des Klägers auffuhr.
Auf Befragen des Klägervertreters: Ich hatte den Eindruck, daß der Beklagte irgendwie abgelenkt war und die Ampel ganz übersehen hatte.
Die Niederschrift ihrer Aussage wurde von der Zeugin nach Übertragung in die englische Sprache genehmigt.

28

- 3 -

2. Zeuge
Ich heiße Erich Reuter, bin 67 Jahre alt, Rentner in 655 Bad Kreuznach, Matthias-Grünewald-Straße 104, s. v.

Zur Sache:

Der Zeuge machte im Zusammenhang dieselben Angaben wie die Zeugin Evans. Die Parteien verzichteten auf eine Protokollierung dieser Aussage. Der Zeuge Reuter erklärte: Ich verzichte auf Zeugengebühren.

Die Parteien stellten zur Beeidigung der Zeugen keine Anträge.

Nach streitiger Verhandlung zur Sache und zum Ergebnis der Beweisaufnahme schlossen die Parteien auf Vorschlag des Gerichtes folgenden

V e r g l e i c h :

1. Der Beklagte verpflichtet sich, an den Kläger zur Abgeltung der Klageforderung 900,--DM zu zahlen.
2. Der Kläger verzichtet auf seine Rechte aus dem Vollstreckungsbefehl des Amtsgerichtes Bad Kreuznach vom 29. Juni 1973 und aus dem Teil-Anerkenntnisurteil vom 9. Oktober 1973.
3. Der Beklagte trägt die Kosten des Rechtsstreites.
4. Dem Beklagten bleibt vorbehalten, den Vergleich gegenüber dem Amtsgericht Bad Kreuznach bis zum 16. Oktober 1973 zu widerrufen. Maßgebend soll der Eingang der Widerrufsschrift bei Gericht sein.

v. u. g.

B. u. v.:

Im Falle des Widerrufs des Vergleiches soll am

23. Oktober 1973, 9 Uhr,

eine Entscheidung verkündet werden.

Bender Friedrich

29

Amtsgericht Bad Kreuznach

Teil-Anerkenntnis ~~-XXXXXXXXXX~~ Urteil

Im Namen des Volkes!

Aktenzeichen:
- 2 C 841/73 -

Bitte bei allen Schreiben angeben!

Verkündet
am 9. Okt. 1973
(gez.) Friedrich
Urkundsbeamter der Geschäftsstelle

In Sachen

des kaufmännischen Angestellten Gerhard A d a m s,
655 Bad Kreuznach, Ringstraße 18,

Klägers,

— Prozeßbevollmächtigter : Rechtsanwalt Weiß, Bad Kreuznach -

gegen

den Kaufmann Willi B e c h t h o l d, 6 Frankfurt/Main,
Mainzer Straße 208,

Beklagten,

— Prozeßbevollmächtigter : Rechtsanwalt Dr. Schwarz, Frankfurt/M. -

wegen einer Schadensersatzforderung

hat das Amtsgericht in Bad Kreuznach

durch den Richter am Amtsgericht Bender

für Recht erkannt:

Der Vollstreckungsbefehl des Amtsgerichtes Bad Kreuznach vom 29. Juni 1973 (2 B 1600/73) bleibt in Höhe eines Teilbetrages von 378,- DM aufrechterhalten.

~~Die Kosten des Rechtsstreits werden de~~ ~~auferlegt.~~

Dieses Urteil ist vorläufig vollstreckbar.

(gez.) Bender

Die zu erstattenden Kosten werden auf DM Pf.

— i. W. ____________ — festgesetzt.

, den

(gez.) ____________
als Urkundsbeamter der Geschäftsstelle des Amtsgerichts

Ausgefertigt

____
als Urkundsbeamter der Geschäftsstelle des Amtsgerichts

Vorstehende Ausfertigung wird d Kläger zum Zwecke der Zwangsvollstreckung erteilt.

, den

____
als Urkundsbeamter der Geschäftsstelle des Amtsgerichts

i.V. 10.10.

Vfg.
Urteilsausfertigung an beide RÄ
10.10.73

ZP 22 (früher ZP Nr. 14a) Ausfertigung eines Anerkenntnis- oder Versäumnisurteils gegen den Beklagten zur Verbindung mit der Klageschrift oder dem Zahlungsbefehl ohne Bezugnahme auf die Klageschrift. (§ 313, Abs. 3, § 317 Abs. 4, §§ 307, 331, 696 Abs. 3, § 708 Nr. 1 und 3, §§ 105, 725 ZPO) — Amtsgericht —.

Formularverlag Emil Sommer, Grünstadt -O-

30

Durchschrift für die Akten
Gilt nicht als Kassenanweisung

Haushaltsstelle: Kapitel 0503 Titel 53204

Haushaltsjahr 1973

Auszahlungsanordnung

für Zeugenentschädigung

Amtsgericht Bad Kreuznach
(Gericht, Staatsanwaltschaft)

Adams ./. Bechthold
(Bezeichnung der Angelegenheit)

Geschäfts-Nr.: 2 C 847/73 Termin am: 9.10.1973

In Rechtshilfesachen

(Ersuchende Behörde und Geschäfts-Nr.)

— Kläger — ~~und — Beklagter~~ — hat / ~~haben~~ Armenrecht — .... DM ~~Auslagenvorschuß~~ — in ~~Kostenmarken~~ entrichtet — eingezahlt — ~~zum~~ Soll gestellt nach Blatt .... ~~der Sachakten.~~ —
Verzichterklärungen liegen ~~nicht~~ vor.

[illegible] Just. Sekr.
(Name und Amtsbezeichnung)

1	Name, Vorname Beruf Aufenthaltsort Konto	E v a n s, -Kate Hausfrau (655) Bad Kreuznach		
2	Stunde a) des Termins b) der Entlassung	a) 11⁰⁰ Uhr b) 11³⁰ Uhr		
3	a) Antritt b) Beendigung — der Reise	a) 10³⁰ Uhr b) 12⁰⁰ Uhr		
4	Berechnung der Entschädigung			DM
	a) Entschädigung — § 2 Abs. 2 ZuSEG —	.... Std. zu .... DM		
	— § 2 Abs. 3 ZuSEG —	2 Std. zu 4,– DM		8,–
	b) Fahrtkosten, Wegegeld — § 9 Abs. 2.3 ZuSEG —	2 × .... km Eisenbahn (Rückfahrkarte!)		
		Zuschlag für - F - D-Zug		
		Bus/Straßenbahn		
		2 × .... km Kfz.		
		2 × .... km Weg		
	c) Aufwand, Zehrkosten	.... Tage .... Std.		
	d) Aufwendungen f. Übern.	.... Übernachtungen		
	e) sonstige Aufwendungen			
5	**Summe und Quittung**	Evans		8,–

Anmerkung (Insbesondere Begründung der einzelnen Ansätze usw.)

Gesehen.
Der Geschäftsleiter

....
(Amtsbezeichnung)

Anleitung:

1. Die Kassenanweisung ist im Durchschreibeverfahren herzustellen und von der Geschäftsstelle vorzubereiten. Dabei kann in Rechtshilfesachen die Erteilung der Bescheinigung über den erhobenen Auslagenvorschuß unterbleiben, wenn Unterlagen hierfür nicht vorhanden sind.
2. Durchschrift der Kassenanweisung ist zu den Sachakten zu geben.
3. Vom Bezugsberechtigten etwa vorgelegte Rechnungsaufstellungen, Lohnbescheinigungen usw. sind der Kassenanweisung beizufügen.
4. Die einzelnen Ansätze sind, soweit erforderlich, näher zu begründen, notfalls auf der Rückseite.

Der Zeuge ist entsprechend den in Nr. 2 festgestellten Zeiten bestimmungsgemäß zu entschädigen.

Bad Kreuznach 9.10.73
(Ort und Tag)

Amtsgericht
(Behörde)

[illegible] Ri AG
(Unterschrift)

An die
Landesjustizkasse
in **Mainz**
durch die

Sachlich richtig und festgestellt (auf .... DM)

Der Zeuge erklärte auf Befragen, keinen Vorschuß erhalten zu haben.

Auszuzahlen und, wie oben angegeben, als Haushaltsausgabe zu buchen.

Durchschrift der Kassenanweisung ist zu den Akten gegeben.

Bad Kreuznach den 9.10.73
(Ort und Tag)

Huber Just. Sekretär
(Name und Amtsbezeichnung)

HKR 103 (fr. 172) Auszahlungsanordnung für Zeugenentschädigung — gen. 1. 1972 —
Formularverlag Emil Sommer, Grünstadt

31

Dr. A. Schwarz
Rechtsanwalt

Frankfurt/M., den 15. Oktober 1973

Briefannahmestelle
Land- u. Amtsgericht
Bad Kreuznach
Eing.: 16. OKT. 1973
Anl.: – Abschr.: 2
– DM Kostenmarken

An das
Amtsgericht

655 Bad Kreuznach

In Sachen

Adams ./. Bechthold

- 2C 841/73 -

muß ich namens des Beklagten den am 9. Oktober 1973 vor dem Amtsgericht Bad Kreuznach geschlossenen Vergleich

w i d e r r u f e n,

weil die hinter dem Beklagten stehende Haftpflichtversicherung mit einer vergleichsweisen Erledigung des vorliegenden Rechtsstreites nicht einverstanden ist.

Dr. Schwarz
Rechtsanwalt

V
1) Abschr. an Gg.-Anwalt
2) ... 16.10.73
B.

(Bemerkungen zu Bl. 26 bis 31 d. A.)

A. Der Ablauf des Beweistermins

1. Das Teil-Anerkenntnisurteil – Antragsänderung

154 Allein die Tatsache, daß das Protokoll vom 9. Oktober 1973 das volle Rubrum enthält, läßt darauf schließen, daß in diesem Termin ein Vergleich abgeschlossen worden sein muß (vgl. oben Randz. 72).

Im Termin hat der Richter zunächst dem Klägervertreter die Abschrift des erst am Vortage eingegangenen Schriftsatzes des Beklagten vom 5. Oktober 1973 ausgehändigt und sodann das Anerkenntnis des Beklagten protokolliert.

Zu beachten war die Genehmigung der entsprechenden Protokollfeststellung gemäß §§ 162, 160 Abs. 2 Z. 1 ZPO durch den Beklagten.

Auf Antrag des Klägervertreters erging dann ein Teil-Anerkenntnisurteil (vgl. B. 29 d. A.), bei dessen Tenorierung der Richter den § 343 ZPO beachtet hat.

Das Teil-Anerkenntnisurteil bedurfte nach § 313 Abs. 3 ZPO nicht der Begründung; es mußte nach § 311 Abs. 2 S. 2 ZPO noch nicht einmal schriftlich abgesetzt sein.

Zutreffend enthält das Teil-Anerkenntnisurteil keine Kostenentscheidung (vgl. dazu *Thomas-Putzo*, § 301 Anm. 2). Nach § 708 Z. 1 ZPO war das Teil-Anerkenntnisurteil jedoch für vorläufig vollstreckbar zu erklären, wenngleich dieser Ausspruch im vorliegenden Falle ins Leere geht. Die anerkannten 378,– DM sind ohnehin aus dem Vollstreckungsbefehl vorläufig vollstreckbar, die weiteren Kosten des Verfahrens konnten noch nicht tituliert werden.

Hat das Teil-Anerkenntnisurteil, durch das nur der bereits ergangene Vollstreckungsbefehl (teilweise) aufrechterhalten werden konnte, nun, nachdem im vorliegenden Verfahren auch schon die Beweisgebühr angefallen ist (§§ 25 Abs. 1 Z. 2 GKG, 31 Z. 3 BRAGO), für die Parteien überhaupt noch einen Sinn?

Die Urteilsgebühr des Gerichtes (§ 25 Abs. 1 Z. 3 GKG) ist nach dem um den Betrag des Anerkenntnisurteils verminderten Streitwert zu berechnen (§ 19 Abs. 1 GKG), so daß in jedem Falle (geringe) Kosten eingespart werden. Im übrigen ist die Tatsache, daß ein Teil-Anerkenntnisurteil ergangen ist, frei zu würdigen (§ 286 ZPO).

155 Nach dem Erlaß des Teil-Anerkenntnisurteils haben die Parteien nochmals die Anträge gestellt, der Kläger unter Berücksichtigung des neuen Titels. Der Beklagte hat nunmehr hilfsweise **Vollstreckungsnachlaß** beantragt. Was ist darunter zu verstehen?

Eine Entscheidung des Gerichtes nach § 713 ZPO. Dieser Hilfsantrag ist zulässig in Fällen der vorläufigen Vollstreckbarkeit gemäß den §§ 708, 709 ZPO (mit Ausnahme des § 708 Z. 7, vgl. § 713 Abs. 1 S. 2 ZPO), gegenstandslos jedoch im Falle des § 710 ZPO. Die vorläufige Vollstrekkung gemäß § 710 ZPO ist ohnehin nur dann möglich, wenn der Gläubiger zuvor Sicherheit geleistet hat.

Ohne Erfolg muß ein Vollstreckungsschutzantrag auch dann sein, wenn das Urteil „unzweifelhaft" unanfechtbar ist, § 713a ZPO (also beispielsweise in einem Rechtsstreit mit einem Streitwert von 100,– DM, § 511a Abs. 1 ZPO).

Wäre übrigens ein diesen Hilfsantrag enthaltender Schriftsatz dem Klägervertreter (§ 176 ZPO) förmlich zuzustellen gewesen?

Ja, denn auch der einen Vollstreckungsschutzantrag enthaltende Schriftsatz ist ein „bestimmender Schriftsatz“ (vgl. oben Randz. 45), der der förmlichen Zustellung bedarf (*Thomas-Putzo*, § 297 Anm. 1a und 714 Anm. 1; *Zöller-Stephan*, § 267 Anm. 1).

Mußten die von den Parteien vor Beginn der Beweisaufnahme nochmals gestellten Anträge diesen wiederum gemäß § 162 ZPO vom Protokollführer zur Genehmigung vorgelesen werden?

In jedem Falle wegen des vorher schriftsätzlich nicht angekündigten Hilfsantrages des Beklagten.

2. Die Zeugenvernehmung

156 Ausweislich des Sitzungsprotokolls (zur Beweiskraft des Protokolls vgl. § 164 ZPO) erfolgte im Termin vom 9. Oktober 1973 nach der Wiederholung der Anträge und der Belehrung der Zeugen deren Vernehmung unter Beachtung der oben, Randz. 152, bereits erörterten Vorschriften der §§ 395, 394 ZPO.

Bei ihrer Vernehmung zur Sache hat die Zeugin Evans im wesentlichen das vom Kläger behauptete Unfallgeschehen bestätigt.

Bei der Vernehmung der Zeugin wirkte die Protokollführerin als Dolmetscherin mit. Entgegen der Regel des § 189 GVG konnte die Protokollführerin als Urkundsbeamtin der Geschäftsstelle unbeeidigt bleiben, § 190 GVG.

Ob die Aussage der Zeugin Evans nach Abschluß der Beweisaufnahme nochmals insgesamt übersetzt und von ihr dann genehmigt worden ist (§§ 160 Abs. 2 Z. 3, 162 ZPO), ist aus dem Protokoll nicht eindeutig ersichtlich. Vielfach läßt die Praxis ohnehin – sofern keine Beeidigung beabsichtigt ist – das laute Diktieren genügen, wenn der Zeuge schon beim Diktat die zu protokollierende Aussage genehmigt. Diese Verfahrensweise ist jedoch zumindest bedenklich; denn das Vorsprechen beweist nicht, was niedergeschrieben worden ist (vgl. dazu eingehend *Zöller-Stephan*, Anm. zu § 162).

Die Aussage des zweiten Zeugen, des Rentners Reuter, ist noch nicht einmal protokolliert worden, vgl. Bl. 28 d. A. Ist dessen Aussage – von der im Protokoll vermerkt ist, daß sie inhaltlich mit der der Zeugin Evans übereinstimme – im Urteil dann überhaupt verwertbar?

Zwar liegt kein Fall des § 161 ZPO vor. Dennoch dürfte über § 295 ZPO die nicht protokollierte Aussage zu verwerten sein, weil die Parteien damit einverstanden waren, daß die Protokollierung unterblieb.

Daß die Parteien zur Beeidigung der Zeugen keine Anträge gestellt haben, hätte nach § 391 ZPO einer Anordnung der Beeidigung nicht entgegengestanden (kein Verzicht auf die Beeidigung durch die Parteien). Allerdings bestand für die Beeidigung der Zeugen hier auch kein Anlaß. (Vgl. dazu im übrigen *Bull* S. 203.)

Im Protokoll (Bl. 28 d. A.) findet sich der Hinweis, daß zur Sache und zum Ergebnis der Beweisaufnahme streitig verhandelt worden sei. Ist dieser Hinweis nur als Floskel aufzufassen?

Nein. Offenbar wollte der Richter mit diesem Protokollvermerk zum Ausdruck bringen, daß nach der Beweisaufnahme entsprechend der Vorschrift des § 285 Abs. 1 ZPO nochmals mündlich verhandelt worden ist – wozu es gemäß § 370 ZPO hier keines besonderen Termins bedurfte – und daß der von den Zeugen bestätigte Vortrag des Klägers auch nach der Beweisaufnahme zwischen den Parteien nicht etwa unstreitig geworden ist.

3. Der Widerrufsvergleich

157 Auf Anraten des Gerichtes haben die Parteien nach Abschluß der Beweisaufnahme einen Vergleich geschlossen, der vom Beklagten innerhalb einer bestimmten Frist widerrufen werden konnte (und dann auch widerrufen worden ist, vgl. Bl. 31 d. A.). War ein Vergleichsabschluß auf der vorgeschlagenen Basis für den Beklagten (bzw. die hinter ihm stehende Versicherung) nicht von vornherein wirtschaftlich uninteressant?

Nein. Der Kläger hat – ausgehend von seinem letzten Klageantrag – 61,– DM Hauptforderung und ca. 34,– DM Zinsen nachlassen wollen, insgesamt also 95,– DM. Außerdem hätte der Beklagte, der nach Ziffer 3 des Vergleiches die Kosten des Rechtsstreites tragen sollte, gemäß § 29 GKG die bereits nach einem Streitwert von 961,– DM angefallene gerichtliche Beweisgebühr (§ 25 Abs. 1 Z. 2 GKG) im Betrage von 36,– DM (vgl. § 10 Abs. 2 GKG) und auch – bei für ihn ungünstigem Ausgang des Rechtsstreites – die Urteilsgebühr (§ 25 Abs. 1 Z. 3 GKG) aus einem Streitwert von 583,– DM (961,– DM abzüglich der anerkannten 378,– DM) im Betrage von 24,– DM erspart. Einer Ersparnis des Beklagten im Gesamtbetrage von 155,– DM hätte eine zusätzliche (vierte) Gebühr beider Anwälte gegenübergestanden, nämlich die Vergleichsgebühr (§ 23 BRAGO) aus einem Streitwert von 583,– DM, das sind 2 × 45,– DM zuzüglich Mehrwertsteuer (§ 25 Abs. 2 BRAGO). Der Vergleich hätte für den Beklagten danach durchaus von Interesse sein können.

Der Kläger hätte durch den Vergleich in jedem Falle eine raschere Prozeßerledigung (keine zweite Instanz!) erreicht.

Was galt es für das Gericht im Rahmen seiner Mitwirkungspflicht bei Abschluß des Vergleiches zu beachten?

Daß der Kläger zur Klarstellung der Rechtslage – wie in Z. 2 des Vergleiches geschehen – auf seine Rechte aus dem Vollstreckungsbefehl und dem Teil-Anerkenntnisurteil verzichtet. Wäre das nicht geschehen, hätte der Beklagte eine Aufhebung der vor Vergleichsabschluß ergangenen Titel in entsprechender Anwendung des § 271 Abs. 3 ZPO noch durch einen gerichtlichen Beschluß erreichen können.

Der Beklagte hat sich den Widerruf des Vergleiches vorbehalten, um offenbar zunächst noch Rücksprache mit seiner Versicherung nehmen zu können. Zur Vermeidung von Unklarheiten galt es deshalb sicherzustellen, wem gegenüber und in welcher Form der Widerruf zu erklären war (vgl. dazu *Thomas-Putzo*, § 794 Anm. II 4e).

Schließlich hing die Wirksamkeit des Vergleiches von der Genehmigung durch die Parteien ab, die hier auch nach Verlesung erklärt wurde (vgl. das „v. u. g." auf Bl. 28 d. A.).

Der Amtsrichter hat sodann in Befolgung der Konzentrationsmaxime für den Fall des Widerrufs des Vergleiches einen Termin zur Verkündung einer Entscheidung bestimmt (vgl. dazu §§ 300 Abs. 1, 310 Abs. 1 ZPO). Hätte er nicht zuvor die mündliche Verhandlung schließen müssen?

Doch, vgl. § 136 Abs. 4 ZPO. Nur konnte das – wie hier – auch stillschweigend erfolgen (*Thomas-Putzo*, § 136 Anm. 2).

Einer erneuten mündlichen Verhandlung nach Vergleichswiderruf bedarf es nicht. Der widerrufene Vergleich findet auch im Tatbestand des Urteils keine Erwähnung.

4. Das weitere Verfahren im Anschluß an den Beweistermin

158 Nach dem Beweistermin hat der Amtsrichter verfügt (vgl. Bl. 26 d. A., Mitte links), daß Protokollabschriften an die Prozeßbevollmächtigten der Parteien gesandt werden und daß die Geschäftsstelle die Herausgabe des Teil-Anerkenntnisurteils veranlaßt (vgl. dazu die Verfügung des Urkundsbeamten der Geschäftsstelle auf Bl. 29 d. A., unten

links). Er hat außerdem die Wiedervorlage auf den 17. Oktober 1973 verfügt und zu dieser Verfügung einen Klammerzusatz („Widerr.?“) gemacht. Zu welchem Zweck?

Nach Ziffer 4 des Vergleiches hat der Beklagte das Recht, den Vergleich bis zum 16. Oktober 1973 zu widerrufen. Verfügt der Richter die Wiedervorlage auf den 16. Oktober 1973, so wird der Geschäftsstellenbeamte die Akten schon am Abend des 15. Oktober 1973 bereitlegen (im besonderen Aktenfach des Richters), damit sie dem Richter am Morgen des 16. Oktober 1973 durch den Justizwachtmeister zugetragen werden können. Der Widerruf kann jedoch noch bis 24 Uhr des 16. Oktober 1973 wirksam eingelegt werden. Zur Vermeidung doppelten Verwaltungsaufwandes – und damit auch zur Einschränkung von Fehlerquellen – war es richtig, die Wiedervorlage gleich auf den 17. oder 18. Oktober 1973 zu terminieren.

Richtig war es auch, bei der Wiedervorlagefrist zur Gedächtnisstütze ein Stichwort zu notieren. Werden die Akten nämlich am 17. Oktober 1973 dem Richter vorgelegt, so schlägt er sie dort auf, wo sich der Aktenschnippel befindet. Und der befindet sich entweder bei einem neuen Eingang oder bei dem Aktenblatt, auf dem die Wiedervorlage verfügt ist. Hat der Richter bei der Wiedervorlagefrist zur Gedächtnisstütze vermerkt, weshalb er an diesem Tage die Akten wieder vorgelegt haben will, so erspart er sich dadurch möglicherweise ein nochmaliges Einlesen in den Fall.

Hätte hier am 17. Oktober 1973 kein Eingang vorgelegen, hätte der Amtsrichter sofort verfügen können „Der Geschäftsstelle zur weiteren Veranlassung“. Dazu hätte unter anderem der Abschluß der Zählkarte und die Kostenprüfung, § 109 GKG, gehört. Mit dem Ausfüllen der Vermerke auf dem Aktendeckel (dem Prüfungsvermerk und dem Archivvermerk) wäre das Verfahren für den Amtsrichter dann beendet gewesen.

Bl. 30 d. A. ist die Durchschrift der Zeugengebührenanweisung.

Die Erstschrift ist an die Landesjustizkasse gesandt worden. Wegen weiterer Einzelheiten vgl. die Auszahlungsanordnung.

Bl. 31 d. A. schließlich ist der fristgemäße Widerruf des Vergleiches durch den Beklagten.

B. Die Vorbereitung des Schlußurteils

159 Gemäß § 300 Abs. 1 ZPO müßte nun, da der Vergleich widerrufen und sämtliche angebotenen Beweise erhoben worden sind, durch den Amtsrichter das Endurteil abgesetzt werden. Zuvor hatte er jedoch noch, wie geschehen, anzuordnen, daß der Klägervertreter die dem Schriftsatz vom 15. Oktober 1973 beigefügten Abschriften erhält.

Das „sodann“ als Ziffer 2 der Verfügung Bl. 31 d. A. bedeutet, daß die Akten dem Richter „sodann“ wieder vorgelegt werden sollen, nämlich sogleich nach der Hinausgabe der Schriftsatzabschriften an den Klägervertreter.

1. Vorarbeiten für einen Aktenvortrag

160 Würden die Akten des vorliegenden Rechtsstreites nunmehr zur Fertigung eines Urteilsentwurfes einem Rechtsreferendar zugeschrieben, so hätte der zunächst einen **Aktenvortrag** vorzubereiten.

Ein Aktenvortrag wäre auch zu halten gewesen, wenn der vorliegende Rechtsstreit von der Kammer eines Landgerichtes zu entscheiden gewesen wäre, und zwar in der Kammerberatung von dem Berichterstatter (vgl. dazu oben Randz. 24) oder dessen Referendar.

Bevor der Referendar den Aktenvortrag halten kann, muß er zuvor relationsmäßig geprüft haben, ob die Klage begründet ist.

Den Aktenvortrag in der Praxis sollte der Referendar jedoch nicht im Gutachtensstil halten, er sollte sich vielmehr weitgehendst des kürzeren und verständlicheren Urteilsstils befleißigen und nur Einzelfragen dann im Gutachtenstil erörtern, wenn ihm das zum besseren Verständnis notwendig erscheint. Zum Vortragsstil vergleiche im übrigen *Schumacher* S. 61 sowie *Berg* JuS 1968, 477f.

Zur Vermeidung mehrfacher Wiederholungen soll hier entsprechend dem amtsgerichtlichen Urteil (vgl. unten Bl. 33f. d. A.) von folgendem Ergebnis einer relationsmäßigen Anspruchsprüfung ausgegangen werden:

Die Klage ist gemäß § 7 StVG überwiegend begründet. Von den eingeklagten Schäden sind nur teilweise begründet die Nutzungsentschädigung (statt der geforderten 75,– DM lediglich 60,– DM, vgl. dazu oben Randz. 141) und die Zinsforderung des Klägers (nur 4%, überwiegend nicht ab dem Unfalltag, vgl. dazu oben ebenfalls Randz. 141), so daß insoweit eine teilweise Klageabweisung zu erfolgen hat.

Im übrigen ist bei der Tenorierung wiederum der § 343 ZPO zu beachten. Daran ändert auch der Widerrufsvergleich vom 9. Oktober 1973 nichts. Der dort vom Kläger erklärte Verzicht auf die bisherigen Titel war in seiner Wirkung aufschiebend bedingt (vgl. dazu z. B. *Thomas-Putzo*, § 794 Anm. II 4e).

161 Im vorliegenden Falle muß also die Klage wegen einer geringfügigen Mehrforderung abgewiesen werden. Wie haben dann die **Nebenentscheidungen** zu lauten (die in der Praxis weder im Aktenvortrag noch im Urteil eingehend begründet werden)?

Die **Kostenentscheidung** muß aus § 92 Abs. 2 ZPO folgen. Die Zuvielforderung des Klägers (zunächst 961,– DM statt begründeter 946,– DM, später 583,– DM statt begründeter 568,– DM) ist geringfügig und hat keine besonderen Kosten verursacht. Sie hat weder eine gesonderte Beweisaufnahme erfordert noch den Rechtsstreit in eine (Mehrkosten verursachende) höhere Gebührenstufe gebracht. Gleiches gilt auch für die übersetzte Zinsforderung (vgl. im übrigen *Thomas-Putzo*, § 92 Anm. 4a).

Bei der Entscheidung über die **vorläufige Vollstreckbarkeit** ist zunächst zu berücksichtigen, daß die Bestätigung des früheren Titels gemäß § 343 ZPO auch die Aufrechterhaltung seiner vorläufigen Vollstreckbarkeit ohne Sicherheitsleistung beinhaltet (so die jetzt h. M., vgl. *Baumbach-Lauterbach*, § 343 Anm. 1 B; *Zöller-Scherübl*, § 343 Anm. 2c). Ob der – wegen des Teilanerkenntnisses – noch teilweise aufrechtzuerhaltende Vollstreckungsbefehl hier mit oder ohne Sicherheitsleistung für vorläufig vollstreckbar zu erklären ist, hängt danach – außer von dem Betrage der (begründeten) Klageerweiterung (190,– DM) – auch von der Höhe der nach dem Erlaß des Vollstreckungsbefehls angefallenen weiteren Kosten des Rechtsstreites ab. Denn nach h. M. umfaßt der Gegenstand der Verurteilung in § 709 Z. 4 ZPO außer der Hauptsache und den Zinsen auch die Kosten (vgl. z. B. *Thomas-Putzo*, § 709 Anm. 1). Demnach sind zur Prüfung der Frage, ob § 709 Z. 4 ZPO oder § 710 ZPO Anwendung zu finden hat, die nach Erlaß des Vollstreckungsbefehls entstandenen Kosten zu errechnen. (Die vor Erlaß des Vollstreckungsbefehls angefallenen Kosten sind bereits aus dem aufrechterhaltenen Vollstreckungsbefehl vollstreckbar.)

162 Bei dieser Berechnung sind jedoch nicht sämtliche Gerichtskosten zu berücksichtigen. Sinn der Sicherheitsleistung ist es, den (500,– DM übersteigenden) Schaden abzuwenden, der dem Schuldner durch die vorläufige Vollstreckung eines noch nicht rechtskräftigen Urteils entstehen kann (vgl. dazu § 717 ZPO). Demgemäß kann bei der Bemessung der Sicherheitsleistung nur der Betrag Berücksichtigung finden, den der Kläger aus dem Urteil zu vollstrecken vermag. Der aber setzt sich außer aus Hauptsache und Zinsen nur noch aus den außergerichtlichen Auslagen (Anwaltskosten) und den vom Kläger verauslagten Gerichtskosten zusammen. Alle übrigen Gerichtskosten werden gemäß §§ 106, 103 Abs. 2, 99 Z. 1 GKG von der Gerichtskasse unmittelbar beim Beklagten (Schuldner) angefordert. Daraus kann aber dem Beklagten im Falle einer Abänderung des erstinstanzlichen Urteils kein Schaden entstehen, weil die Gerichtskasse gegebenenfalls gemäß § 102 GKG von Amts wegen eine Kostenrückerstattung vorzunehmen hat.

Für den vorliegenden Fall, in dem die vom Kläger verauslagten Gerichtskosten bereits im Vollstreckungsbefehl festgesetzt sind, heißt das, daß für die Sicherheitsleistung zu berücksichtigen sind

als weitere Hauptsache		190,– DM,
an (weiteren) Zinsen	ca.	10,– DM,
an außergerichtlichen Kosten des Klägers (vgl. unten Bl. 42/43 d. A.)	ca.	230,– DM,
insgesamt also	ca.	430,– DM.

2. Der Aktenvortrag

163 Ein dem ausbildenden Richter vom Rechtsreferendar zu haltender Aktenvortrag könnte etwa wie folgt lauten:

„In dem vorliegenden Rechtsstreit begehrt der kaufmännische Angestellte Gerhard Adams aus Bad Kreuznach von dem Kaufmann Willi Bechthold aus Frankfurt Schadensersatz wegen eines Verkehrsunfalles.

Dem Rechtsstreit liegt folgender Sachverhalt zugrunde:

Im Mai 1973 fuhr der Beklagte mit seinem PKW an der Ampel vor der Kreuzung Bosenheimer Straße/Dürerstraße in Bad Kreuznach auf das Fahrzeug des Klägers auf, das dabei am Heck beschädigt wurde. Der Beklagte räumte seine Schuld an dem Unfall ein und versprach, den Schaden ersetzen zu wollen.

Der Kläger brachte sein Fahrzeug noch am Unfalltag in eine Reparaturwerkstatt. Bei der Reparatur, die 5 Tage dauerte, erfolgte eine Teil-Lackierung des metallicfarbenen VW's des Klägers. Diese Teil-Lackierung bedingte Farbunterschiede.

Als der Beklagte trotz Mahnung unter Fristsetzung die Reparaturkostenrechnung nicht bezahlte, hat der Kläger über den Betrag dieser Rechnung nebst 8½% Zinsen seit dem Unfalltage einen Vollstreckungsbefehl erwirkt, gegen den der Beklagte fristgerecht Einspruch eingelegt hat. Im Verlaufe des Rechtsstreites hat der Kläger die Klage um merkantilen Minderwert, Nutzungsentschädigung und Auslagenpauschale erweitert. Auf diese Schäden, die der Höhe nach teilweise unstreitig sind, werde ich im Rahmen der Begründetheit näher zu sprechen kommen. In der letzten mündlichen Verhandlung hat der Beklagte die Hälfte der Reparaturkosten anerkannt. Insoweit ist gegen ihn ein Teil-Anerkenntnisurteil ergangen.

Der Kläger ist der Ansicht, daß der Unfall für ihn unabwendbar gewesen sei. Dazu trägt er vor, er habe nach ordnungsgemäßem Abbremsen bereits 1 bis 2 Sekunden vor der roten Ampel gehalten, als der Beklagte auf seinen PKW aufgefahren sei.

Der Kläger beantragt,

> den Vollstreckungsbefehl aufrechtzuerhalten und den Beklagten darüber hinaus zu verurteilen, an ihn 205,– DM nebst 8½% Zinsen seit dem Unfalltag zu zahlen, abzüglich des Betrages des Teil-Anerkenntnisurteils.

Der Beklagte beantragt

> Klageabweisung,
> hilfsweise Vollstreckungsnachlaß.

Dazu trägt er vor:
Der Kläger habe beim Umschalten der Ampel von grün auf gelb so unvermutet scharf abgebremst, daß der Unfall für ihn unvermeidbar gewesen sei.

Der Beklagte ist der Meinung, daß den Kläger die Hauptschuld an dem Unfall treffe.

Über den Unfallhergang ist durch Vernehmung von Zeugen Beweis erhoben worden. Auf das Ergebnis der Beweisaufnahme werde ich, soweit erforderlich, im Rahmen der Begründetheit zu sprechen kommen.

Ich schlage vor, der Klage überwiegend stattzugeben.

Der Beklagte hat dem Kläger gemäß § 7 StVG die durch den Auffahrunfall entstandenen Schäden zu ersetzen.

Obwohl an dem Unfall auch das Fahrzeug des Klägers mitbeteiligt war, hat der Kläger dennoch nicht aus Betriebsgefahr einen Teil seines Schadens selbst zu tragen. Ihm ist der Nachweis gelungen, daß der Unfall für ihn ein unabwendbares Ereignis im Sinne des § 7 Abs. 2 StVG war, nämlich daß er jede nach den Umständen des Falles gebotene Sorgfalt beobachtet hat.

Die vom Kläger benannten Zeugen haben übereinstimmend ausgesagt, daß der Kläger bereits mehrere Sekunden vor der Ampel gehalten habe, als der Beklagte auf dessen PKW aufgefahren sei. Die Zeugen hatten den Eindruck, daß der Beklagte die Ampel übersehen gehabt habe.

Die Aussagen dieser Zeugen, die das Unfallgeschehen nur zufällig beobachtet haben, zum Kläger in keiner persönlichen Beziehung stehen und auch am Ausgang des Rechtsstreites kein Interesse haben, sind glaubwürdig.

Sie werden überdies bestätigt durch das Schuldanerkenntnis des Beklagten am Unfallort.

Die vom Kläger eingeklagten Ansprüche sind jedoch nicht sämtlich in voller Höhe begründet.

Noch zu ersetzen hat der Beklagte dem Kläger die zweite Hälfte der dem Betrage nach unstreitigen Reparaturkosten. Insoweit ist der bereits vorliegende Vollstreckungsbefehl nach § 343 ZPO aufrechtzuerhalten.

Außerdem hat der Beklagte den durch die Farbunterschiede bedingten und der Höhe nach ebenfalls unstreitigen merkantilen Minderwert von 100,– DM zu ersetzen. Ferner die Auslagenpauschale, die unter Würdigung aller Umstände des Falles gemäß § 287 Abs. 1 ZPO auf die geforderte Höhe von 30,– DM festgesetzt werden kann. Bis zu 50,– DM Auslagenpauschale hat das OLG Köln bereits im Jahre 1964 für vertretbar angesehen. Diese Entscheidung des Oberlandesgerichts ist veröffentlicht in DAR 1965, S. 271. Nach der Tabelle von Sanden-Danner stehen dem Kläger für seinen VW statt der geforderten 15,– DM täglich nur 12,– DM als Nutzungsentschädigung zu, für 5 Tage also insgesamt 60,– DM. Teilweise übersetzt ist auch die Zinsforderung des Klägers. Er hat für den von ihm behaupteten (und vom Beklagten bestrittenen) Verzugsschaden in Höhe von 8½ % keinen Beweis angetreten. Ihm können darum nur die gesetzlichen Zinsen zugebilligt werden, und zwar einmal für den merkantilen Minderwert gemäß § 849 BGB ab dem Unfalltag, das ist der 18. Mai 1973. Für die Reparaturkosten sind 4% Zinsen ab Verzug zu zahlen, und der trat nach befristeter Mahnung bis zum 15. Juni 1973 am 16. Juni 1973 ein. Insoweit ist der Vollstreckungsbefehl weiterhin aufrechtzuerhalten, wegen der weitergehenden Zinsforderung jedoch aufzuheben. Ab Rechtshängigkeit der Klageerweiterung, das ist ab 18. August 1973, sind auch für die Nutzungsentschädigung und die Auslagenpauschale 4% Zinsen zu zahlen.

Gemäß § 92 Abs. 2 ZPO hat der Beklagte die gesamten Kosten des Rechtsstreites zu tragen, weil die Zuvielforderung des Klägers gering war und keine besonderen Kosten verursacht hat. Das Urteil ist gemäß § 709 Z. 4 ZPO ohne Sicherheitsleistung für vorläufig vollstreckbar zu erklären. Die vorläufige Vollstreckbarkeit des aufrechterhaltenen Vollstreckungsbefehls ohne Sicherheitsleistung folgt unmittelbar aus dem aufrechterhaltenen Titel. Die außerdem noch vollstreckbare, durch Klageerweiterung nach Erlaß des Vollstreckungsbefehls erweiterte Hauptsache, die weiteren Zinsen und Kosten überschreiten nicht die 500,– DM Grenze des § 709 Z. 4 ZPO.

Allerdings ist dem Beklagten auf seinen Hilfsantrag zu gestatten, die Zwangsvollstreckung durch Sicherheitsleistung in Höhe von 450,– DM abzuwenden.

Ich schlage daher folgenden Urteilstenor vor:

1) Der Vollstreckungsbefehl des Amtsgerichtes Bad Kreuznach vom 29. Juni 1973 wird auch in Höhe eines weiteren Teilbetrages von 378,– DM sowie wegen 4% Zinsen aus 756,– DM seit dem 16. Juni 1973 aufrechterhalten. Im übrigen wird der Vollstreckungsbefehl aufgehoben.

2) Der Beklagte wird außerdem verurteilt, an den Kläger 190,– DM nebst 4% Zinsen aus 100,– DM seit dem 18. Mai 1973 und aus 90,– DM seit dem 18. August 1973 zu zahlen.
Die weitergehende Klage wird abgewiesen.

3) Der Beklagte hat auch die weiteren Kosten des Rechtsstreites zu tragen.

4) Das Urteil ist vorläufig vollstreckbar. Jedoch wird dem Beklagten nachgelassen, die Zwangsvollstreckung durch Sicherheitsleistung in Höhe von 450,– DM abzuwenden."

5. Kapitel: Die Urteilsverkündung – abschließende Verfügungen

Blatt 32 bis 43 der Akten

32

Öffentliche Sitzung
des Amtsgerichts

655 Bad Kreuznach, den 23. Oktober 1973

Aktenzeichen: 2 C 841/73

Gegenwärtig:

Richter am Amtsgericht Bender
als Richter,

Justizangestellter Meier
als Urkundsbeamter der Geschäftsstelle

In Sachen

Adams gegen Bechthold

erschienen bei Aufruf:

1. für den Kläger und Rechtsanwalt Weiß
2. für den Beklagten und Rechtsanwalt Dr. Schwarz

niemand

Anliegend es ~~Entscheidung~~ x-x ~~Beschluß~~ x-x ~~Beweisbeschluß~~ x-x ~~Urteilstenor~~ — Urteil wurde x-x ~~[illegible]~~ x-x verkündet.

Bender Meier

Vfg.

Der Geschäftsstelle z. w. V.

K., 23. 10. 1973

B.

ZP 15 (früher ZP 10 I) Mündliche Verhandlung I. Instanz
(§ 510a ZPO) — Amtsgericht —

Formularverlag Emil Sommer Grünstadt-Ø—

33

- 2 C 841/73 -

Verkündet am 23. Oktober 1973
Justizangestellter
als Urkundsbeamter der Geschäftsstelle des Amtsgerichts

Vollstreckbare Ausfertigung
ist dem Kläger / ~~Beklagten~~
z. Hd. des RA Weiß
erteilt am 24.10.73

Zur Geschäftsstelle gelangt
am 23. Okt. 1973
als Urkundsbeamter
der Geschäftsstelle

Im Namen des Volkes

U R T E I L

In dem Rechtsstreit

des kaufmännischen Angestellten Gerhard A d a m s,
655 Bad Kreuznach, Ringstraße 18,
Klägers,

- Prozeßbevollmächtigter: Rechtsanwalt Weiß, Bad Kreuznach -

g e g e n

den Kaufmann Willi B e c h t h o l d, 6 Frankfurt/M.,
Mainzer Straße 208,
Beklagten,

- Prozeßbevollmächtigter: Rechtsanwalt Dr. Schwarz, Frankfurt -

w e g e n Schadensersatz aus einem Verkehrsunfall

hat das Amtsgericht in Bad Kreuznach
auf die mündliche Verhandlung vom 9. Oktober 1973
durch den Richter am Amtsgericht Bender

für R e c h t erkannt:

1. Der Vollstreckungsbefehl des Amtsgerichts Bad Kreuznach vom 29. Juni 1973 wird in Höhe eines weiteren Teilbetrages von 378,-- DM sowie 4 % Zinsen aus 756,-- DM seit dem 16. Juni 1973 aufrechterhalten.
   Wegen der weitergehenden Zinsforderung wird der Vollstreckungsbefehl aufgehoben.

34

- 2 -

2. Der Beklagte wird außerdem verurteilt, an den Kläger 190,-- DM (in Worten: einhundertneunzig Deutsche Mark) nebst 4 % Zinsen aus 100,-- DM seit dem 18. Mai 1973 und aus 90,-- DM seit dem 18. August 1973 zu zahlen. Die weitergehende Forderung des Klägers wird abgewiesen.

3. Der Beklagte hat auch die weiteren Kosten des Rechtsstreits zu tragen.

4. Das Urteil ist vorläufig vollstreckbar. Dem Beklagten wird nachgelassen, die Zwangsvollstreckung gegen Sicherheitsleistung in Höhe von 480,-- DM abzuwenden.

T a t b e s t a n d:

Am 18. Mai 1973 fuhr der Beklagte mit seinem PKW in Bad Kreuznach an der Ecke Bosenheimer Straße/Dürerstraße vor der dortigen Ampel auf den PKW des Klägers auf. Das Fahrzeug des Klägers erlitt dabei Beschädigungen an der hinteren Stoßstange, am linken Kotflügel, an der Motorhaube und an der linken hinteren Rückleuchte. Der Beklagte räumte an der Unfallstelle seine Schuld an dem Auffahrunfall ein und versprach, den Schaden des Klägers ersetzen zu wollen. Der Kläger brachte seinen PKW noch am selben Tag zur Reparatur, die bis einschließlich 23. Mai 1973 dauerte und 756,-- DM kostete. Das Fahrzeug des Klägers, ein VW 1300 Baujahr 1972, mit Metallic-Lackierung, wurde dabei nur teilweise lackiert. Dadurch entstanden Farbunterschiede, die einen merkantilen Minderwert des Fahrzeuges in Höhe von 100,-- DM zur Folge haben.
Der Kläger übersandte dem Beklagten mit Schreiben vom 24. Mai 1973 die Reparaturkostenrechnung, auf die der Beklagte nicht reagierte. Deshalb setzte der Kläger dem Beklagten mit Schreiben

- 3 -

35

- 3 -

vom 2. Juni 1973 zur Zahlung der Reparaturkostenrechnung eine Frist bis zum 15. Juni 1973, die der Beklagte wiederum unbeachtet ließ.

Daraufhin hat der Kläger über den Betrag der Reparaturkostenrechnung am 29. Juni 1973 beim Amtsgericht Bad Kreuznach einen Vollstreckungsbefehl erwirkt, der dem Beklagten am 7. Juli 1973 zugestellt worden ist und gegen den der Beklagte am 16. Juli 1973 Einspruch eingelgt hat. Auf die Feststellungen zum Sitzungsprotokoll vom 18. September 1973 wird insoweit verwiesen. Im Verlaufe des Rechtsstreites hat der Kläger die Klage um weitere Schadensbeträge erhöht. Die Klageerhöhung ist dem Beklagten am 18. August 1973 zugestellt worden. In der mündlichen Verhandlung vom 9. Oktober 1973 ist, nachdem der Beklagte einen Teilbetrag von 378,--DM anerkannt hatte, gegen ihn ein Teil-Anerkenntnisurteil ergangen.

Der Kläger trägt vor:

Der Unfall sei vom Beklagten allein zu vertreten, weil der aus Unaufmerksamkeit auf sein Fahrzeug aufgefahren sei. Er, der Kläger, habe seinen Wagen vorschriftsmäßig abgebremst, als er sich der Kreuzung auf 20 bis 30 m genähert gehabt habe und die Ampel von grün auf gelb umgesprungen sei. Er habe dann bereits 1 bis 2 Sekunden vor der roten Ampel gehalten, als der Wagen des Beklagten auf seinen PKW aufgefahren sei. Der Beklagte habe ihm darum außer den Reparaturkosten und dem merkantilen Minderwert auch noch Nutzungsentschädigung von täglich 15,--DM für die Dauer der Reparatur zu zahlen, für 5 Tage also 75,--DM. Außerdem stehe ihm für Telefonate, Fahrkosten etc. auch noch eine Auslagenpauschale von 30,--DM zu. Den Gesamtschadensbetrag habe der Beklagte im übrigen mit 8 1/2 % seit dem 18. Mai 1973 zu verzinsen, weil er selbst Bankkredit zu diesem Zinssatz in Anspruch nehme.

- 4 -

36

- 4 -

Er beantragt demgemäß,

den Vollstreckungsbefehl des Amtsgerichts Bad Kreuznach vom 29. Juni 1973 aufrechtzuerhalten und den Beklagten darüber hinaus zu verurteilen, an ihn 205,--DM nebst 8 1/2 % Zinsen seit dem 18. Mai 1973 zu zahlen, abzüglich des Betrages des Teil-Anerkenntnisurteils.

Der Beklagte beantragt,

die Klage unter Aufhebung des Vollstreckungsbefehls vom 29. Juni 1973 abzuweisen,
hilfsweise Vollstreckungsnachlaß.

Er trägt dazu vor:

Die zumindest überwiegende Schuld an dem Unfall treffe den Kläger, der beim Umschalten der Ampel von grün auf gelb so unvermutet und unmittelbar scharf abgebremst habe, daß der Unfall für ihn, den Beklagten, unvermeidbar gewesen sei. Im übrigen seien sowohl die geforderte Nutzungsentschädigung als auch die Auslagenpauschale zu hoch bemessen. Für die Notwendigkeit von Zinsen in Höhe von 8 1/2 % habe der Kläger auch nichts dargetan.

Das Gericht hat gemäß Beweisbeschluß vom 18. September 1973 über den streitigen Unfallhergang durch Vernehmung von Zeugen Beweis erhoben. Wegen des Ergebnisses der Beweisaufnahme wird auf die Vernehmungsniederschrift vom 9. Oktober 1973 Bezug genommen.

- 5 -

37

- 5 -

Entscheidungsgründe:

Der Einspruch gegen den Vollstreckungsbefehl ist form- und fristgerecht eingelegt worden. Die Zustellung des Vollstreckungsbefehls an den Beklagten erfolgte am 7. Juli 1973, einem Samstag. Demgemäß endete die Einspruchsfrist (§§ 7oo, 339 Abs. 1, 5o8 Abs. 2 ZPO) am Montag, dem 16. Juli 1973 (§ 222 Abs. 2 ZPO), an dem der Einspruch auch bei Gericht einging.

Die Klage ist auch überwiegend begründet.

Der Beklagte ist gemäß § 7 StVG dem Kläger gegenüber zum vollen Ersatz der Schäden aus dem Auffahrunfall vom 18. Mai 1973 verpflichtet. Der Kläger hat den Nachweis erbracht, daß er sich auch nicht aus dem Gesichtspunkt der Betriebsgefahr über § 17 StVG einen Teil seiner Schäden anrechnen lassen muß, weil der Unfall für ihn ein unabwendbares Ereignis im Sinne des § 7 Abs. 2 StVG war.
Das Gericht ist auf Grund der übereinstimmenden Aussagen der Zeugen Evans und Reuter der Überzeugung, daß der Auffahrunfall sich entsprechend der Behauptung des Klägers erst ereignete, als der PKW des Klägers tatsächlich bereits vor der Ampel stand und ihm ein anderes Fahrverhalten, insbesondere ein Ausweichen, nicht mehr möglich war. Beide Zeugen sagten nämlich bei ihrer Vernehmung durch das Gericht aus, daß der Kläger seinen PKW vorschriftsmäßig abgebremst und dann schon mehrere Sekunden vor der Ampel gestanden habe, als der Beklagte aufgefahren sei. Man habe den Eindruck gehabt, daß der Beklagte die Ampel ganz übersehen habe.

Die Aussagen dieser Zeugen sind in sich widerspruchsfrei und verdienen insbesondere auch deshalb Glauben, weil beide Zeugen zufällige Augenzeugen des Unfallgeschehens waren und am Ausgang dieses Rechtsstreits kein Interesse haben. Im übrigen spricht für die Richtigkeit dieser Aussagen (und damit auch für die Richtigkeit der Behauptung des Klägers) die Tatsache, daß der Beklagte an der Unfallstelle seine Schuld an dem Auffahrunfall eingeräumt hat.

- 6 -

38

- 6 -

Der Kläger kann jedoch nicht Ersatz seines gesamten geltend gemachten Schadens verlangen. Der Höhe nach ist vielmehr nur ein Teilbetrag von 946.-- DM begründet. Dieser Betrag setzt sich zusammen aus der unstreitigen Reparaturkosten in Höhe von 756.-- DM. Hiervon hat der Beklagte jedoch durch Teil-Anerkenntnisurteil vom 9. Oktober 1973 bereits die Hälfte im Betrage von 378.-- DM anerkannt. Wegen der im Streit verbliebenen 378.-- DM ist der Vollstreckungsbefehl vom 29. Juni 1973 gemäß §§ 7oo, 343 ZPO aufrechtzuerhalten.

Zu den Reparaturkosten kamen nach Klageerweiterung hinzu der durch die Teil-Metallic-Lackierung entstandene und der Höhe nach ebenfalls unbestrittene merkantile Minderwert von	1oo.-- DM,
eine Nutzungsentschädigung für die Dauer der Reparatur in Höhe von täglich 12.-- DM (§ 287 ZPO; nicht 15.-- DM täglich, wie der Kläger fordert; vgl. dazu die Tabelle von Sanden-Danner, Vers.R 1973 S.97 f.), für 5 Tage á 12.-- DM also	6o.-- DM,
und einer Auslagenpauschale (geschätzt gemäß § 287 ZPO) von	3o.-- DM
insgesamt also	19o.-- DM,

so daß die im Wege der Klageerweiterung verfolgten Ansprüche in Höhe von 15.-- DM übersetzt und insoweit abzuweisen sind.

Teilweise übersetzt ist auch die Zinsforderung des Klägers. Gemäß § 849 BGB, der auch bei auf das Straßenverkehrsgesetz gestützten Ansprüchen zur Anwendung kommt (vgl. Wussow, Unfallhaftpflichtrecht, 11. Aufl. 1972, Rdnr. 1o5o m.w.N.), hat der Kläger nur Anspruch auf Zahlung von 4 % Zinsen ab dem Unfalltag für die mit dauerndem Wertverlust verbundenen Schäden, hier also nur für den merkantilen Minderwert.

Für den von ihm behaupteten höheren Zinsschaden hat der Kläger keinen Beweis angetreten. Deshalb stehen ihm auch nur 4 % Zinsen für den Betrag der Reparaturkostenrechnung zu, und zwar gemäß §§ 284 Abs. 1, 288 Abs. 1 BGB erst ab dem Tage nach Ablauf der befristeten Mahnung, nämlich ab 16. Juni 1973.
Der Vollstreckungsbefehl vom 29. Juni 1973 ist deshalb auch nur in Höhe von 4 % Zinsen aus 756.-- DM seit dem 16. Juni 1973 aufrechtzuerhalten und wegen der weitergehenden Zinsforderung aufzuheben.

- 7 -

39

- 7 -

Desgleichen stehen dem Kläger gemäß § 291 BGB lediglich 4 % Prozeßzinsen für die restlichen Schäden (Nutzungsentschädigung und Auslagenpauschale) ab dem Tage der Klageerweiterung (18. August 1973) zu.

Die Kostenentscheidung beruht auf § 92 Abs. 2 ZPO, die Entscheidung über die vorläufige Vollstreckbarkeit auf § 709 Z.4 ZPO (vgl. dazu LG Marburg NJW 1972, 1677 m.w.N.) in Verbindung mit § 713 ZPO.

Bender

40

W e i ß
Rechtsanwalt

Bad Kreuznach, den 23.10.197

Briefannahmestelle
Land- u. Amtsgericht
Bad Kreuznach
Eing.: 24. OKT. 1973
Anl.: — Abschr.: —
DM Kostenmarken

An das
Amtsgericht
<u>Bad Kreuznach</u>

2 C 341/73 In Sachen

A d a m s ./. B e c h t h o l d

beantrage ich die Erteilung einer vollstreckbaren Ausfertigung des Urteils vom 23.10.1973

Weiß

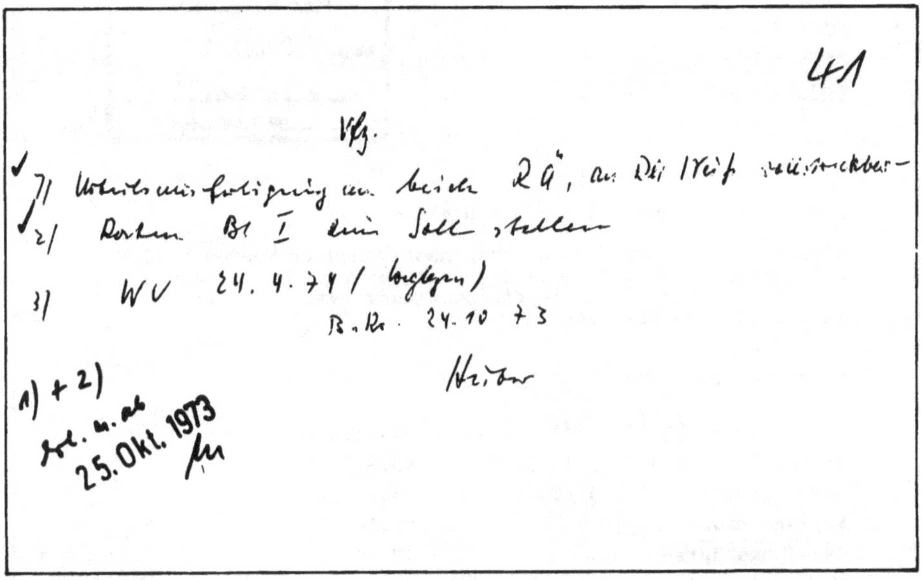
41

Vfg.

1) Urteilsausfertigung an beide RÄ, an Dr. Weiß vollstreckbar-

2) Kosten Bl I ein Soll stellen

3) WV 24. 4. 74 (Vorlagen)

B., Rr. 24. 10. 73

Heider

1) + 2) erl. u. ab 25. Okt. 1973

42

R.W e i ß
Rechtsanwalt

555 Bad Kreuznach , den 1.11.1973

Briefannahmestelle
Land- u. Amtsgericht
Bad Kreuznach
Eing.: 2. NOV. 1973
Anl.: — Abschr.: 1

An das
Amtsgericht
Bad Kreuznach

2 C 841/73 In Sachen

A d a m s gegen B e c h t h o l d

wird vollstreckbare Festsetzung nachstehender Kosten zuzügl. 4 % Zinsen gem.§ 104 Abs.1 ZPO seit dem Tage des Eingangs des Gesuchs bei Gericht sowie die Zusetzung evtl.weiterer Gerichtskosten beantragt:

Weiß
Rechtsanwalt

Streitwert:961.-DM

Prozeßgebühr §§ 11, 31/1	65.- DM
Verhandlungsgebühr §§ 11,31/2	65.-
Beweisgebühr §§ 11, 31/3	65.-
Auslagenpauschale § 26	19,50
Telefongebühren	7,20
Mehrwertsteuer	12,20
	233,90

43

Amtsgericht/Landgericht

Geschäftsnummer: 2 C 341/73
Bitte bei allen Schreiben angeben!

Vollstreckbare Ausfertigung ist dem

z. H. des RAnw.

erteilt am

Beschluß

in Sachen

Adams **Kläger**

— Prozeßbevollmächtigte : Rechtsanwalt

Bechthold v.Rubr.wie Bl.26

gegen

Beklagte

— Prozeßbevollmächtigte : Rechtsanwalt

Nach dem Urteil / Vergleich / Beschluß des Amts
gerichts in Bad Kreuznach **vom** 23.10.1973
werden die von dem Beklagten
— als Gesamtschuldnern — an den Kläger
zu erstattenden, in der Anlage berechneten Kosten auf 226,30 **DM**
(in Worten: zweihundertsechsundzwanzig 30/100 **Deutsche Mark)**
— nebst 4 v. H. Zinsen seit dem 2.11.1973 **— festgesetzt.**

Zugesetzt wurden DM vom vorgelegte Gerichtskosten —
und — Zustellungskosten — für diesen Beschluß. Abgesetzt wurden b.wenden!
— Das Urteil — Der Vergleich / Beschluß ist rechtskräftig gegen Sicherheitsleistung im
Höhe von DM vorläufig — vollstreckbar;
dem Beklagten **ist nachgelassen, die Zwangsvollstreckung durch Sicherheitsleistung**
in Höhe von 480.- **DM abzuwenden.**

V.

1. **Ausfertigung des vorstehenden Beschlusses mit Abschrift der anl. Kostenberechnung vom** 1.11.
zustellen an RA Dr. Schwarz.
2. **Nach Rückkunft der Zust.-Urkunde zu 1 vollstreckbare Ausfertigung dem** RA Weiß
— zustellen — übersenden —.
3. **— Handakten — Belege — zurücksenden.**
4.

(Ort und Tag)

Bad Kreuznach, den 3.11.1973

Graf

als Rechtspfleger

— Deckungsgleich mit ZP 15 und ZP 16 —

ZP 14 (fr. ZP 38 a) Kostenfestsetzungsbeschluß: (§ 104 ZPO) Urschrift — Amtsgericht/Landgericht — gen. 12. 1970 —

Formularverlag Emil Sommer, Grünstadt — O —

7,20 DM Telefongebühren nebst 0,40 DM MW-Steuer,
da neben der Unkostenpauschale nach § 26 BRAGebO
nicht weitere Postgebühren geltend gemacht
werden können.

(Bemerkungen zu Bl. 32 bis 43 d. A.)

A. Die Urteilsverkündung

164 Aus Bl. 32 d. A., dem Verkündungsprotokoll, folgt, daß die Parteien bei der Urteilsverkündung nicht anwesend waren. Hat das auf die Wirksamkeit des Urteils irgendwelche Auswirkungen?

Nein, vgl. oben Randz. 79. Ebenso unschädlich wäre es gewesen, wenn das bereits abgesetzte Urteil beispielsweise bei einem Richterwechsel vom Nachfolger im Dezernat des Amtsrichters verkündet worden wäre. Insoweit liegt kein Verstoß gegen den Grundsatz der Unmittelbarkeit vor, § 309 ZPO (vgl. dazu z. B. *Baumbach-Lauterbach*, § 309 Anm. 1).

Was hätte zu geschehen gehabt, wenn der Amtsrichter wegen zwischenzeitlicher Erkrankung nicht in der Lage gewesen wäre, das Urteil vor dem Verkündungstermin abzusetzen?

Nach §§ 315 Abs. 2, 311 Abs. 2 ZPO genügt es, wenn bei der Urteilsverkündung nur der Tenor vorliegt, denn die Urteilsverkündung erfolgt nach § 311 Abs. 2 ZPO durch Verlesung des Tenors. Die Entscheidungsgründe werden in der Praxis höchst selten bereits bei der Verkündung bekanntgegeben.

Ein noch nicht vollständig abgesetztes Urteil sollte jedoch nur ausnahmsweise und vor allem dann nicht verkündet werden, wenn verschiedene, der Höhe nach bestrittene Rechnungsposten geltend gemacht worden sind. Dann empfiehlt es sich vielmehr, den Verkündungstermin zu verlegen, und zwar durch Beschluß, der in dem zunächst anberaumten Verkündungstermin zu verkünden ist (vgl. ferner *Zöller-Stephan*, § 310 Anm. 2d).

Ist bei einem Kollegialgericht nach Beschlußfassung (!) ein Richter verhindert, das Urteil zu unterschreiben, so kann dessen Unterschrift nach § 315 Abs. 1 S. 2 ZPO ersetzt werden.

B. Bemerkungen zum amtsgerichtlichen Urteil

165 Zu dem amtsgerichtlichen Urteil (Bl. 33 bis 39 d. A.) ist anzumerken:

Die Sicherheitsleistung ist in Ziffer 4 des Tenors – der Tendenz der Praxis entsprechend – nach oben aufgerundet worden.

Das amtsgerichtliche Urteil bringt Prozeßgeschichte (so die Daten des Vollstreckungsbefehls, seiner Zustellung und des Einspruchs) bereits im Anschluß an den Sachstand, statt – wie üblich (vgl. *Berg* S. 139, *Schumacher* S. 52, *Thomas-Putzo*, § 313 Anm. IV c) – erst vor dem Antrag des Klägers. Das dürfte hier jedoch gerechtfertigt sein.

In die – zweckmäßigerweise zusammengefaßte – Prozeßgeschichte war außer den Daten des Vollstreckungsbefehls und des Einspruchs auch das Datum der Klageerweiterung und des Teil-Anerkenntnisurteils aufzunehmen. Bei einer Wiedergabe aller dieser Fakten erst vor dem Antrag des Klägers hätten Zweifel darüber aufkommen können, ob das wiedergegebene Klägervorbringen sich beispielsweise auch schon auf die Klageerweiterung erstreckt hat.

In die Prozeßgeschichte gehörte nicht das Datum des Zahlungsbefehls, die einstweilige Einstellung der Zwangsvollstreckung und die Armenrechtsbewilligung, vgl. *Berg* S. 118.

In den streitigen Beklagtenvortrag war nach dem Grundsatz der Einheit der mündlichen Verhandlung (vgl. *Baumbach-Lauterbach*, Übers. 2 B vor § 253) die von ihm zunächst angebotene Zeugenvernehmung seiner Ehefrau nicht als unerledigtes Beweisangebot (*Berg* S. 111/112, *Schumacher* S. 51) aufzunehmen, weil der Beklagte später auf die Vernehmung seiner Ehefrau verzichtet hat (vgl. oben Bl. 25 d. A.).

Die (nochmalige) Einspruchsprüfung zu Beginn der Entscheidungsgründe ist in der Praxis teilweise üblich (vgl. *Berg* S. 21); sie ist hier wegen des § 222 Abs. 2 ZPO auch nicht völlig unproblematisch gewesen.

Richtig war es schließlich auch, daß das Amtsgericht seine Entscheidung lediglich auf den am einfachsten festzustellenden § 7 StVG gestützt und nicht auch noch andere Anspruchsgrundlagen erörtert hat, vgl. *Berg* S. 146. Ebenso verfährt die Praxis auch schon beim Aktenvortrag (vgl. oben Randz. 163).

166 Zum Urteil ist noch anzumerken, daß die Eintragung des Vermerks, wann das Urteil zur Geschäftsstelle gelangt ist, für die Spalte 8 des Verhandlungskalenders (vgl. Anlage IV) erforderlich ist.

Ob bei der Übergabe der Urteile an die Geschäftsstelle die Frist des § 315 Abs. 2 ZPO eingehalten wird, ist im Wege der Dienstaufsicht über den Richter nachprüfbar, vgl. § 26 DRiG.

Der weiterhin auf Seite 1 des Urteils befindliche Verkündungsvermerk ist durch § 315 Abs. 3 ZPO vorgeschrieben

> – er ist vom Urkundsbeamten der Geschäftsstelle zu fertigen und gehört darum auch nicht zum Urteilsentwurf des Referendars (*Berg* S. 109) –,

der Vermerk darüber, daß dem Kläger zu Händen seines Prozeßbevollmächtigten eine vollstreckbare Urteilsausfertigung erteilt worden ist, durch § 734 ZPO.

Durch Verfügung vom 23. Oktober 1973 hatte der Richter nach der Verkündung des Urteils die Sache der Geschäftsstelle zur weiteren Veranlassung („z. w. V.") zugeschrieben.

Dazu gehörte nach § 317 ZPO (vgl. *Baumbach-Lauterbach*, § 317 Anm. 2 A) die Übersendung einfacher Urteilsausfertigungen an die Parteien, vgl. dazu § 315 Abs. 2 u. 3 ZPO. Weil der Kläger aber mit Schriftsatz vom 23. Oktober 1973 (vgl. Bl. 40 d. A.) eine vollstreckbare Urteilsausfertigung beantragt hatte, war ihm diese gemäß § 724 Abs. 2 ZPO vom Urkundsbeamten der Geschäftsstelle des Amtsgerichts zu erteilen.

C. Abschließende Verfügungen

167 Zu der auf Bl. 32 d. A. verfügten „weiteren Veranlassung" gehörte auch die Erstellung der Kostenrechnung (§ 106 GKG, vgl. Ziffer 2 der Verfügung Bl. 41 d. A.), die gemäß §§ 4 Abs. 2, 29 f. KostVfg an die Gerichtskasse (hier die Landesjustizkasse) zu senden und von dort nach Sollstellung wieder an das Prozeßgericht zurückzuleiten war (vgl. § 34 KostVfg).

Die zurückgelangte Kostenrechnung war gemäß § 3 Abs. 1 S. 4 AktO „vor dem ersten Aktenblatt einzuheften oder in eine dort einzuheftende Aktentasche lose einzulegen." Gemäß § 3 Abs. 1 S. 9 AktO werden die vor dem ersten Aktenblatt eingehefteten Schriftstücke (zu denen außer Kostenrechnungen auch andere, Kosten betreffende Nachrichten gehören können) mit römischen Ziffern versehen, vgl. oben Bl. I.

Wegen der Kosten des vorausgegangenen Mahnverfahrens vgl. § 698 ZPO.

In Ziffer 3 der Verfügung Bl. 41 d. A. hat der Urkundsbeamte der Geschäftsstelle nochmals eine Wiedervorlage in 6 Monaten vorgesehen.

Das war geboten, weil das Urteil mit der Berufung anfechtbar ist, die Akten jedoch gemäß § 7 Abs. 3 AktO nach 6 Monaten weggelegt werden können, wenn sie bis dahin nicht von der Berufungsinstanz angefordert worden sein sollten. Siehe dazu auch § 516 HS 2 ZPO.

Bl. 42 und 43 d. A. betreffen die Festsetzung der außergerichtlichen Kosten des Klägers gemäß §§ 103 f. ZPO.

Der Prozeßbevollmächtigte des Klägers hat ein dem § 103 ZPO entsprechendes Gesuch gestellt, dem der Rechtspfleger, der für die Kostenfestsetzung funktionell zuständig ist (§ 21 Abs. 1 Nr. 1 RPflG), jedoch zu Recht nicht voll entsprochen hat. Vgl. die Begründung der Absetzung auf Bl. 43 R d. A.

Für das Teil-Anerkenntnisurteil erhält ebensowenig wie das Gericht der Prozeßbevollmächtigte des Klägers die nach § 33 Abs. 1 BRAGO grundsätzlich allerdings mögliche halbe Verhandlungsgebühr, vgl. dazu oben Randz. 52.

Wegen der Anwaltsgebühren für ein voraufgegangenes Mahnverfahren (in dem im vorliegenden Falle der Kläger noch nicht anwaltlich vertreten war) vgl. § 43 Abs. 2 BRAGO.

Erwähnt sei noch, daß der Kostenfestsetzungsbeschluß vom 3. November 1973 ein zur Zwangsvollstreckung geeigneter Titel (§ 794 Abs. 1 Z. 2 ZPO) ist, aus dem im gegebenen Fall jedoch erst nach einer Wartefrist von einer Woche seit Zustellung vollstreckt werden kann, vgl. § 798 ZPO.

Sollte innerhalb der Frist zu Ziffer 3 der Verfügung Bl. 41 d. A. keine Berufung eingelegt worden sein, wird der Richter noch den Prüfungsvermerk und den Archivvermerk auszufüllen haben (vgl. oben Randz. 11) und dann erfolgt die Weglegung der Akten.

Register

Die Zahlen verweisen auf die Randziffern, mit Ausnahme der kursiv gesetzten Zahlen und Buchstaben, die auf die Blattzahl des Aktenfalles verweisen. Hauptfundstellen sind durch Fettdruck hervorgehoben.

Neuauflage 1975 aus Anlaß des 2. und 5. StrRG und des EGStGB

Vorbestellpreis bis 15. 1. 1975: DM 56,—

Strafgesetzbuch

Preisendanz
Lehrkommentar 29. Auflage

J. Schweitzer Verlag · Berlin

Lehrkommentar mit Erläuterungen und Beispielen, ausgewählten Nebengesetzen sowie einem Anhang über Jugendstrafrecht. 29., völlig überarbeitete und ergänzte Auflage von Holger Preisendanz, Oberstaatsanwalt in Heidelberg. Oktav. Etwa XVI, 840 Seiten. 1975. Ganzleinen DM 64,— ISBN 3 8059 0409 6
Vorbestellpreis bis 15. 1. 1975: Ganzleinen DM 56,— ISBN 3 8059 0409 6

Im Vordergrund der Neuauflage 1975 stehen das 2. StrRG, durch das der gesamte Allgemeine Teil des StGB grundlegend umgestaltet wurde, und das EGStGB, das sich nicht nur darauf beschränkte, die einzelnen Vorschriften des Besonderen Teils und des Nebenstrafrechts dem neuen Allgemeinen Teil anzupassen, sondern gleichzeitig große Teile des Besonderen Teils einer weitreichenden Reform zuführte. Beide Gesetze treten am 1. 1. 1975 in Kraft. Das 5. StrRG, das sich mit der umstrittenen Materie des Schwangerschaftsabbruchs befaßt, ist (abgesehen von der in § 218a geregelten Fristenlösung) bereits am 22. 6. 1974 in Kraft getreten.

Der Verfasser des Kommentars, der seit mehr als zwei Jahrzehnten in der Ausbildung des juristischen Nachwuchses tätig ist und das Werk seit der 1965 erschienenen 25. Auflage betreut, hat die jetzt in Kraft tretenden Reformgesetze zum Anlaß genommen, alle von der Reform betroffenen Teile erneut gründlich zu überarbeiten und hierbei vor allem die Kommentierung des Allgemeinen Teils wesentlich zu erweitern. In Fortführung der seit der 25. Auflage verfolgten Tendenz, das früher nur äußerst knapp gehaltene Erläuterungsbuch in einen echten Kommentar umzuwandeln, der allen Anforderungen in Studium und Praxis gerecht wird, wurden die Problemkreise, die erfahrungsgemäß für Studium und Praxis von besonderer Bedeutung sind, weiter ausgebaut und wissenschaftlich vertieft. Neben der gründlich verarbeiteten höchstrichterlichen Rechtsprechung wurde auch das Schrifttum bei der Behandlung der dogmatischen Schwerpunkte mehr als bisher berücksichtigt.

Im Anhang finden sich eine kurzgefaßte Darstellung des Jugendstrafrechts sowie verschiedene strafrechtliche Nebengesetze, u. a. die neuen Bußgeldvorschriften des durch das EGStGB neugefaßten und das durch das 4. StrRG geänderte Gesetz über die Verbreitung jugendgefährdender Schriften.

FSC
www.fsc.org
MIX
Papier | Fördert
gute Waldnutzung
FSC® C083411

Kolibri 360 GmbH
Ferdinand-Jühlke-Straße 7
99095 Erfurt, Deutschland
produktsicherheit@kolibri360.de